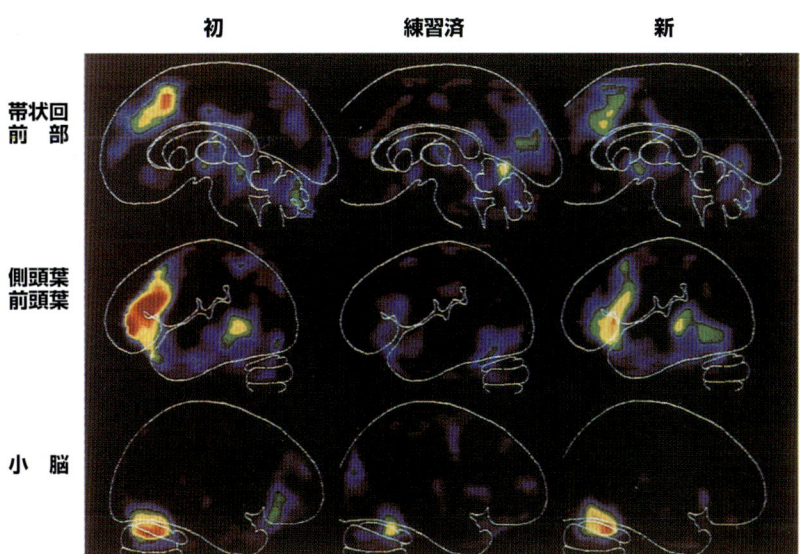

1 ■ PET（Positron Emission Tomography；陽電子断層撮影法）による言葉の練習に伴う脳内活性度の変化

体内に，ある放射元素で標識した水を注入し，脳の血流の模様を調べる方法。脳が活性化すると，特定部位の血流量・代謝が増え，彩色した画像が見られる。
"初"（左図）は，「犬」に対して「ほえる」のように名詞に対して関連する動詞を言う課題を与えた場合。同一課題を繰り返し行うと"練習済"（中央図）のようになり，活性はほかの部分に移るが，新しい名詞が与えられると，"新"（右図）のようにふたたび活性度が高まる。色が明るいほど，活性化していることを示す。

IMAGES OF MIND by Michael I. Posner and
Marcus E. Raichle ©1994 by Scientific
American Library.　Used with the permission
of W. H. Freeman and Company.

2■行動理論家スキナー（B.F.Skinner, 1904-1990）
（Atkinson et al., 1996）

3■「スキナー・ボックス」によるオペラント条件づけの実験装置の一例
（Atkinson et al., 1996）
この装置では，白ネズミに食物粒を与えている。実験を制御し，ネズミの反応を測定するため，コンピュータが使用されている。

Graphic text book

グラフィック
学習心理学
行動と認知

山内光哉／春木　豊＝編著

サイエンス社

改訂にあたって

　このたび，出版社のお取計らいと，読者の方々のご支持により，『学習心理学——行動と認知』の改訂版を上梓することとなった。

　私たちは，この版においても，行動主義の遺産を引き継ぎ，認知心理学の新しい展開を視野におきつつ，文章・図表の見開きという形式で，行動・記憶・思考の基本を読者の方々にわかっていただくよう努力したつもりである。

　この時代において，興味あることも現れてきた。動物行動の研究者の間でも動物に心があるか，ことばは理解できるかといった問も生じているし，認知心理学者の間でも「記憶」の中に「習慣」や「条件づけ」を含めて考える人たちも出てきた。また，J.R.アンダーソン教授のように，学習と記憶を貫いて統合的アプローチを行う人も出てきた。これらのことをみると，行動・記憶・思考を1つにまとめた私たちの試みも，少しは意義のあることではないかとも思うものである。

　この版においては，各章において多かれ少なかれ増補・削除を行った。たとえば，序章においては，情報処理や認知的脳科学の基本的な考えを導入した。第1章，第2章の条件づけは，一層わかりやすくした。とくに，記憶に関する第8章は，多くのデータ，理論が続出したのでほぼ全面的に改稿した。最近著しい発達をとげた記憶・言語に関する脳科学の所見も所々に点綴させた。

　また，本書の初版は別のシリーズであったが，今回グラフィック・ライブラリの1冊として，2色刷の新しい装いとなった。本書が，少しでも学習心理学を学ぶ方々の興味をひくことができれば，私たちの望外の仕合せとしなければならない。

　学習心理学が無から生じたものでない以上，今日に至るまでの多くの先人の方々のアイデア，図，表に負っていることはいうまでもない。本書中，

それぞれ出典を明らかにしたが，ここに改めてそのご恩に感謝申し上げたい。

　末尾ではあるが，本書序章の脳科学の部分について，ご校閲いただき助言をいただいた兵庫教育大学の今塩屋隼男教授に，お礼を申しあげたい。また，サイエンス社の森平勇三社長のご好意，辛抱強く私たちを支え，万端にわたって注意を惜しまれなかった編集部の清水匡太・小林あかねの両氏に，厚く感謝申し上げるものである。

2001年初春

編者しるす

初版へのまえがき

　今日までに，学習心理学と銘打った本は，わが国においてもかなりの数に上っている。それらはそれぞれ特色をそなえているが，ほとんどが学習の現象・理論・実験の文章記述にとどまっている。

　今回，書店のもとめに応じて，できうるかぎり図・表を十分に活用した学習心理学の入門書を作成することを企図した。他の心理学の領域では，次第に図表を活用した書物が目につくようになったが，とりわけ，高度な理論的内容をもつ学習心理学を，文章だけではなく，視覚的イメージに訴えて記述することは一見至難の業に思われた。われわれは，両，三年をかけて構想を練り，書店の編集陣とも討議を重ねて，原則として左半分に文章を，右半分にそれに対応する図表を提示し，できるだけ視覚的にわかりやすく理解してもらう学習心理学のテキストをここに上梓することができた。若干のズレはあるものの，見開きによって理解できるようにしたことが本書の特色の1つとなっている。しかも，随所に，学習現象と関係する日常の出来事や，文中に入れなかった実験やテーマをボックスの形で点綴させてある。

　いうまでもなく学習心理学の発展は日進月歩であり，覆わなければならぬトピックスは多い。本書では，従来より比較的確立した領域である，条件づけのような領域と共に，今日なお論議のとどまるところを知らぬ，いわゆる認知の領域をも，実験的に確認された部分を中心として説明することとした。したがって，両者を1つの統合体系として記述したわけではないが，学習者にとって基本的なテーマはとりあげたつもりである。

　われわれは，本書のために内外の文献の中からすぐれた図表を使用させていただいたが，それらの出典はすべて図表に接して明記し，原典は巻末に一括して記した。原著者の方々に深く感謝を捧げるものである。

　本書の成立は，分担執筆をしていただいた諸氏及び執筆に協力していた

だいた森永寛之氏のご努力のたまものであり，厚く御礼申し上げる次第である。またサイエンス社の社長森平勇三氏をはじめ，編集部の大橋克己氏と白畑ひろ子さんの辛抱強いご助力に対し心から謝意を表するものである。

1985年4月

編者しるす

目　次

改訂にあたって　i
初版へのまえがき　iii

序章　行動と認知の学習　1

0.1　行動の学習 ……………………………………………2
0.2　認知の学習 ……………………………………………4
0.3　情報処理としての学習・記憶の
　　　シミュレーション・モデル …………8
0.4　学習・記憶・思考の神経科学的基礎 ……………10
　　　◆参考文献　14

第1章　古典的条件づけの基礎　15

1.1　古典的条件づけとは何か ……………………………16
1.2　古典的条件づけの典型例 ……………………………18
1.3　古典的条件づけにおける条件刺激と
　　　無条件刺激の時間的関係 …………20
　　1.3.1　同時条件づけ　20
　　1.3.2　遅延条件づけ　22
　　1.3.3　痕跡条件づけ　22
　　1.3.4　逆行条件づけ　22
　　1.3.5　時間条件づけ　24
1.4　古典的条件づけによる行動の獲得 …………………24
1.5　古典的条件づけの消去 ………………………………30
1.6　古典的条件づけの汎化と弁別 ………………………36
　　　◆参考文献　42

第2章　オペラント条件づけの基礎　　　　　43

2.1　オペラント条件づけとは何か　……………………44
2.2　オペラント条件づけの典型例　………………………48
2.3　オペラント条件づけの型　……………………………52
- 2.3.1　報酬訓練　52
- 2.3.2　逃避訓練と回避訓練　60
- 2.3.3　罰訓練　66

2.4　オペラント条件づけによる行動の獲得と消去　………68
- 2.4.1　オペラント条件づけによる行動の獲得　70
- 2.4.2　強化スケジュール　74
- 2.4.3　オペラント条件づけにおける行動の消去　80

2.5　オペラント条件づけの汎化と弁別　………………82
- 2.5.1　汎　　化　84
- 2.5.2　弁　　別　88
- 2.5.3　マッチング　90
- ◆参考文献　92

第3章　技能学習　　　　　　　　　　　　　　93

3.1　技能の上達――学習曲線　………………………94
3.2　結果の知識（KR）　………………………………96
- 3.2.1　結果の知識の効果　96
- 3.2.2　結果の知識の内容　100
- 3.2.3　結果の知識の遅延　100

3.3　練習の条件　……………………………………102
- 3.3.1　集中と分散　102
- 3.3.2　全習と分習　104
- 3.3.3　ガイダンス　106

3.4　技能の記憶　……………………………………108
- 3.4.1　技能の記憶の事実　108
- 3.4.2　技能学習と言語学習の比較　110
- 3.4.3　技能の長期記憶と短期記憶　110

3.5 技能の転移 ……………………………………………112
　　3.5.1 正・負の転移　112
　　3.5.2 転移に及ぼす条件　116
　　3.5.3 両側性転移　116
　　3.5.4 言語訓練から技能訓練への転移　118
　　3.5.5 転移の理論　118
3.6 技能学習の理論 ………………………………………120
3.7 運動技能以外の技能学習 ……………………………122
　　◆参考文献　124

第4章　社会的学習　125

4.1 社会的学習とは何か …………………………………126
4.2 模倣学習 ………………………………………………128
　　4.2.1 模倣の学習　128
　　4.2.2 模倣による学習　130
　　4.2.3 汎化模倣　132
4.3 観察学習 ………………………………………………134
　　4.3.1 観察学習の意味　134
　　4.3.2 レスポンデント行動の観察学習　136
　　4.3.3 代理強化　136
　　4.3.4 観察回数　138
　　4.3.5 内潜過程　140
　　4.3.6 観察による消去　140
4.4 社会的学習の理論 ……………………………………142
　　4.4.1 強化理論　142
　　4.4.2 媒介理論　142
　　4.4.3 社会的学習理論　144
　　◆参考文献　148

第5章　問題解決と推理　　149

5.1　問 題 解 決　……………………………………………150
- 5.1.1　問題解決の理論　150
- 5.1.2　問題解決と過去経験　156
- 5.1.3　問題解決とイメージ　158

5.2　推 理 過 程　……………………………………………160
- 5.2.1　認知発達と推理　160
- 5.2.2　演繹的推理　162
- 5.2.3　帰納的推理　164

5.3　創 造 性　………………………………………………166
- 5.3.1　創造性の定義　166
- 5.3.2　創造の過程　168
- 5.3.3　創造性の構造と測定　168

5.4　熟達者の境地　……………………………………………172
◆参 考 文 献　174

第6章　概念過程と言語獲得　　175

6.1　概念とその形成　……………………………………………176
- 6.1.1　概念の構造　176
- 6.1.2　概念の獲得　178
- 6.1.3　概念学習と仮説検証過程　182

6.2　言語の獲得　…………………………………………………184
- 6.2.1　動物の言語　184
- 6.2.2　人間の言語獲得　186

6.3　言語と思考　…………………………………………………190
- 6.3.1　言語相対性仮説　190
- 6.3.2　言語と思考の関係についての諸理論　192
- 6.3.3　言語がほかの認知的活動に及ぼす影響　194

6.4　言 葉 と 脳　…………………………………………………198
◆参 考 文 献　200

第 7 章　記憶と忘却　　　　　　　　　　201

- 7.1　記憶とは何か …………………………………202
- 7.2　記憶概念の変遷 ………………………………202
- 7.3　記憶研究の材料と方法 ………………………204
  - 7.3.1　保持の測定法　206
  - 7.3.2　学習材料　208
- 7.4　記憶の理論と記憶の分類 ……………………208
  - 7.4.1　記憶の二過程説　208
  - 7.4.2　神経心理学的な分類　210
  - 7.4.3　長期記憶の多様性　212
  - 7.4.4　処理水準説　212
  - 7.4.5　記憶情報の制御　214
  - 7.4.6　作動記憶　218
- 7.5　フラッシュバルブ記憶 ………………………220
- 7.6　記憶と脳との関係 ……………………………222
- 7.7　展望的記憶 ……………………………………224
- 7.8　自伝的記憶 ……………………………………226
- 7.9　忘却の原因 ……………………………………228
- 7.10　記憶術の解剖 …………………………………234
  - 7.10.1　体制化と記憶　234
  - 7.10.2　イメージと記憶　236
  - 7.10.3　記憶術家の事跡　238
  - ◆参考文献　240

第 8 章　有意味材料の記憶と表象　　　　　　241

- 8.1　意味記憶 ………………………………………242
  - 8.1.1　エピソード記憶と意味記憶　242
  - 8.1.2　意味記憶からの検索　244
  - 8.1.3　意味記憶のモデル　246

8.2 　命題による記憶表象の構造モデル　……………248
8.3 　記憶における構成　………………………………252
　　　8.3.1　文章の意味変容　252
　　　8.3.2　意味の表層と深層　256
8.4 　テキストの処理　…………………………………262
　　　8.4.1　物 語 文 法　264
　　　8.4.2　文章（テキスト）の処理理論の展開
　　　　　　　──キンチュとヴァン・ダイクの理論　266
　　　◆参 考 文 献　274

引 用 文 献　275
人 名 索 引　288
事 項 索 引　292
執筆者紹介　298

行動と認知の学習

　人間は生をうけて死ぬまで，さまざまな行動を形成し，またその一部は解消されていく。心の中に記憶されたものは，忘却されることもある。また，生きていくためには，さまざまな問題も解決していかねばならない。このような行動と，内的状態の変容は，生きているかぎり続いていく。

　学習の心理学は，これらの行動と認知の形成メカニズムを説明するために，数多くの理論を提出してきた。それらの理論は大別して，行動理論あるいは刺激―反応理論と，認知理論に分けることができよう。ここでは，これらの考え方を比較・対照させつつその特色，長短を論じておきたい。

　認知心理学のモデルは，シミュレーション，ことにコンピュータによるそれとともに歩んできたといって過言ではない。そのことについても述べる。また学習と記憶は，脳と神経作用によって支えられている。それらの生理学的基礎についても考察していくことにする。

0.1 行動の学習

　動物や人間は生まれたときから行動している。その行動の内容は種に特有な個体差のない，共通な性質をもったものであることが多い。これらは何らかの形で生物的に，遺伝的に，生まれつき生体にそなわったものであると考えざるをえない。このような行動を**生得的行動**と名づけることができる。この生得的行動は，またさまざまな概念でよばれている。酸性物質に対して，さっとひるがえるゾウリ虫の行動や口の中に食物が入れられると，唾液が分泌するという現象は**反射**（reflex）という言葉で表現される。また明るい光からのがれるウジ虫や，逆に飛んで火に入る夏の虫のように，明るいほうによってくる昆虫の習性は，**走性**（タキシス）とよばれたりする。じめじめ湿ったところにはすわりたくないという人間の行動傾向は，走性に近い行動かもしれない。また，ミツバチの餌のありかを伝えるコミュニケーション行動やハトの帰巣行動にみられるような現象はひろく**本能行動**といわれる。それらはある目的を達するための一連の複雑なしかし固有のパターンをもった行動である。新生児の母親に対する行動の中にはかなり，本能と名づけてよい行動があるようである。

　このように，動物や人間は生得的行動によって，その生存を確保しているのであり，動物はかなりこの種の行動に依存している。しかし，人間の場合には，生得的行動ばかりではなく，生まれてからのさまざまな経験によってつちかわれた行動に依存しているほうが多い。人間の行動は状況に応じてさまざまに変化し，種に共通な固定的な行動パターンよりは，個人によって異なった行動をする。また個人でも時とともに変わっていくのである。このように経験によって習得し，さまざまに変化した行動を，生得的行動に対して，**習得的行動**という。

　学習とは，このように，経験によって今までにない行動が成立していくこと，あるいは今まであった行動が違ったものに変わったり，消滅したりしていくことをさしている。このような事実をもう少し，厳密に定義してみると次のようにいえる。「学習とは，活動とか特殊な訓練あるいは観察の結果として生じた，多少とも永続的な行動の変容である」という。した

ボックス　いくつかの人間学習の例

　本文で述べたように，学習心理学でいう「学習」とは非常に広い意味をもつものである。学習心理学では，さまざまな行動の習得と除去のメカニズムを吟味していくが，経験によって行動や認知が変化していくいくつかの実例をあげてみよう。

(A) 赤ん坊は，ストーブが熱いということがはじめはわからない。偶然それに手を触れる。次からは二度と触れようとしないであろうし，むしろそれを避けるようになる。この場合は1回で学習が成立した（回避の条件づけ学習）。

(B) 生徒に30個の語を覚えさせた。それを6回繰り返したところ，覚える量は漸次増えていった（多試行言語学習）。

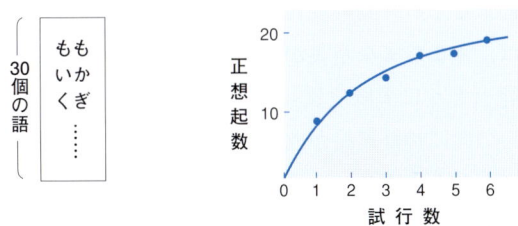

図0.1　単純な言語学習（山内, 1955のデータより）
　　　右図の曲線は理論的にあてはめたものである。

(C) 数学の問題が解けなかった。何回か試みていくうちに，「ああ，そうか」というように突然解くことができた。以後，忘れなかった（洞察問題解決学習）。

(D) 思春期に起こりがちな対人恐怖もある種の学習による回避の反応の例である。あるとき，人に「あなたの顔は赤いね」と言われた。それ以後，人に会うと顔が赤くなると思い，他人に会うのがはずかしくて，避けるようになった（回避行動の学習）。

がって，成熟などによって生ずる身体的変化に伴う行動の変化ではなく，さまざまな環境的変化に適応していく過程で生ずる行動の変容であることを意味している。また，疲労や薬物などによる一時的な変化ではなく，ある程度定着した持続的な行動傾向の習得を意味している。さらに器質的変化に伴う永続的変化も除外される。

また学習されるものは，適応にとって好ましい行動ばかりではない。一定の対象に対する極端な恐怖や不安は，生得的というより生活上の体験によって習得され，定着した行動となったものである（たとえば，病院に対する恐怖症）。したがって，もしこれらが習得されたものであるならば，その基本的なメカニズムを明らかにするとともに，どのようにその反応を「消去」(1.5節，2.4節参照)したらよいかということが，学習理論上重要になってくる。今日，**行動療法**（behavior therapy）とよばれるものは，こうした病的行動の治療を学習理論にもとづいて行おうとする技法である。

上記では，学習をむしろ行動の変化の現象として定義してきたが，その内実を問うならば，さまざまな定義が生まれてこよう。たとえば，行動の変容は生理的変化（とくに大脳皮質）であると考えれば，感覚系（刺激）と運動系（反応）の間に神経連絡が成立することであろうし，また新しい習慣が成立することともいえるし，また期待や動機が固定することともいえる。記憶や思考の領域では，とくに新しい認知が成立し，より精緻な情報処理が行われるようになったことともいえるであろう。

0.2 認知の学習

このように，学習とそのモデルについては，さまざまな理論が構築されてきたが，**行動的アプローチ**をとる立場と，**認知的アプローチ**をとる立場は，それぞれ独自な構想を展開してきた。

心理学の対象は行動であり，行動のみが心理学の唯一の対象であるというテーゼは，前世紀のはじめよりJ. B. ワトソン（1878-1958）の提唱になるものであり，したがって学習の研究は，刺激に対してどのような反応が行われ，それがどのように変化していくかが眼目になる。こういう「行

ボックス　学習の過程における量的変化――学習曲線

　学習における量的な変化は，いわゆる「学習曲線」によって図示されることが多い。これには，下図Aのように，次第に上昇する型のものが多く見られるが，中には，途中で加速度が変化する（変曲点をもつ）ものもある（B）。これらA・Bは，試行の関数として成績が増加する場合であるが，逆に一定の課題を遂行するのに要する時間や，誤り数は（C）のように，その数が減少していくパターンを示す場合もある。

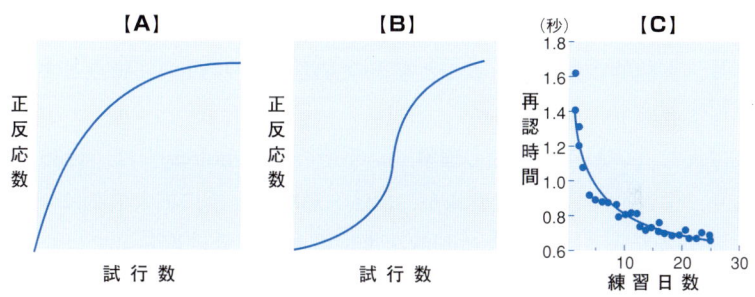

図0.2　さまざまな学習曲線（C：Pirolli & Anderson, 1985）

　Bのような場合は，ある種の回避条件づけや，弁別学習において生じることがある。前者の場合についてアンダーソン（1995）は，初めのころは，生活体が因果関係を把握するため必要な，余分の誘導過程を含んでいるから，このようになるのだと考えている。それが終わってから，本来の連合過程が始まるとしている。

　近年もっとも注意されてきたのは，多くの練習の場合に，練習を重ねるにしたがって，Cのように所要時間や過誤数が次第に低下する場合である。このような現象は，運動学習から問題解決学習にいたるまで，多くの学習にみられる。そうして，この曲線はほとんどの場合次の式（1）で示されるとされる。

$$RT = aN^{-b} \qquad (1)$$

ここで，RTは反応時間，Nは練習量，aとbは課題によって変わる定数である。Cの曲線は，ピロリとアンダーソン（1985）によって実測値（点線）に当てはめられた次の式による。

$$RT = 1.40 N^{-0.24} \qquad (2)$$

　式（1）は，かなりの普遍性をもつことから，**学習のベキ法則**（power law of learning）を示すものとされている。またこれは，学習を担う神経過程と関係するものだという学者もいる（アンダーソン，1995）が，一層の吟味が必要であろう。

動主義（理論）」(behaviorism (behavior theory))とその発展である**S-R（刺激-反応）心理学**は，とりわけ1950年代まで優勢であり，また，とくにスキナーの仕事（2章参照）のゆえに，今日でも影響力は大きい。この立場では，生活体に生ずべき内面性は問題にならず，環境の条件，たとえば，刺激条件や賞・罰が，いかに誤りを減少し学習を促進するかという点に関心を払ってきた。今日ではきわめて厳密な意味での行動論者と名のるものは少ないにしても，「意識」を「推論」したりすることに対して批判的であり，実験的に厳密であることをその方法論上の第1の立脚点とする学習心理学者は多い（右頁参照）。

これに反し，いわゆる**認知心理学**（cognitive psychology）は，1960年ごろより，学習心理学の研究興味が，記憶・思考・言語に拡大するにつれて広まってきた。ここでは人は刺激を単に受動的に受け取る者ではなく，むしろ能動的にそれを処理し，新しい形式やカテゴリーに変化させる生活体としてとらえられる。刺激入力と反応出力の間には，そうした情報処理のさまざまな段階があると考える。

今日，認知という用語は，このように，感覚器官に入ってきた入力をさまざまな仕方で符号化し（encoding），貯蔵し（storage），後に検索する（retrieval）主体の心的過程を意味する。こうして，知覚，イメージ，思考，記憶といった心的過程は，何らかの主体の情報処理を受けた過程であると考えられる。

認知心理学のアプローチは，一つには，S-R的見解に対する反動として生じた面もある。確かに，S-Rとして人間行動をみることは，単純な行動を説明する場合には便利ではあるが，より高度な人間の行動と学習を説明するには不十分なことが多い。実際，人は環境に対処して，自ら注意し，どの情報の側面を選ぶかという場合に決心し，目的に沿ったプランをたて，どれを覚えるべきか判断を行う。この点について，認知心理学は有益な理論を展開してきた。

S-R流の行動主義は，つきつめていけば単純な経験主義になるが，それだけでは，人間の言語や思考の創造的性格を説明できないという批判が，たとえば言語学者のチョムスキーによっても提出された（6.2節を参照）。

ボックス　行動主義のモデルと認知心理学のモデル

　学習や記憶・思考の展開を考えていくうえで，2つの大きな理論の流れがある。1つは行動理論（主義）であり，ことにS-R（刺激-反応）の理論と深く結びついてきた（本文参照）。

　古典的な行動主義では，生活体の行動は完全に，刺激と反応の用語で説明され予言されるとしている。したがって，次の図式で記述することができよう。

$$S ─── 暗　箱 ─── R$$

　ここでは，生活体の状態は，暗箱に入れられ，不問に付されている。しかし，その後，「新行動主義」の学者たち，とくにハル（1884-1952），スペンス，マウラーやオズグッドは，SとRの間に「媒介体」あるいは，理論的な「仮説的構成体」を介在させ，内的状態を仮定するようになった。下の図は，その一例であるが，内的なrとsとその連合は，言葉と思考の等価物とも考えられる。

　新行動主義の旗手として，1940～50年代に大きな影響を与えたハルは，内的状態またはSとRに関し，壮大な行動の理論体系を考えた。

　しかしながら，その後，認知心理学が台頭するに及び，思考，記憶，言語の研究が盛んになり，S-Rのモデルではこれらの諸過程を十分に説明つくしえないことに気づくようになった。そのことは本文に示したとおりであるが，ミラーら（1960）は，人間行動を単にS-Rのような断片的単位でなく，その目的性・意図性を重視している。下に簡単な一例を示した（TOTE）。ここで，釘の目標状態（釘の頭と板の表面が同じ高さ）と比較され，一致するまでAとBのサイクルが繰り返される。金づち操作の結果，目標状態に達したら，コントロールは次の局面へ出てゆく。（TOTEとは，Test Operate Test Exitの略号である。）

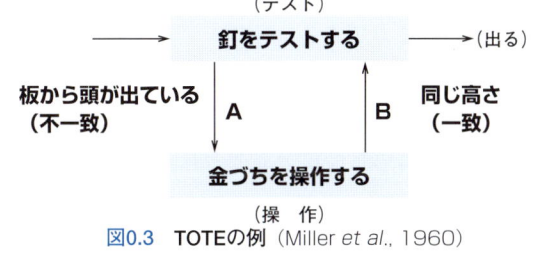

図0.3　TOTEの例（Miller et al., 1960）

[0]　行動と認知の学習

たとえば子どもは，生まれてから言語環境に対峙し，やがて言語のルールを会得すれば，いままで産出したことのない言葉も自由に産出できるようになる。また算数の四則演算は無数であるが，これをすべてS-R的に学習したものとみなすことはできない。

子どもは一度それを会得すれば，あらゆる四則演算を行える。それゆえ，一定の知的枠組みが形成されれば，必ずしもそれを意識しなくても自由に使いこなすこともできる。単純な経験主義の視座では割り切れない能力を人はもっているという発想も行われるようになった。

他方，近年になって展開された著しい動向は心の復権である。行動主義の全盛の時代には，それまでの心理学の対象であった意識，意図などは見えないがゆえに否定されていたが，近年になって心が正面切って取り上げられるようになる。記憶する，ということは，心の中に何が起こっているのか，心の表象とは何か，問題解決はどのような心の機序で行われるのか，このような問題提起が次々に，心理学の分野に行われるようになってきた。しかしそれは単に昔の精神主義の復古ということを意味しない。心の構造・機能の精緻なモデルが作成されるようになったことも注目されるべき事実である。

0.3 情報処理としての学習・記憶の　シミュレーション・モデル

こういった近年の学習・記憶・思考の研究の大きな支えになったのは，一つにはコンピュータのハードおよびソフトの急速な発展であり，ほかの一つは脳科学の進歩である。そして，人はどのように「情報処理」を行うかということへの関心の高まりである。そのモデルも最初は簡単な「流れ図」のようなものであって，とても人間の情報処理の多くを覆えるようなものではなかったが，次第に人間の行動・学習・記憶をかなり説明しうるものとなった。図0.4は，1970年前後で展開された情報処理モデルの一例を示すものである。それによるとまず，学習者は与えられた物理的刺激を，コントロール（制御）機能を働かせることによって選択的に受容し，また

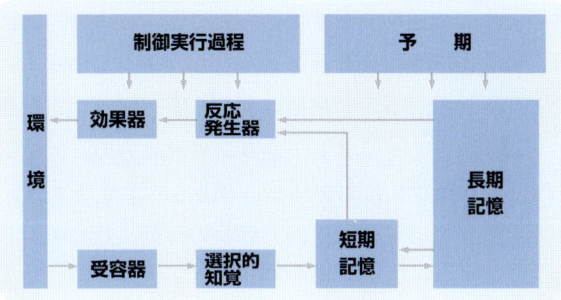

図0.4 ガニエ（1974）によって改変されたアトキンソンとシフリン（1968）の情報処理のモデル(Raynal & Rieunier, 1997による)

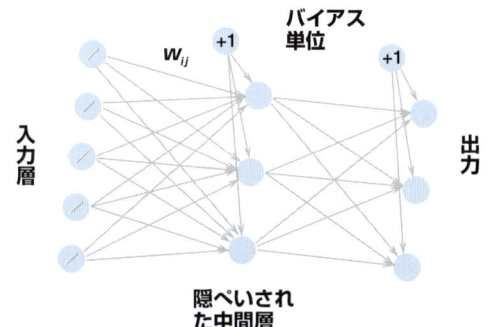

図0.5 人工知能のネットワーク・モデルの一例(Everitt, 1998, p.17)

人間の神経ネットワークに模した数学的構造モデルは，人工知能の発達とともに学習と思考の研究にも取り入れられるようになった。この図は簡単な処理要素（人工的ニューロン）がどのように協応していくかということを示す一例である。入力層から出力層の間に隠ぺいされた中間層（複数の場合もある）があって，情報が処理されていく。各ニューロンは入力総量 x_j を集計し，1つの関数 f_j を適用して y_i が認知，行為として出力される。諸々の結合リンクは，そこに沿って情報が通ると w_{ij} が乗ぜられるとする。このようなモデルはごく一般的なもので，この場合いわゆるフィードバックはなく，フィードフォワード（feed-forward）的制御が行われている。パラメータを変えることによって，適切な出力を得ることができる（つまり，学習させることができる）。

注意することによって情報は短期記憶に貯えられ，処理される。情報はさらに体制化などの制御機能によって長期記憶に貯えられる。そして，出力される時間，言語などの適切な形で反応の発生器に送られ，反応としてふさわしければ，効果器で実現される。

このようなモデルは受容器・効果器は別として，解剖学的な部位に対応しているわけではないが，シミュレーションの考え方の一例を示している。「人工知能」の発達した現在においては，図0.5のようなネットワーク型のモデルも提唱され，より精緻に人間と動物の行動・認知をシミュレートしたものとなっている。

0.4 学習・記憶・思考の神経科学的基礎

学習が神経系にもとづいて行われ，記憶や思考はまた脳神経の構造的・機能的変化に対応していることは明らかである。とくに近年，脳の神経科学が，理論的にも技術的にも飛躍的に進歩し脳の活動部位と機能は，ますます精密に観察・測定できるようになってきている。それゆえ，まず脳の部位と神経の構造と働きについて知っておくことは必要であるし，本書においても心と行動との関係について必要に応じてふれることにする。

脳は，大きく分けて大脳皮質と，皮質下の諸領野から成り立っている。

皮質は高次な精神活動を司る領野であり，ほかの動物よりも人間において，もっとも大きく発達しており，脳の最上部にあってそのヒダに示されるように密に折りたたまれている（図0.6）。多くの下位皮質がその下に隠れており見えない。たとえば，小脳は，運動とその協応に関与しているし，視床下部は基本的なもろもろの動因を制御している（図0.7）。

皮質とその下位部分の間には，辺縁系とよばれる部分がある。とくに側頭葉に接する海馬は，構造的なものではなく図には現れてはいないが，記憶に関わる大切な部分である。

皮質は4つの領野に分かれている（図0.6）。後頭葉はもっぱら視覚に関係する。側頭野は聴覚，対象認知に関係する。頭頂葉は，視覚的処理を含め，多くの高次の感覚機能を処理する。前頭葉には，運動を司る領野

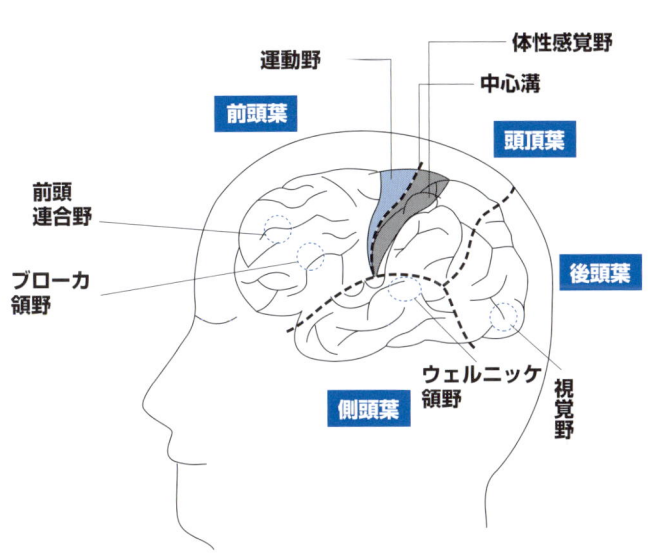

図0.6 大脳皮質の側面図

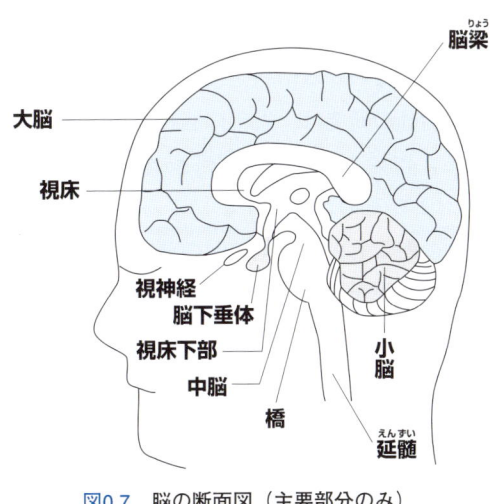

図0.7 脳の断面図（主要部分のみ）
（Anderson, 1995, p.32を改変）

0 行動と認知の学習

があるが，前部は人間のもっとも人間らしい活動——思考，推理，創造性，計画，情操などの働きを支配しているといわれている。ほかの動物と比べてとくに発達している部分といえよう。

　人間と動物の情報処理の見地からも大切なものは，**ニューロン**とよばれる神経系の細胞である。人間の場合は脳内で140億個以上あると推定されており，その形状や大きさもさまざまである。図0.8にもっとも典型的なその一例を示した。各々のニューロンは，細胞体とそこから出た樹状様の部分からなる。**樹状突起**と**軸索**がそれである。

　ニューロンは，樹状突起でほかのニューロンからの情報を受け，細胞体は電位変化し軸索を通してほかの樹状突起に情報を伝達する。伝達するといっても直接つながるのではない。軸索の最端部と次のニューロンの樹状突起部分の間には，**シナプス**とよばれる細い隙間があり，そこに神経伝達物質を出して次のニューロンにつながるのである。こうして，一つのニューロンがほかのニューロンを賦活する（"発火"するともいう）のであるが，それは発火するかしないかという悉無的な働きによっている。ただし，伝達物質の性質によって両ニューロンの差を減少させ（**興奮**させ）たり，差を大きくしたり（**抑制**する）する。学習や認知は，このような多くのニューロンの働きによって行われる情報処理活動ともとらえられよう。

　学習・記憶・言語活動の研究は，近年の脳神経科学の技法の著しい発達にも支えられている。口絵1に示したPET画像は，それを如実に示す一例であろう。PETおよびそのほかの手法による脳神経的な数多くの研究によって学習・認知のあるものが，脳のどの部位によって行われるかということが，次第に明らかになりつつある。しかしそれだけで学習・認知活動のすべてが明らかになるわけではないであろう。とはいえ，

　　「（PETスキャンのような）技術的なもろもろの前進は，過去に可能であった以上に直接，脳の諸部分の活動を測定し得るということを意味している。これらの前進は，ここ数年内に，人間の認知に関する私たちの知識を変え得ることを約束するもである。」（アイゼンク・キーン，1995，p.25）。

　その予言どおり近年質・量ともに驚くほどのデータが続出している。

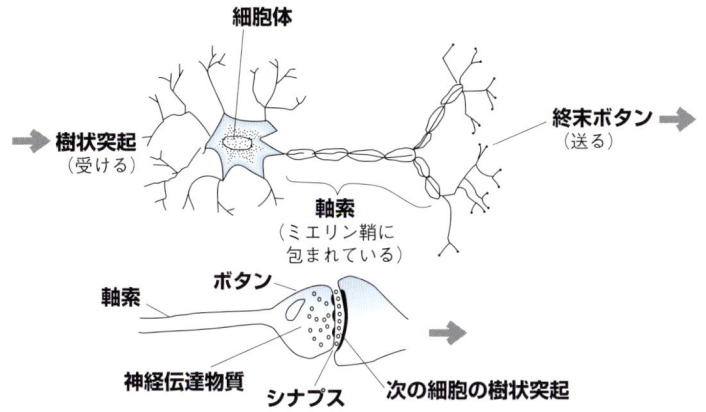

図0.8　ニューロンの形の一例(Benson & Grove, 1998, p.122を改変)
この図はニューロンの一例を示すものだが，さまざまなニューロンは3つの型に分けられる。
（1）感覚性：情報を受け取る。
（2）運動性：情報を（たとえば筋肉に）送る。
（3）内部性：情報同士を結合する。

表0.1　「コラム」と脳幹

　本文には示してはいないが，大脳皮質が働く（情報処理する）とき，約1,000個の神経細胞からなる六角形の構造からなる「コラム」が働くと考えられている。
　さらにまた，人の高次神経活動のさいには，脳幹も大脳皮質のバックアップの働きを担っている。（以上，今塩屋隼男教授よりの私信による）

---

[0]　行動と認知の学習

参考文献

Anderson, J. R. 1995 *Learning and memory : An integrated approach*. New York：Wiley.

Bower, G. H., & Hilgard, E. R. 1981 *Theories of learning*. (5th ed.) Englewood Cliffs,NJ：Prentice-Hall. バウアー・ヒルガード（著）梅本堯夫（監訳）1988 学習の理論 上・下 培風館

Delacour, J. 1995 *Le cerveau et l'esprit*. (Que sais-je) Paris：Presses Universitaires de France. ドラクール（著）須賀哲雄・中村祐子・中島欣哉（訳）脳は心である 白水社

Eysenck, M. W.（Ed.）1990 *The blackwell dictionary of cognitive psychology*. Oxford：Blackwell. アイゼンク（著）野島久雄・重野 純・半田智久（訳）1988 認知心理学事典 新曜社

Eysenck, M. W., & Keane, M. T. 2000 *Cognitive psychology : A student's handbook*.（4rd Ed.）Hove：Psychology Press.

今田 寛 1966 学習の心理学 培風館

岩本隆茂 1988 オペラント心理学――その基礎と応用 勁草書房

中西信男・道又 爾・三川俊樹（編著）1998 現代心理学――その歴史と展望 ナカニシヤ出版

苧阪直行 1998 心と脳の科学（岩波ジュニア新書）岩波書店

篠原彰一 1998 学習心理学への招待 サイエンス社

山内光哉（編著）1981 学習と教授の心理学（第2版）九州大学出版会

第1章

古典的条件づけの基礎

　古典的条件づけはロシアの生理学者パブロフによって，脳の機能の研究をするために用いられた方法である。この方法は心理学において行動の成立を理解するための基本原理の一つとして導入された。古典的条件づけだけで人の行動のすべてを理解するには困難は多いと考えられるが，ある側面に関してはよりよい理解を得られると考えられる。

　古典的条件づけは，ある刺激がある反応を応答的に誘発するという，刺激と反応の生得的な関係を基礎にして，その応答的反応がほかの刺激によっても誘発されるようになっていく過程である。

1.1 古典的条件づけとは何か

　食物を口に含むと唾液が出る。懐中電灯で急に顔を照らすと瞳が小さく縮まる。急に大きな音をたてると乳児は驚いて両腕を広げて抱きつくような反応をして泣き出す。足のひざのある部位を打つと，足は前へはね上がるように動く。熱いものに触れると手を引っ込める。こういった反応は，とくに教えられたり訓練されたりしなくても，誰もが同じように生まれながらに身につけている反応である。このような生得的な反射的反応のことを**無条件反応**（unconditioned response, UR）または**レスポンデント**（respondent）という（図1.1）。このように，一定の無条件反応をいつでも同じように生じさせる刺激は，**無条件刺激**（unconditioned stimulus, US）または**誘発刺激**（eliciting stimulus）といわれる。食物を口に含むことは唾液分泌という**無条件反応**（UR）を誘発する（elicit）**無条件刺激**（**誘発刺激**，US）であり，瞳孔の収縮という無条件反応の無条件刺激（US）は，照射された光である。

　無条件刺激と無条件反応の関係は一義的に対応している。突然の光は瞳孔の収縮を誘発するが唾液分泌を誘発はしないし，ある程度瞳孔が収縮してもそのためにほかの行動が大きく制限されたり妨害を受けることはないような明るさの変化はよく経験する。このようなとき，その光は唾液分泌に対しては**中性刺激**（neutral stimulus）であるという。音も，あまりに強く大きく突然であれば，驚愕反応を誘発して，そのときの行動を中断させてしまうが，適度であれば唾液分泌に対して中性刺激である。

　このような中性刺激も，ほかの無条件刺激（US）によって誘発される無条件反応（UR）を，誘発することができるようになる。たとえば，いつも一定の音が聞こえるときにだけ食物を食べるということが経験され，これが繰り返されると，音が聞こえただけで唾液が分泌されるようになる。このように中性刺激が無条件反応を誘発するようになっていく過程を**古典的条件づけ**（classical conditioning）または**レスポンデント条件づけ**（respondent conditioning）という。

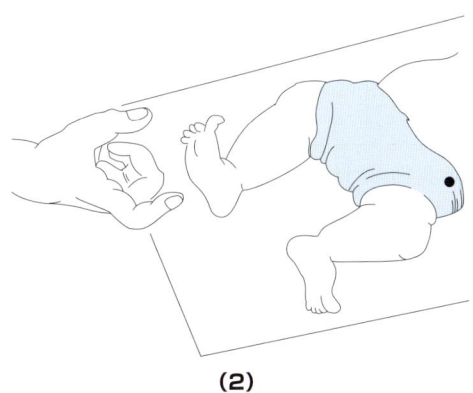

図1.1　生得的な反射反応（無条件反応）の例
(1)モロー反射。乳児に対して急に強い刺激を与えると，腕や足を伸ばし，指を広げて抱きつくような運動をする。
(2)バビンスキー反射。足の裏を刺激すると，乳児の親指は足背に曲がり，場合によってはほかの指も扇状に開く。
こういった反応は生得的であり，無条件反応といわれる。無条件反応を生じさせる刺激は無条件刺激といわれる。

1　古典的条件づけの基礎

1.2 古典的条件づけの典型例

ロシアの生理学者パブロフは，イヌを使い唾液分泌の研究をしているときに，餌を運ぶ際の食器の音や足音が聞こえるだけで，イヌが唾液を分泌することに気づき，実際に食物が口に入っていないのに唾液が分泌されるので，これを精神的な唾液分泌とよんで，食器音や足音の代わりに，実験的に統制の容易な音（メトロノーム，音叉，ベル，ブザーなど）を用いて組織的な研究をはじめた。

パブロフの実験の1つは次のようなものであった（**図1.2**）。まず，イヌの唾液腺を口外に導出し固定する手術を行い，防音室内にハーネスで固定し，導出した唾液腺に細い管をつないで分泌される唾液の滴数を記録できるようにして，実験手続きを実行した。まず音叉の音だけを鳴らしてみると，イヌは耳をそばだてたり頭を音のほうに向けるというような音に注意を向ける反応（パブロフはこれを「**おや何だ**」**反射**とよんだ）を示したが，唾液分泌は生じなかった。音叉の音を聞かせることを，休みをはさんで何回か繰り返すと，イヌは音に対して注意を向ける反応を示さなくる（**馴化**）。次には，音叉を鳴らしながら数秒後遅れて食物（肉粉）を与えるという手続き（音と食物の対提示）を，同様に休みを入れながら何回も繰り返した。その後に，音叉の音だけを聞かせると，イヌは唾液を分泌し始めたのであった。これは古典的条件づけの手続きである。

音叉の音は唾液分泌に対して中性刺激であったのだが，古典的条件づけの手続きの結果，唾液分泌という肉粉に対する無条件反応と同様の反応を**誘発**する（elicit）ようになったのである。中性刺激は，無条件反応と結びついて，その反応を誘発するようになると，**条件刺激**（conditioned stimulus, CS）といわれる。つまり音叉の音は条件刺激である。口に入れられた肉粉は唾液分泌を必然的に誘発するので無条件刺激（unconditioned stimulus, US）といい，唾液を分泌するという反応は無条件反応（unconditioned response, UR）という。そして，条件刺激によって誘発されるようになった唾液分泌は条件反応（conditioned response, CR）といわれる。つまり，条件刺激（CS）は，無条件刺激（US）と，繰り返し対

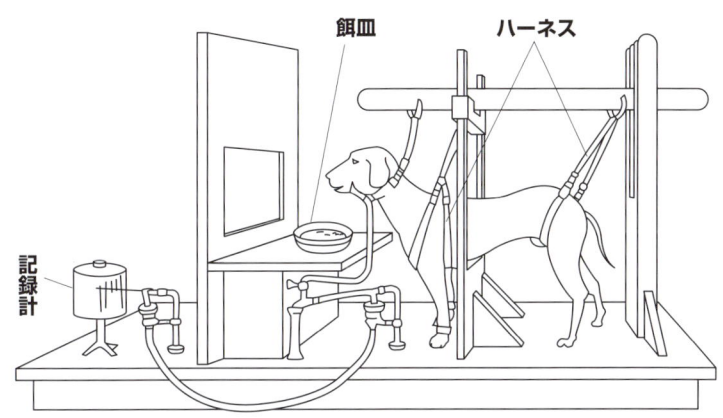

図1.2　古典的条件づけの状態(Yerkes & Morgulis, 1909)
ハーネスに固定されることに十分慣らした空腹のイヌを用いる。手術によっていくつかある唾液腺の1つは口腔外に導出され，そこから分泌される唾液は管を通り，量や回数が記録計に記録される。

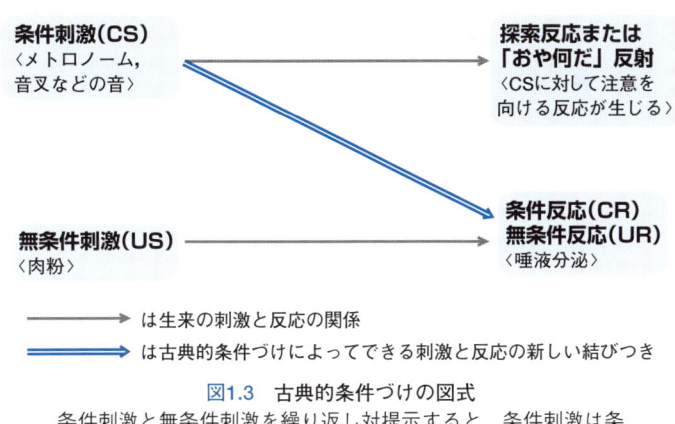

図1.3　古典的条件づけの図式
条件刺激と無条件刺激を繰り返し対提示すると，条件刺激は条件反応を誘発するようになる。

1　古典的条件づけの基礎

提示することによって，無条件反応（UR）と同様の条件反応（CR）を誘発するようになる（図1.3）。

　私たちの日常生活の行動にも，古典的条件づけによって身につけた例を考えることができる。たとえば，湯気のたつ熱いお茶を飲もうとして火傷をしたことがあると，次に湯気のたつお茶を見るとすぐには飲もうとしない。特定の状況で繰り返し聞いた音楽は，あとで聞くときにもそのときの感情を誘発する（想い起こさせる）ことがある。

1.3 古典的条件づけにおける条件刺激と無条件刺激の時間的関係

　私たちの現実の日常生活の中で，何らかの行動に関して条件刺激と無条件刺激を見出すことができる場合，厳密な意味で常に同じ刺激の流れが繰り返されているとは限らないことのほうが多い。ここでは実験に用いられる5つの代表的な刺激提示の型を確認する。

1.3.1　同時条件づけ

　条件刺激の提示を開始してから，5秒以内の一定時間後に無条件刺激を提示し，さらに一定時間後に両刺激（CSとUS）を同時に終了させる，という手続きを繰り返す。これは同時条件づけ（simultaneous conditioning）といわれる（図1.4）。一般にCSとUSが正確に同時に開始され終了する場合には，条件づけはおこりにくいとされる。CSがUSにわずかな時間先行する手続きは，標準的手続きとされる。

　たとえば，空腹のイヌに1分間に100回の速さで音を出すメトロノームを聞かせ始めると同時に，ほぼ30秒余りで食べ終わる量のドッグ・フードを入れた餌皿を前に提示する。イヌはすぐに食べ始めるが，当然それと同時に唾液分泌が生じる。ドッグ・フードを提示して30秒後に，メトロノームを止め，同時に餌皿も引っ込め，5〜6分間放置し，また同じ手順でメトロノーム音とドッグ・フードを対提示する。この手続きを毎日同じ水準の空腹状態にしたイヌに6回ずつ繰り返してから，5日間くらい続け

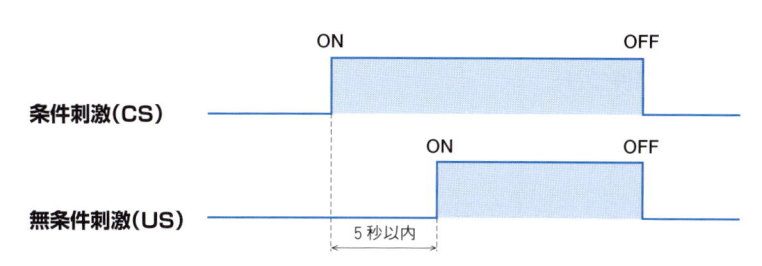

図1.4　同時条件づけ
無条件刺激は，条件刺激の開始と同時に，あるいは5秒以内の遅れで開始される。

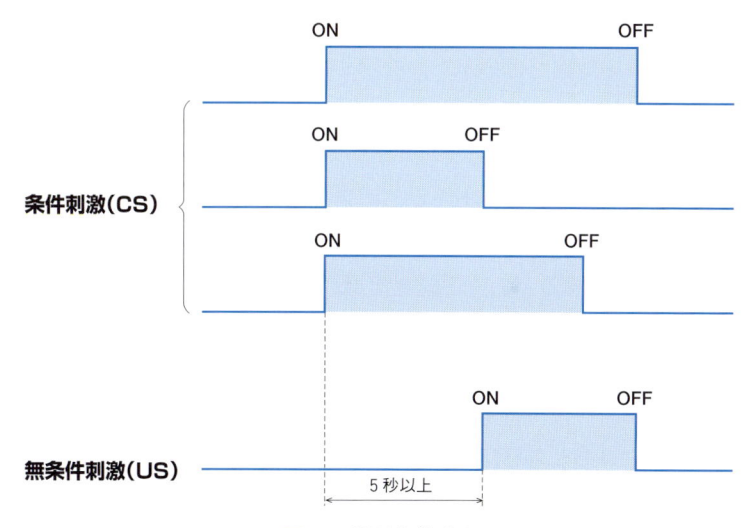

図1.5　遅延条件づけ
無条件刺激は，条件刺激の開始より，5秒以上遅れて開始される。同時条件づけから始めて段階的に徐々に条件刺激の開始と無条件刺激の開始との時間間隔を大きくして，たとえば3分の遅延条件づけに固定する手続きが一般的である。はじめから3分の遅延条件づけの手続きを実施すると，条件づけは困難である。遅延条件づけが成立すると，条件反応は，条件刺激を開始したばかりの初期には生じないが，無条件刺激が開始する少し前から生ずるようになる。

1　古典的条件づけの基礎

ると，イヌは1分間に100回の速さで鳴るメトロノーム音を聞くだけで，唾液分泌を生ずるようになる。

1.3.2 遅延条件づけ

条件刺激を提示してから，5秒以上の一定時間後に無条件刺激を提示し，さらに一定時間後に両刺激を同時に終了させるのがこのタイプの基本型である。同時条件づけとの主な違いは，無条件刺激の開始が，このタイプでは，条件刺激の開始より5秒以上遅れる点である。この点が守られているなら条件刺激の終了が，少なくとも無条件刺激の開始と同時であっても，遅延条件づけ（delayed conditioning）に含まれる（図1.5）。

1.3.3 痕跡条件づけ

条件刺激を一定時間だけ提示し，提示し終わってから条件刺激なしでさらに一定時間を経てから無条件刺激をやはり一定時間だけ提示するという手続きによる条件づけである。

たとえば，空腹のイヌに，あらかじめ定めた音を40秒間聞かせ，続いてその音を停止し，120秒経過したと同時に，ドッグ・フードの入った餌皿を30秒間だけ提示するという手続きを繰り返して，音に唾液分泌を条件づけるなら，これは痕跡条件づけ（trace conditioning）である。無条件刺激（ドッグ・フード）が提示されるときには，条件刺激（音）は提示されておらず，あるのは中枢神経系における条件刺激の痕跡であることから痕跡条件づけといわれる（図1.6）。

1.3.4 逆行条件づけ

逆行条件づけ（backward conditioning）では，まず無条件刺激が提示されて，それ以後に条件刺激が提示されるという，これまでとは逆の順序で2種類の刺激を提示する。一般的には，はじめに提示される無条件刺激が終了してから後に条件刺激が開始されるが，同時に両刺激を終了することもある。条件づけは困難であり，条件反応には増感作用の効果が含まれるといわれる（図1.7）。

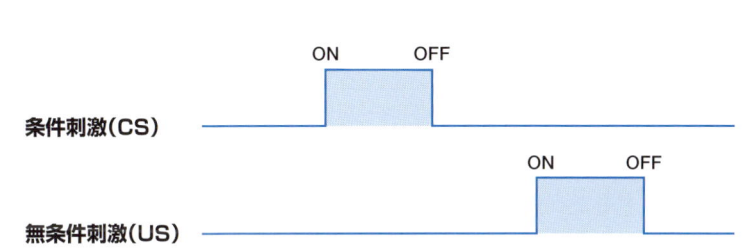

図1.6　痕跡条件づけ

無条件刺激は，条件刺激の停止よりあとに開始される。たとえばイヌを用いて皮膚への接触刺激を1分間続け，その後1分間経ってから口腔に酸を注入するという痕跡条件づけを行うと，条件反応（唾液分泌）は皮膚刺激中には生じないがその後の酸注入までの1分間に生ずるようになる。

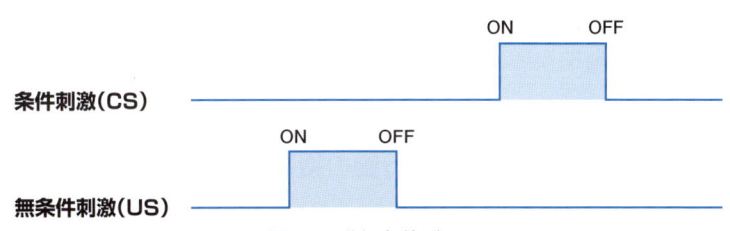

図1.7　逆行条件づけ

無条件刺激は，条件刺激の開始より以前に開始されている。条件刺激の単独提示による効果には，訓練時の増感作用の効果が含まれているといわれる。

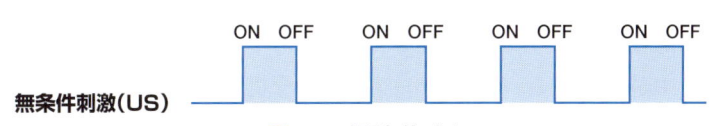

図1.8　時間条件づけ

無条件刺激だけを，一定時間間隔で提示する。条件刺激は，時間経過に対応する内的過程と考えられる。

1　古典的条件づけの基礎

1.3.5　時間条件づけ

　時間条件づけ（temporal conditioning）では，実験者が変数として操作する条件刺激はなく，単独に一定時間の無条件刺激を，一定の時間間隔で提示する手続きが用いられる。

　たとえば，空腹のイヌに，25分おきに30秒間だけドッグ・フードを提示することを繰り返していると，ドッグ・フードを与えなくても25分おきに唾液分泌が生ずるようになる。実験者によって操作されるメトロノームやブザーなどの条件刺激は存在しないが，25分という時間経過に対応して生ずる被験体の内的刺激の過程が条件刺激として機能すると考えられている（図1.8）。

　条件刺激にわずかに遅れて無条件刺激の提示される同時条件づけが標準的とされている。逆行条件づけでは，訓練初期には条件刺激に対して生じている条件反応が，訓練試行を繰り返すと生じなくなる。その効果は無条件刺激による一時的な増感作用の結果とも考えられている（図1.9）。

1.4　古典的条件づけによる行動の獲得

　パブロフは前述（1.2節参照）のような事前処置を施した空腹のイヌを図1.2のようにして唾液分泌の条件づけを行っている。条件刺激として一定頻度（たとえば1分間に104回）で音を打つメトロノーム音を用い，無条件刺激として肉粉を用いた。メトロノーム音は5秒間続けるが，鳴り始めて2秒後に肉粉を提示するという同時条件づけの手続きであった。この**対提示**（試行）を，5分から35分までのランダムな時間間隔をおいて繰り返すと，やがて徐々に，メトロノーム音だけを提示しても唾液を分泌するようになり，その唾液量も増加し，メトロノーム音の提示から唾液分泌が始まるまでの時間（**潜時** latency）も短縮していったのであった。表1.1によってその過程が確認できるが，30試行目に行われた検査試行（4回目の検査試行）以後の検査試行では，唾液滴数も潜時も安定しており，条件づけの完成していることがわかる。

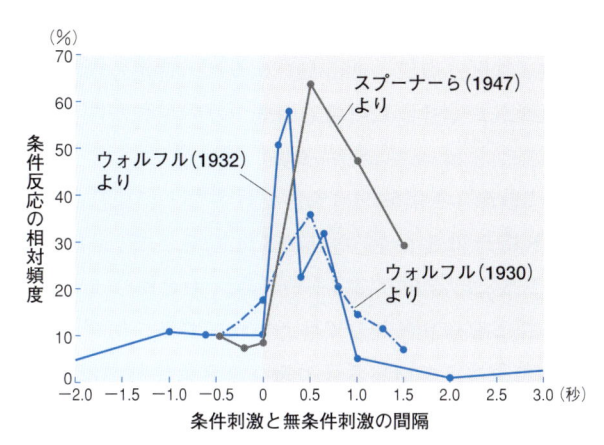

図1.9 いろいろな条件刺激―無条件刺激間隔の有効性の比較(Kimble, 1961)
条件刺激の開始が0.5秒だけ無条件刺激の開始より先行しているともっともよく条件づけができる。0より左側は逆行条件づけの効果である。

表1.1 唾液分泌の古典的条件づけの過程(Holland & Skinner, 1961)

● **条件刺激：メトロノーム音，　無条件刺激：肉粉，　被験体：空腹のイヌ**

　5秒間鳴らすメトロノーム音を開始して2秒後に肉粉を提示する。5分から35分までのランダムな間隔をおきながら，メトロノーム音と肉粉との対提示を繰り返すと，30秒間のメトロノーム音の提示だけで表のような量の唾液分泌と，潜時（メトロノーム音の開始から唾液分泌の開始までの時間）が得られた。第1回目にメトロノーム音だけを聞かせても唾液分泌はなく，したがって潜時も記録されない。対提示回数（試行数）が増えるにつれて，唾液分泌量が増えていき，潜時が短縮し，やがて安定する様子がみられる。50試行目の唾液分泌は外制止を示す。

試行数 (メトロノーム音 のみ30秒間提示)	唾液分泌量 (滴数)	潜時 (秒)
1	0	―
10	6	18
20	20	9
30	60	2
40	62	1
50	59	2

梅ぼしを実際に口に含まなくても，見たり，イメージに描いたりするだけでも唾液が出てくるのは古典的条件づけの結果と考えられる。同様に，ある特定の刺激（状況，環境）下におかれると，特定の情動や緊張を経験することがあるなら，それにも古典的条件づけの過程が関与していると考えられる。

　ワトソンは，"恐怖"を実験的に条件づけることに成功している。被験者のアルバート坊やは生後11カ月と3日であって，はうことができ，30cm以内のところにあるものには手が届き，手を使うことができた。アルバートは白ネズミをペットとして与えられており，何週間も遊び相手にしていた。条件刺激はこの白ネズミであり，無条件刺激は直径2.5cm，長さ90cmの鋼鉄の棒を金槌で打つ音であった。アルバートがいつものようにマットレスの上で，バスケットから取り出された白ネズミに手を延ばし，手が白ネズミに触れたとたんに，彼の頭のすぐ後ろで鉄棒を金槌で強く打ち鳴らすという手続き（白ネズミという視覚刺激と大きな音の対提示）を，初日に2回，途中1週間の休みを入れて，第2日目に5回，計7回繰り返した。突然の大きな音は恐怖反応という無条件反応を引き起こすが，2回目の対提示のあと，5回目のあと，7回目のあとに行われた白ネズミだけを見せる検査では，手を延ばすがすぐに引っ込めてしまうという弱い反応から，身を引いてしくしく泣き出す反応，さらにすぐに泣き出して急いではって逃げ出す反応へと恐怖による反応を強めており，その後5日間経ってから2回ほど白ネズミだけで検査をしても同じ程度の恐怖反応が維持されていた。慣れ親しんでいたペットの白ネズミは，強い金属音と対提示されて，恐怖の対象となったのである（p.39，図1.18）。

　一度条件づけが確固とした安定した過程として成立していても，無条件刺激を伴わずに無意味に条件刺激だけが提示され続けると，その条件刺激は，徐々に，それまでの特定の行動（条件反応）を誘発する効力を失ってゆく（消去）。しかし，十分安定した条件づけができあがっていれば，条件刺激と条件反応の結びつきを土台にして新しい条件づけが可能である。つまり，すでに成立している条件刺激と条件反応の関係を，無条件刺激と

ボックス　ガルシア効果

　ガルシアらは，条件づけは用いる条件刺激と無条件刺激の種類によって，容易な場合と困難な場合があり，しかも無条件刺激がかなり遅れて無条件反応を誘発するときでも容易に条件づけが行われる場合があることを示した。1966年に報告された実験の一部を概略すると以下のようになる。被験体は各群生後90日の10匹の雄のネズミであった。

　まずプリテストでは装置内での摂水訓練を1週間行い，次にX線群と電撃群に分けて0.1％の甘いサッカリン溶液の摂水回数と，5Wのフラッシュとクリック音を同時に提示される普通の水の摂水回数とをそれぞれ測定した。訓練期間には，X線群には54rのX線を照射する中で，摂取時にフラッシュと音を提示しながら20分間サッカリン溶液を自由摂取させることを2日おきに続け，その間にX線もほかの刺激も提示しない普通の水を20分与え，両条件での摂水回数に差が生じるまで続けた。電撃群にはX線の代わりに摂取時に電撃を床から0.5秒間与えるようにして，フラッシュも音も同じように用いながらサッカリン溶液を2分間与えることと単に水を2分間与えることを1日に2回ずつ4日繰り返した。ポストテストではプリテストとまったく同じ条件で摂水回数を測定した。

　下図に示されているように，サッカリン溶液も，フラッシュと音を伴う普通の水も同じように摂取していた被験体は，X線群ではX線をあびた後にはサッカリン溶液を摂取しなくなり，電撃群ではフラッシュと音を伴う普通の水のほうを飲まなくなっている。X線の効果である中毒症状は約1時間も後に生ずるのに味覚と結びつき，電撃と同時に生ずる苦痛はフラッシュと音に結びついたのである。

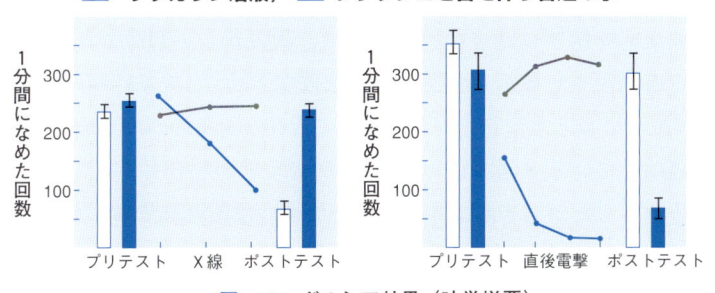

図1.10　ガルシア効果（味覚嫌悪）

（Garcia & Koelling, 1966による）

無条件反応の関係と同じように手続き上扱うことによって，まったく新しい別の刺激が，これまでの条件反応と同じ反応を誘発するように条件づけることができる．

　パブロフは，空腹のイヌにメトロノームとベルの複合音を聞かせながら食物を与え，十分に条件づけを行い，次に新しい刺激として黒い正方形の図をイヌの目の前に10秒間だけぶらさげて提示し，その15秒後から30秒間複合音だけを聞かせるという条件づけの手続きを繰り返すと，黒い正方形が唾液分泌を誘発するようになったのであった（図1.11）．

　このとき，メトロノーム音とベルの音とを条件刺激とし，食物を無条件刺激とした最初の条件づけを**1次条件づけ**といい，これによって唾液分泌という条件反応を誘発するようになった条件刺激を無条件刺激のように扱い，新しい黒い正方形という刺激と対提示することによって新たに条件づけを行うのを**2次条件づけ**という．さらに，2次条件づけによって成立した2次の条件刺激（この場合は，黒い正方形）を無条件刺激のように扱って，別の新たな刺激とそれまでの条件反応とを結びつけるなら，これを**3次条件づけ**というが，空腹を基礎にした食物に対する唾液分泌といった種類の反応は，2次条件づけまでが可能であり，3次以上の条件づけは不可能とされている．

　3次条件づけは無条件反応が**防御反応**のときには成立するといわれている．パブロフはまずイヌの後肢皮膚への機械刺激を条件刺激とし，前肢への電撃を無条件刺激として対提示することにより，後肢皮膚刺激とその前肢の屈曲反応を結びつけ（1次条件づけ），次に新しい刺激である水泡音と後肢皮膚刺激を対提示して条件づけを成立させ（2次条件づけ），さらに760ヘルツの音と水泡音を対提示することで3次条件づけを成立させることに成功している（図1.12）．しかし防御反応の場合も3次条件づけまでは可能であったが，それより高次の条件づけは不可能であった．2次条件づけ以上の条件づけを**高次条件づけ**という．

　何らかの対象物，記号，さらに言葉のもつ情緒的な意味には，高次条件づけによって複雑に成立していると考えられる面があると考えられている．
　前述されている2次条件づけの成立には，まずはじめに1次条件づけの

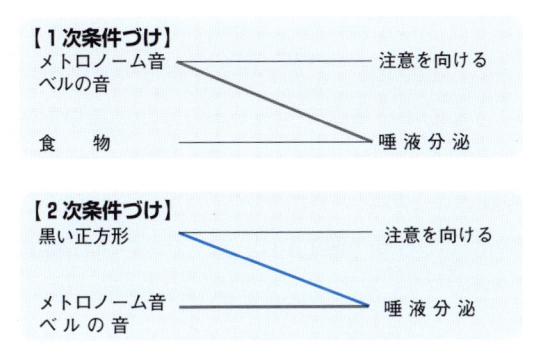

【1次条件づけ】
メトロノーム音 ——————— 注意を向ける
ベルの音
食　物 ——————————— 唾液分泌

【2次条件づけ】
黒い正方形 ——————————— 注意を向ける
メトロノーム音 ——————————— 唾液分泌
ベルの音

図1.11　2次条件づけの手続き
1次条件づけで得られた新しい結合（———）を基礎に，2次条件づけによってさらに新しい結合（———）が得られる。唾液分泌は2次条件づけまで可能である。

【1次条件づけ】
後肢皮膚への ——————————— 注意を向ける
機械的刺激
前肢への電撃 ——————————— 前肢の屈曲

【2次条件づけ】
水泡音 ——————————— 注意を向ける
後肢皮膚への ——————————— 前肢の屈曲
機械的刺激

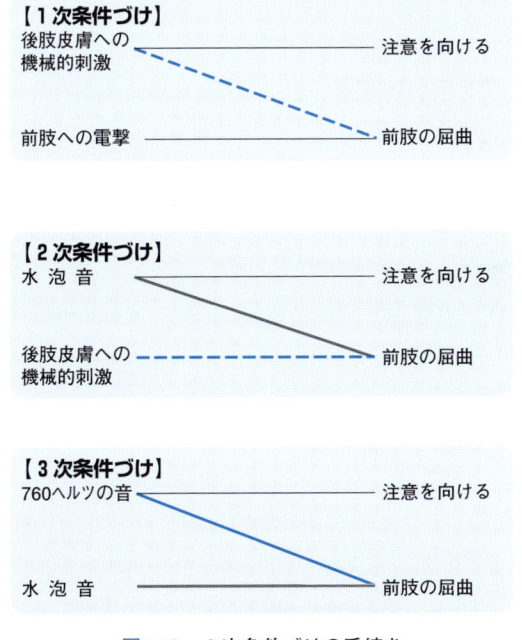

【3次条件づけ】
760ヘルツの音 ——————————— 注意を向ける
水泡音 ——————————— 前肢の屈曲

図1.12　3次条件づけの手続き
危険や苦痛に対する防御反応は，3次条件づけまで可能であった。新しい刺激と反応の結びつきは，条件づけが高次であるほど弱くなる。

1　古典的条件づけの基礎

成立していることが必要とされる。この過程の後半にあたる，2次条件づけの手続きの部分をまずはじめに行ってから，次に1次条件づけの手続きを行うというふうに，1次条件づけと2次条件づけの順序を入れ換えて実行すると，どのような効果が確認できるであろうか。このような条件づけの手続きは**感性的予備条件づけ**（sensory preconditioning）といわれ，直接USと対提示されることのない刺激が一定の反応を誘発するようになっていくもう1つの過程である（**図1.13**）。まず2つの中性刺激が繰り返し対提示され（ステージⅠ），その後どちらか一方の刺激が条件刺激として扱われ，無条件刺激との対提示を繰り返す（ステージⅡ）。ステージⅠでは，どちらの刺激も特別な反応を誘発することはないが，ステージⅡでは用いられた刺激が条件反応を誘発するようになる。次に，ステージⅡでは用いられなかった他方の中性刺激を単独で提示する（ステージⅢ）と，この中性刺激は，無条件刺激と対提示されたこともなく，また条件反応を誘発するようになっている条件刺激と対提示されたこともないのに，ステージⅡにおいて確認される条件反応と同じ反応を誘発するのである。

1.5 古典的条件づけの消去

　条件づけの手続きを経て獲得された行動（反応）も，単に条件刺激によって誘発されることを繰り返していると，対応する条件反応は徐々に生じにくくなってゆき，最終的にはまったく生じなくなってしまう。この過程を**消去**（extinction）という。パブロフは空腹のイヌに，1分間に104回の頻度で音を打つメトロノーム音（条件刺激）と，肉粉（無条件刺激）を対提示することによって，メトロノーム音と唾液分泌を条件づけた。空腹のイヌは30秒間続くメトロノーム音の単独提示に対して約10滴の唾液を分泌するようになっていた。その後，同じメトロノーム音を，肉粉を伴わせることなく，30秒間聞かせるという消去試行を2分間隔で9試行繰り返し，そのつど唾液分泌量（滴数）と潜時を測定した。**表1.2**はその記録である。条件反応である唾液分泌の量と，その潜時は，はじめの消去試行では条件づけが完成した水準を示しているが，消去試行を繰り返していくにつれて，

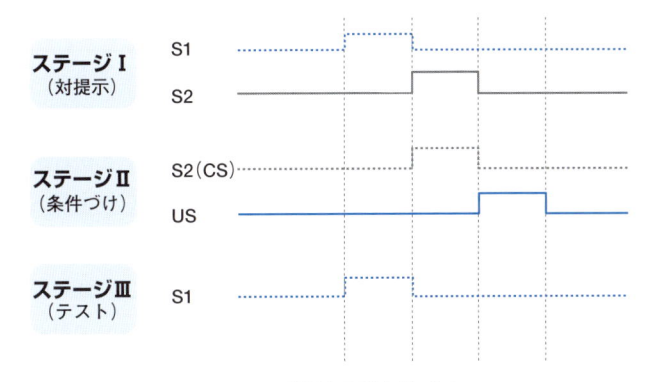

ステージⅠ （対提示）	S1 S2
ステージⅡ （条件づけ）	S2（CS） US
ステージⅢ （テスト）	S1

図1.13 感性的予備条件づけ
最初（ステージⅠ）に，2つの中性刺激（S1，S2）を被験体に対提示する。次に（ステージⅡ）は，ステージⅠで用いた一方の刺激（S2）をCSとして，また，ほかの刺激（電撃など）をUSとして用い，対提示する（古典的条件づけの手続き）。その後（ステージⅢ）は，ステージⅠで用いた他方の刺激（S1）を単独に提示して誘発される反応を，主にステージⅡにおけるS2（CS）が誘発する反応との比較において，確認する。

量が減少し，潜時も長くなっていき，最終的に，唾液の分泌が生じなくなってしまうまでの様子がわかる。

前節で述べたようにアルバート坊やは，白ネズミに対して恐怖反応を条件づけられた。このような恐怖はどのように消去されたであろうか。手続き的には，単に条件刺激である白ネズミという視覚刺激を繰り返し提示するだけでよいはずである。

ワトソンは，多くの子どもを被験者にして恐怖を取り除く実験を行ったが，ただ単に放置して忘れさせてしまう方法も，繰り返し条件刺激を経験させる方法も成功しなかった。あるいはさらに気長に繰り返し提示し続ければ，恐怖は弱くなっていたのかもしれないが，最終的にワトソンが恐怖の除去に成功したのは，別の新しい条件づけによってであった。

彼は，ウサギを恐れる3歳のピーターに対して，ウサギと快経験を条件づけたのである。ピーターがテーブルについて3時のおやつを食べるときに，粗い金網に入れたウサギをそれ以上近づけると恐怖のために食べるのを止めてしまう寸前の所においたのである。おやつのたびに同じ手続きを繰り返してゆくと，日毎にウサギとの距離は短くなり，ついにはウサギをテーブルの上においても恐れなくなり，やがて膝の上におけるようになり，最終的には片方の手でウサギと遊びながらもう一方の手でおやつを食べるようになったのであった。

このように，恐怖のような負の情動反応は，条件刺激を提示するだけでは消去されにくいので，積極的に快経験を条件づけることによって有効に抑制することができる。

単に条件刺激を繰り返し提示するときの消去の効果も，それ以前に成立している条件刺激と条件反応の結びつきを弱め，なくしてしまうということによって生ずる効果ではなく，その条件刺激と無条件刺激を提示しないことによって生ずる抑制過程との新しい結びつきが形成されるために生ずる効果だと考えられている。つまり消去は新しい条件づけの効果である。

条件刺激だけの繰り返し提示により条件反応の消去が行われるが，消去によって生じた反応の水準の低下（頻度，量，大きさ，強さなどの低下）は，消去試行の繰り返しを休止することによって，回復（上昇）を示す。

表1.2　条件反応の消去過程(Holland & Skinner, 1961)

● **条件刺激：メトロノーム音，　無条件刺激：肉粉，　被験体：空腹のイヌ**

　1分間に104回音を打つメトロノーム音に対して唾液分泌をするように条件づけられている空腹のイヌに，同じメトロノーム音だけを2分間の間隔をおきながら，30秒聞かせることを9回繰り返すと，次の表のようなデータが得られた。条件づけの終わるころに途中で行われた検査では，30秒間のメトロノーム音だけの提示に対してほぼ10滴の唾液滴数が得られ，安定していたが，消去の第1試行にはその状態が反映されており，短い潜時（3秒）と多い唾液分泌（10滴）が見出される。消去試行を繰り返すと，徐々に唾液分泌量は減少し，潜時は長くなっていき，ついには唾液は分泌されなくなる。5試行目の唾液分泌は脱制止を示す。

検査試行数 （消去試行数）	唾液分泌量 （滴数）	潜　　時 （秒）
1	10	3
2	7	7
3	8	5
4	5	4
5	7	5
6	4	9
7	3	13
8	0	—
9	0	—

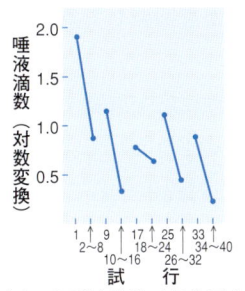

(1)イヌの唾液分泌（条件反応）の消去にみられる自然回復
（Wagner et al., 1964）

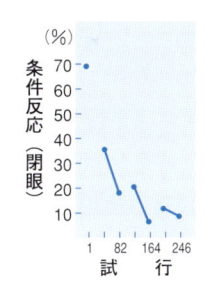

(2)ウサギの眼瞼反応（条件反応）の消去にみられる自然回復（最初の点は条件づけ終了時の成績）
（Schneiderman et al., 1962）

図1.14　消去の過程にみられる自然回復
(1)では実線で結ばれたはじめの点は，その日の最初の試行での成績を，2番目の点はその日の他の試行での成績を示す。(2)ではその日の前半と後半の各41試行ずつにおける成績を示す。

1　古典的条件づけの基礎

この消去手続きの休止による条件反応の回復を**自然回復**（spontaneous recovery）という。図1.14には，条件づけの完成したイヌの唾液分泌とウサギの眼瞼反応を消去したときの消去過程が示されている。全体的には日を追って成績が低下してゆく消去の様子が確認でき，1日分の消去試行でみるとその日の最初（1）あるいは前半（2）の消去試行の成績が，前日の第2試行以後（1）あるいは後半（2）の成績より高い成績を示しており，その日の最後の試行から次の日の最初の試行までの間隔（休止）がもたらす自然回復の様子が確認できる。一般的に行動の獲得，消去の過程は図1.15のような模式図で示される。

　反応の誘発が抑制されるほかの過程の1つに，**隠蔽効果**（overshadowing effect）といわれる効果がある。これは複数の刺激を同時に複合刺激として用いて条件刺激とし，何らかの無条件刺激と対提示を繰り返すときに，複合刺激を構成する刺激のうちのある特定の刺激だけが条件反応を誘発するようになっていることがあるが，このような場合に，条件反応を誘発するようになったこの刺激が，ほかの刺激を隠蔽した，という。複合刺激を条件刺激とする場合は，各刺激のもつ諸側面に設定される特徴や水準によって変わりうるが，それぞれのどの刺激もが条件反応を誘発するようになる場合と，複合刺激のうちの一刺激だけがほかを隠蔽して条件刺激として有効となる場合とがあるといわれる。

　あらかじめ条件づけを行うことによって条件反応を誘発するようになっている条件刺激を，複合刺激を構成する刺激の1つとして含んでいるような，そういう複合刺激を用いて無条件刺激と対提示することによっても，隠蔽効果と類似した効果をテストによって確認することができる。すなわち，すでに条件反応を誘発するようになっている刺激と一緒に複合刺激を構成するほかの刺激は，あらためてその複合刺激と無条件刺激の対提示を繰り返しても，単独では条件反応を誘発するようにはならない。この効果は，すでに条件反応を誘発するようになっている刺激が，新たなほかの刺激と無条件刺激との関係の成立をブロックするための効果と考えられ，**ブロッキング効果**（blocking effect）といわれる（図1.16）。

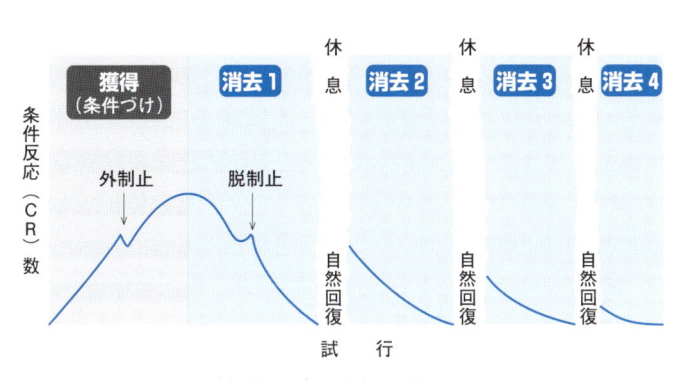

図1.15 獲得（条件づけ），消去の過程(Mednic, 1964)

条件づけの最中に条件刺激以外の刺激（騒音）が与えられると一時的に成績が低下する（外制止）。また消去の途中で条件刺激以外の刺激が与えられると条件反応の抑制が一時解除される（脱制止）。脱制止の例は表1.2の第5試行に見出される（この試行のとき実験に立ち会っていた人が動いた）。自然回復は，消去手続きの休止によって生ずる。この休止は数分から有効であり，休止時間が長いほど，回復量は大である。また休止までの消去試行数の影響を受ける。

ステージⅠ
〈条件づけ：CS＝S1〉
16試行

ステージⅡ
〈条件づけ：CS＝S1＋S2〉
8試行

ステージⅢ
〈テスト：S2単独提示〉

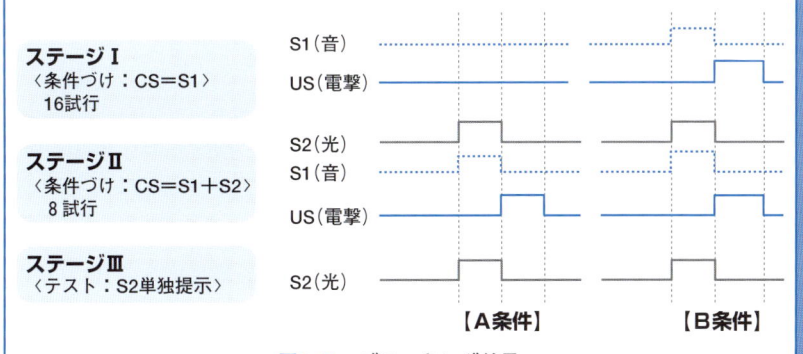

【A条件】　【B条件】

図1.16　ブロッキング効果

A条件：ステージⅠでは，条件づけの手続きを実行しないが，ステージⅡにおいて，S1とS2の複合刺激をCSとして条件づけの手続きを行う。ステージⅢでは，CSを構成する1つの刺激（ここではS2）を単独提示するが，条件反応が誘発される。
B条件：ステージⅠで，2つの中性刺激の1つ（ここではS1）をCSとして条件づけを行う。ステージⅡは，A条件とまったく同様に複合刺激を用いた条件づけ手続きを行うが，S1はすでにステージⅠで単独でCSとして扱われている。B条件下のステージⅢ（テスト）では，刺激S2に対する条件反応は誘発されない。

1.6 古典的条件づけの汎化と弁別

条件反応は条件刺激によって誘発されるが，条件刺激に類似していればほかの刺激もある程度の条件反応を誘発する．この効果は**汎化**（generalization）といわれ，このとき誘発される条件反応の量や大きさは，用いられた新しい刺激と，もとの条件刺激との類似度に依存している（**汎化勾配**）．1分間100拍のメトロノーム音と食物による唾液分泌とを条件づけるなら，90拍や80拍のメトロノーム音を聞かせても唾液分泌が生じ，その量は90拍に対するほうが80拍に対する量より多いということである．

パブロフは空腹のイヌに，大腿の皮膚に刺激を与える機械的刺激と，食物が無条件に誘発する唾液分泌とを条件づけた後，ほかのいろいろな部位の皮膚に与える機械的刺激が誘発する唾液分泌の量を測定している．条件づけのときには条件刺激として用いることのなかった部位への機械的刺激によっても唾液分泌という条件反応が生じており，その量は刺激的部位が大腿から離れるにつれて減少している（**表1.3**）．同様の汎化は人間を被験者として，左肩の皮膚への振動刺激と，右手首への電撃による**皮膚電気反射**（galvanic skin reflex, GSR）とを条件づけた例でも認められている（**図1.17**）．

白ネズミに対する恐怖を条件づけられたアルバート坊やにも，汎化が確認されている．恐怖条件づけが行われる以前には，アルバートは白ネズミはもちろん，ウサギ，毛皮，サンタクロースのお面などを好んでいたが，白ネズミと鋼鉄の激しい乱打音との対提示によって恐怖反応を条件づけられた後は，ウサギにも，毛皮にも，サンタクロースのお面，綿に対しても程度は違うが恐怖反応を示した．白ネズミへの恐怖反応が，ほかの刺激に汎化しているのである（**図1.18**）．

しかしアルバートはいつも機嫌よく遊んでいた積み木に対しては一貫して恐怖反応を示すことはなく，積み木への汎化はみられなかった．

上記の例にみられるように，用いられる条件刺激の類似性にもとづいて同じ反応が誘発される効果を**刺激汎化**という．そしてそれらの刺激の類似性は，音の拍数，皮膚上の距離，そのほかの本来その刺激に備わっている

表1.3　イヌにおける刺激汎化の空間的パターン(パブロフ著，川村訳，1975)
大腿への機械的刺激と食物による唾液分泌を条件づけたのち，各部位への同じ刺激がもたらす唾液分泌量（条件反応の大きさ）を測定した。大腿に近いほど唾液分泌量は多い。

刺激部位	唾液分泌量 (×0.01ミリリットル)
後肢の足首	33
大腿（CS）	53
骨盤部	45
体幹の真中	39
上腕	23
前腕	21
前肢の足首	19

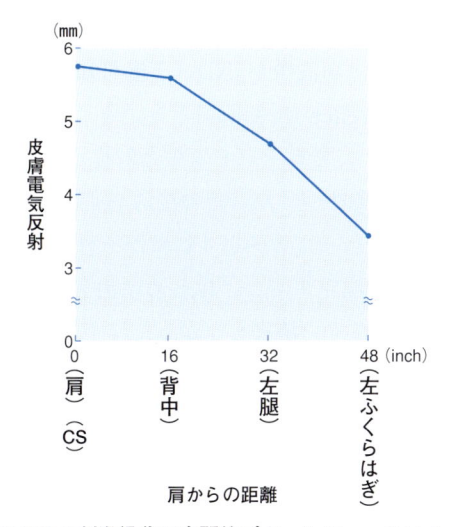

図1.17　人における刺激汎化の空間的パターン(Bass & Hull, 1934)
男子大学生に左肩への機械的刺激と皮膚電気反射（GSR）を条件づけたのち，各部位への同じ刺激がもたらすGSRの大きさを測定した。左肩に近いほどGSRは大きい。

同一次元の物理的尺度で客観的にその差異を表現しながら効果と対応させることができるので**1次的刺激汎化**と表現することがある。刺激間の類似性自体が経験的に学習されたものであれば，それらの刺激に対する汎化は**2次的汎化**とよばれる。ラズランは，大学生にbrown（褐色）という文字をスクリーンに映して提示しながら同時に塩からいスナックを食べさせることで，brownと唾液分泌を結びつけた。その後の検査ではスクリーン上にtan（黄褐色）とかbeige（ベージュ色）とかいう単語を提示して，唾液分泌の量を調べた。検査試行での効果はそのつど被験者の口に挿入した歯科用脱脂綿が唾液のためにどれくらい重くなったかということで測定されたが，tanという文字を見せられたときのほうが，beigeという文字のときよりもはるかに多くの唾液を分泌したのであった。同義語に対して2次的汎化が生じたのである。一般的に顕著な汎化の発達が進むにつれてもとの単語との関係で同音語へ，反義語へ，そして同義語へともっともよく行われるといわれる。このような2次的汎化は意味汎化ともいわれる。

　ホブランド（1937）は，周波数がJND（**丁度可知差異** just noticeable difference, **弁別閾** difference thresholdともいう）で順に25ずつ離れてならぶ4つの音刺激を用いてそれぞれを電撃と対提示して，人の被験者に皮膚電気反射（GSR）を条件づけた。その後に4刺激の一端の音を単独に繰り返し提示して消去を行ってから，4刺激がそれぞれ単独に誘発するGSRの振幅（大きさ）を測定すると，はじめに消去した音刺激に対するGSRの振幅がもっとも小さく，消去しなかったほかの3つの音刺激に対するGSRの振幅は，消去した音刺激から離れるにつれて大きくなっているという効果が得られた。これは消去の汎化である（図1.19）。

　ある刺激に結びついた反応が類似したほかの刺激によっても生じるという汎化は，生活体の環境への適応という側面から重要な意味をもつと考えられるが，複雑な環境の中にあっては，かえって不利な結果を生ずる場合もありうる。複数の刺激のそれぞれに異なる反応が対応して結びつくことを**分化**（differentiation）または**弁別**（discrimination）という。分化または弁別も経験，訓練，条件づけによって可能になる過程でもあり，汎化を

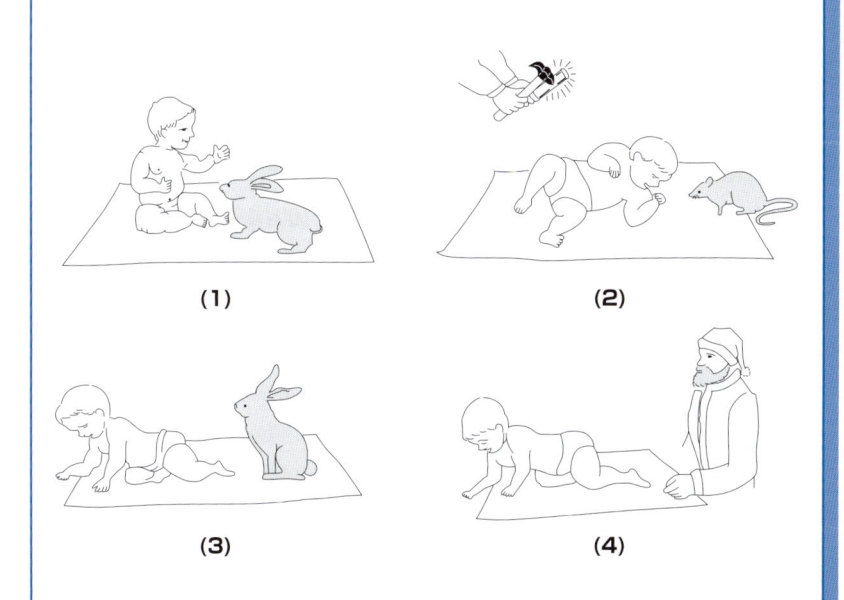

図1.18　恐怖の条件づけと汎化(Munn, 1956)
(1)アルバート坊やは白ネズミ，白ウサギ，毛皮，綿，毛髪，サンタクロースのお面には恐怖を示さない。
(2)白ネズミを見せると同時に大きな金属音を聞かせる。
(3)白ネズミを見せると逃げまどうが，白ウサギに対しても同様であった。
(4)また毛皮，サンタクロースのお面に対しても顕著な恐怖反応を示した。

制限するものである。

　パブロフは1分間に100拍のメトロノーム音を空腹のイヌに肉粉と対提示することによって唾液分泌を条件づけた後，1分間に80拍のメトロノーム音だけを聞かせると汎化による唾液分泌を示した。その後に続けて100拍音は肉粉と対提示し（条件づけの手続き），80拍音は肉粉と対にすることなく単独で提示する（消去手続き）ということを交互に繰り返した。すると100音拍を単独で聞かせるときもイヌは当然唾液分泌をするが80拍音では唾液分泌しなくなった。イヌは100拍音と80拍音を弁別したのである。同じ方法で100拍音と弁別すべきもう一方の音の拍数を85拍，90拍と段階的に増やして弁別訓練を進めていき，最終的に100拍音と96拍音を弁別させることができた。イヌは1分間4拍の違いを弁別したのである。96拍音は100拍音に非常に近い音なので最初からこれらの2刺激を弁別させるのは汎化の効果のほうが大きくて困難であると考えられる。また，白から黒までの無彩色を50段階に分けて白から順に番号をつけた紙の円を用意し，白と食物に対する唾液分泌を結びつけた後，白と10番の灰色を弁別させることに成功しているが，最初からこれらの2刺激を用いた弁別訓練を行っても成功しなかった。まず白と35番を弁別させて，次に白と25番の弁別に移り，最後に白と10番の灰色の弁別に成功したのであった。

　弁別すべき2つの刺激があまりに似かよっている場合にはどのようなことが生じるであろうか。パブロフは円と楕円の弁別訓練によって確認している。まずスクリーンに映る明るい円と食物を対提示し，空腹のイヌに唾液分泌を条件づけてから，この円と，面積と明るさが同じ楕円を用いて弁別訓練が行われた。最初の弁別訓練で用いられた楕円は短径と長径と比が1：2のものであり，容易に弁別できた。次に短径と長径の比を2：3，3：4，4：5，というふうに変えた楕円を用いて円と弁別させていったが，円と8：9の楕円での弁別訓練を行ったときイヌは弁別が不可能となりこの楕円を繰り返し提示すると落着きをなくし，固定用のベルトにかみついたりする強い興奮状態に陥って，はじめの段階でできあがっていた弁別までもが不可能になってしまったのであった（図1.20）。パブロフはこの混乱状態を**実験神経症**（experimental neurosis）とよんだ。

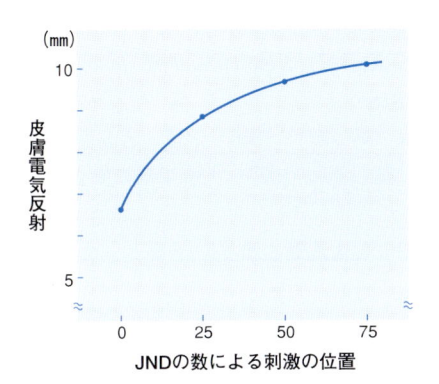

図1.19　消去の汎化勾配(Hovland, 1937)
4つの音刺激のそれぞれに対する皮膚電気反射を条件づけた後、一端の音刺激（0の刺激）で消去を行ってから、各刺激が誘発したGSRの振幅。

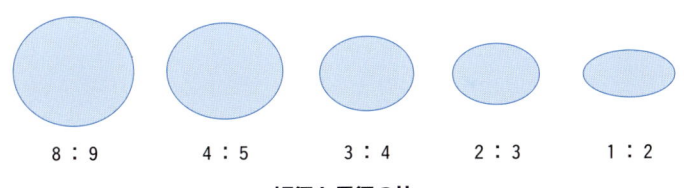

短径と長径の比

図1.20　類似刺激の弁別訓練に用いられた楕円(ヴァツーロ著，住訳，1963)
スクリーン上の明るい円と食物を対提示し、空腹のイヌに唾液分泌を条件づけてから、面積は同じだが短径と長径の比が上図のように1：2から8：9まで徐々に円に近づけてある各図との弁別訓練を行ったところ、8：9の楕円と円との弁別が不可能であった。イヌは混乱し、異常な行動を示し、それまでは成立していた弁別までが不可能になってしまった。パブロフはその状態を実験神経症とよんだ。類似の実験では同様の手続きで8：9の楕円と円を弁別できるようになるイヌもいたが、楕円をさらに円に近づければ、いずれ弁別は不可能になると考えられよう。

参考文献

浅井邦二他　1977　図説　心理学入門　実務教育出版
Houston, J. P. 1976 *Fundamentals of learning.* New York：Academic Press.
Kling, J. W., & Riggs, L. A. 1971 *Experimental psychology.* (3rd Ed.) New York：Holt, Rinehart & Winston.
メドニック（著）　八木　冕（訳）　1966　学習　岩波書店
パブロフ（著）　川村　浩（訳）　1975　大脳半球の働きについて　上・下　岩波書店
佐々木正伸（編）　1982　現代基礎心理学5　学習Ⅰ　東京大学出版会

第2章

オペラント条件づけの基礎

　前章では無条件刺激と無条件反応の関係が条件刺激と条件反応の関係へと移行していく古典的条件づけについて説明した。これは環境刺激が反応を誘発するようになっていく過程である。しかし，環境刺激によって常に引き出される（誘発される）のが行動のすべてではない。日常生活をふりかえってみると，行動の多くは生活体が自発的に環境に働きかける行動であろう。

　そのような生活体が環境に働きかけて自発する行動をオペラントという。あるオペラントが，ある刺激事態（環境）との相互作用のもとに自発頻度を変え，変容していく過程がオペラント条件づけの過程である。

2.1 オペラント条件づけとは何か

　日常生活における私たちの行動は，前章で述べたような古典的条件づけ（レスポンデント条件づけ）によって獲得したもの，つまり，刺激に誘発される反応ばかりで成り立っているわけではなく，環境に対して自分のほうから働きかける行動が多いと考えられる。

　この章でとりあげる行動というのは，生活体が環境に対して働きかける行動であり，生活体が自発する行動である。たとえば，友人とA食堂に入って，ラーメンを注文し，食べ終わってその店を出るまでの間にはいろいろな行動が行われ，中には前の章でふれた古典的条件づけで説明される行動もあるが，ここではラーメンと唾液分泌の関係に注目するのではなく，A食堂に入る，もやしラーメンを注文する，友人と話す，といった自分から自発的にその周囲の状況に働きかける行動に注目しているのである。

　環境に対して**自発する**（emit）行動は**オペラント行動**（operant behavior）と総称される。そのうちの一定の環境変化（結果）をもたらすオペラント行動の一群をオペラントという。オペラント行動は環境に働きかける行動であり，環境に何らかの変化をもたらし，その結果として生活体は新しい環境事象（刺激事象）を経験することになる。あるオペラント行動の自発に続いてどのような刺激事象が生じたかということによって，そのオペラント行動がその後に自発する頻度は変化する。もしオペラント行動の自発に続いて生じた刺激事象のためにそのオペラント行動のその後の自発頻度が変化（増加あるいは減少）するなら，その刺激事象は**強化子**（reinforcer）または**強化刺激**（reinforcing stimulus）という。あるオペラント行動に続いてある刺激が提示されることによってその行動の出現頻度が増大するなら，その刺激は**正の強化子**（positive reinforcer）または**正の強化刺激**（positive reinforcing stimulus）あるいは**好子**ともいい，またある行動に続いてある刺激が除去されることによってその行動の出現頻度が増大するなら，その刺激は**負の強化子**（negative reinforcer）または**嫌悪刺激**（aversive stimulus）あるいは**嫌子**ともいう。

　強化子が行動の発生頻度を高める機能を**強化**（reinforcement）というが，

表2.1　刺激の分類：古典的条件づけまたはレスポンデント条件づけ

◆**誘発刺激**
無条件刺激，解発刺激ともいい，生得的な反応（レスポンデント）を誘発する刺激。

◆**中性刺激**
あるレスポンデントを誘発することができない刺激をそのレスポンデントに対する中性刺激という。

◆**条件刺激**
中性刺激が，古典的条件づけ（レスポンデント条件づけ）の手続きを経て，あるレスポンデントを誘発するようになると，条件刺激という。

表2.2　刺激の分類：オペラント条件づけ

◆**強化刺激**または**強化子**
あるオペラントの出現に続いてある刺激事象が生起することによってそのオペラントの出現頻度が増大するとき，その刺激事象をいう。刺激を提示する場合と除去する場合がある。

正の強化刺激または**正の強化子**
あるオペラントの自発に続いてある刺激が提示されることによって，そのオペラントの出現頻度を増大させる効果をもつとき，その刺激のことをいう。正の無条件性強化子と正の条件性強化子がある。

負の強化刺激または**負の強化子**または**嫌悪刺激**
あるオペラントの自発に続いてある刺激が除去されることによってそのオペラントの出現頻度が増大するようなとき，その刺激のことをいう。負の無条件性強化子と負の条件性強化子がある。

◆**無条件性強化子**または**1次性強化子**
生活体にとって生得的に強化子としての機能をもっている刺激をいう。正の無条件性強化子と負の無条件性強化子がある。

◆**条件性強化子**または**2次性強化子**
ある刺激を無条件性強化子（1次性強化子）と同時か多少先行して対提示することによってそのある刺激はオペラントを強化することができるようになる。このようにして強化力を獲得したある刺激をいう。正の条件性強化子と負の条件性強化子がある。

◆**中性刺激**
ある反応と同時に，あるいは反応の直前にまたは直後に提示しても，その反応に何ら変化をもたらさない状態にある刺激をいう。

◆**弁別刺激**
あるオペラントの出現に先行または同伴する刺激条件で，その刺激条件の提示によって，そのオペラントの出現頻度が増大するときのその刺激条件をいう。

正の強化子を提示することを**正の強化**（positive reinforcement）といい，負の強化子を除去することは**負の強化**（negative reinforcement）という。また，強化子が行動の発生頻度を低下させる機能を**罰**（punishment）というが，正の強化子を除去することを**負の罰**（negative punishment）といい，負の強化子を提示することを**正の罰**（positive punishment）という。オペラント行動に先行して，あるいは同時に，また続いて与えられても，そのオペラント行動に何の変化も生じさせることのない刺激事象は**中性刺激**（neutral stimulus）である。強化子によって，あるオペラントが形成され，そのオペラントの出現頻度が増大する事実をさして**オペラント条件づけ**（operant conditioning）という。オペラント条件づけがなされる以前の，そのオペラントに属する行動の出現頻度を**オペラント水準**（operant level）という。オペラントに先行して提示され，オペラントが自発する契機となっている刺激を**弁別刺激**（discriminative stimulus）という（**図2.1**）。強化子の種類（正，負）とその操作（提示，除去）による手続きの表現は，反応頻度の増減によって示されるその効果とともに**表2.3**に示してある。

　特定のオペラント反応が自発したときにのみ強化子が提示されるなら，その反応の自発頻度は変化していくが，強化子の提示が特定の範囲のオペラントの自発に対応していない場合でも，まったく同じ原理によって，強化子の提示直前に偶然に行われた反応の自発頻度が変化していくことが起こりうる。スキナー（1948）は，実験箱に入れた空腹のハトに対し，それらの行動とは無関係に15秒毎に餌を提示したところ，最終的に8羽のうち6羽のハトまでは，実験箱の中を時計の針と反対方向にぐるぐる回る行動や実験箱の上方の一隅に首を伸ばす行動という，各ハトによって独特な一連の行動を，餌提示間隔である15秒の間に実験箱のほぼ同じ場所で5, 6回ずつ，あたかもその行動が餌提示と関係があるかのように繰り返し行うようになった。その行動はこのように反応と強化の間に何らの因果関係もないのに，たまたま強化に先行して行われたために両者の間に必然的関係があるかのように，維持される行動を**迷信行動**（superstitious behavior）とよんだ。

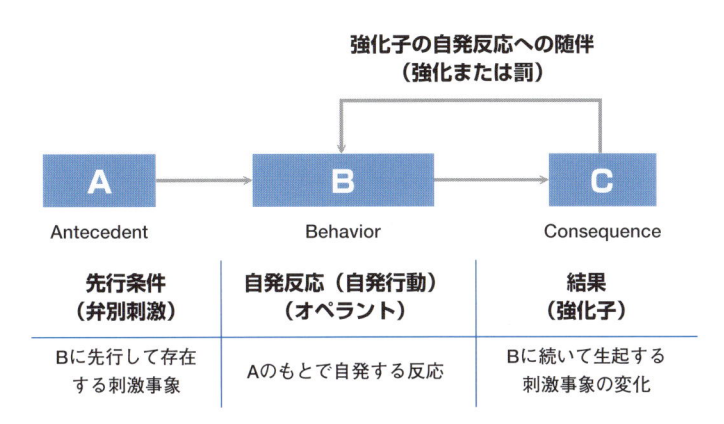

**強化子の自発反応への随伴
（強化または罰）**

```
A  →  B  →  C
```
Antecedent　　Behavior　　Consequence

先行条件 （弁別刺激）	自発反応（自発行動） （オペラント）	結果 （強化子）
Bに先行して存在する刺激事象	Aのもとで自発する反応	Bに続いて生起する刺激事象の変化

図2.1　オペラント条件づけの図

ある状況（A）のもとで，ある行動（B）が行われるとき，それに続いて発生する出来事（C）は，次に同じ事象（A）にあるときに，その行動（B）の出現可能性を促進したり抑制したりする。

表2.3　強化子の種類と操作

強化子の種類	強化子の操作	
	提　示	除　去
正の強化子， 報酬刺激，好子	**正の強化** （反応頻度の増大）	**負の罰** （反応頻度の減少）
負の強化子， 嫌悪刺激，嫌子	**正の罰** （反応頻度の減少）	**負の強化** （反応頻度の増大）

2　オペラント条件づけの基礎

2.2 オペラント条件づけの典型例

　オペラント条件づけの例は，ペットのしつけや芸にもみることができる。飼主の姿（弁別刺激）をみつけるとイヌは駆け寄ってきて跳びつく（オペラント）。その行動は飼主が与えるクッキーによって強化されるが，跳びついてもクッキーを与えず，「おすわり」という号令（弁別刺激）に対しておすわりすをすることだけがクッキー（強化子）の与えられるオペラントであることを経験させ，それを繰り返すことによっておすわりを条件づけることができる。子どもが好ましい行動を行ったときにはごほうびをあげたり，親や周囲の人が喜んだりほめてあげることで，子どものその行動は次の機会にも行われる確率が高くなるのと同じ過程である。

　動物を用いたオペラント条件づけの実験室実験はスキナーよって考案されたスキナー箱（口絵2参照）といわれる実験装置によって行われることが多い。被験体には，ネズミ，ハト，サル類がよく用いられる。ネズミ用のスキナー箱の基本構造は口絵2に示されるとおり，オペラントが自発されるときの対象であるレバー（操作体），強化子を提示する餌皿，弁別刺激用の豆電球やスピーカー，常時用いられる室内灯などから成り，多くの場合これらはコンピュータによってコントロールされる。被験体がレバーを押すと，それがあらかじめ実験者の定めた条件を満たした反応であるなら，給餌装置が作動して餌（ペレット）が餌皿に与えられる。分析の対象になるのはこのレバーを押すというオペラントである。レバー押しの出現する様子は累積記録計（図2.2）によって，一定速度で流れる紙の上に1反応1ステップの対応をとりながらそのままペン書きで記録される。また目的に応じて，レバーを押している時間，レバー押しの反応の出現間隔（反応間隔，interresponse time，IRT），強化と強化の間隔などの時間計測が，反応数，強化数などとともにコンピュータに記録される。

　被験体がハトの場合はスキナー箱の前面にレバーの代わりに多くは円形のキー・パネルがセットされており，それをつつく反応がオペラントとされる。パネルは弁別刺激である色光や図形を提示するようにもなっている。

　人を被験者とするオペラント条件づけの研究には図2.3にみられるよう

図2.2　累積記録計

図2.3　人間のオペラント条件づけ実験装置例(ボタン押し)

な装置に対する「ボタン押し」の反応が用いられることがある。これらの例では強化子としてゲーム用のコインが用いられたり，点数がカウンターによって示されたりすることがあり，実験終了時に獲得したコインの数や点数に応じてお金や玩具やそのほかの品物に交換されることもある。

　スキナーによるオペラント条件づけの一例をみてみよう。用いられたスキナー箱は45cm×36.5cm×23cmで，レバーは床から9.5cmの高さに位置し，10グラムの力で1.5cmまで押し下げられるようになっており，ペレットはマガジンからチューブを通して与えられるようになっていた。被験体のネズミは生後110日経った雄であった。予備訓練はレバーをバネからはずして下までおろした状態にして無効にしておき，まず餌皿からペレットを食べる摂食訓練を1日2時間ずつ毎日同じ時刻に始めて2週間以上続けた（**アダプテイション**）。続く4日間はマガジンから餌皿に与えられたペレットを食べるという訓練を行い，1日につき140粒のペレットが用いられた。この訓練の最終日は，マガジンのクリック音に反応して餌皿に近寄って行ってペレットを食べるという訓練を行った（**マガジン・トレーニング**）。この訓練はクリック音とペレットの摂取に必要な行動を結びつけるためのものであった。翌日から，レバーにバネをつけてレバーを押し下げるたびにペレットが餌皿に与えられるようにし，これまでどおり決められた時刻にレバー押し反応の訓練が行われた。**図2.4**はこのレバー押し訓練の初日の累積記録，**表2.4**は最初の10反応分の反応間隔であり，**表2.5**は4日間の反応率（1分間の平均反応数）の変化を示したものである。時間の経過とともに反応の出現する様子は，**図2.4**の累積記録から読みとれるが，被験体によって異なっている。**表2.4**と合わせてみると被験体K11でははじめての3試行については，レバー押し反応は，かなりの時間をおきながら生じており，強化子（ペレット）の摂取とは十分に結びついていないことが示されているが，4試行以後は若干の加速を示してから変化の少ない一定のペースで反応が出現しており，レバー押し反応の条件づけが成立していることを示している。K12では最初のレバー押しが出現後，わずかな加速を示し，すぐに変化のない反応率が維持されている。一般的に予備訓練（アダプテイション，マガジン・トレーニング）を行えばそれだ

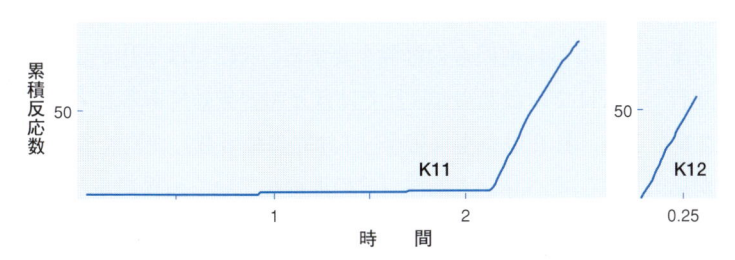

図2.4　ネズミのレバー押し反応の累積記録(Skinner, 1932)
予備訓練では装置へのアダプテイションと，マガジンから与えられる餌皿のペレットを食べる訓練，マガジンの作動するときの音に対してスキナー箱のどの位置からも餌皿に近づいてペレットを食べるマガジン・トレーニングを行った。その後レバーを導入し，反応に対してペレットが与えられるようにして訓練した。

表2.4　最初の10試行までの反応間時間（Skinner, 1932）

反応間隔	被験体	
（反応―反応）	K11	K12
0 ― 1	5′00″	6′20″
1 ― 2	56′27′	25″
2 ― 3	47′33″	15″
3 ― 4	24′53″	18″
4 ― 5	43″	17″
5 ― 6	21′	10″
6 ― 7	28″	30″
7 ― 8	10″	15″
8 ― 9	10″	17″
9 ― 10	15″	17″

表2.5　反応率（1分間の反応数）（Skinner, 1932）
訓練が進むにつれて反応率は高くなっている。

日　付	K11	K12
Dec. 10	3.8	3.7
Dec. 11	5.0	4.3
Dec. 12	5.7	4.9
Dec. 13	6.1	5.5

2　オペラント条件づけの基礎

け速くレバー押し反応は獲得されるが，レバーを導入してから，最終的にレバーを押して摂食をするという一連の反応が効率的，かつ安定した状態で生ずるまでにはさらに何回もの経験を要する。K12ではそれが比較的効率よく進行し，K11では最初の3試行ではほとんど無効であると考えられる。表2.5からは，日を追って反応率（1分間の反応数）が高くなっていく過程が見出され，オペラント条件づけの進行していく過程が知られる。

2.3 オペラント条件づけの型

条件づけをレスポンデント条件づけとオペラント条件づけとに分けたのはスキナーであるが，これらは従来の古典的条件づけと**道具的条件づけ**（instrumental conditioning）という分類に対応させて用いられる。しかし，スキナー箱におけるようにオペラントが自由に自発されうるような場面と，直線走路や迷路などの装置内で，反応が1試行ずつ分離されて実験者の統制下におかれるような場面とを区別する場合もある。

2.3.1 報酬訓練

報酬訓練（reward training）とは，被験体がそのレパートリーにもっている反応のうち実験者があらかじめ選んだ反応を報酬（正の強化子）により強化するという訓練のことである。装置としてスキナー箱や直線走路や迷路がある（図2.5）。

試行錯誤学習と効果の法則 ソーンダイクはいろいろなサイズの問題箱にドアを開くためのいろいろな仕掛けを作り，空腹のネコ12匹を用いて問題箱からの脱出時間を何回も計測した。訓練初期には，ネコは問題箱に入れられるとすき間から抜け出ようとしたり，内部をひっかいたり，かみついたりするが，偶然にドアを開く仕掛けにつながっているひもを引いたりペダルを踏んだりして脱出に成功し，外にある餌を食べることができる。これを繰り返すうちに脱出に有効な行動だけが残り，脱出に要する時間も短縮されてゆく過程が見出され，最終的には問題箱に入れら

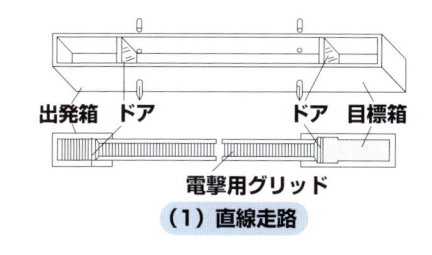

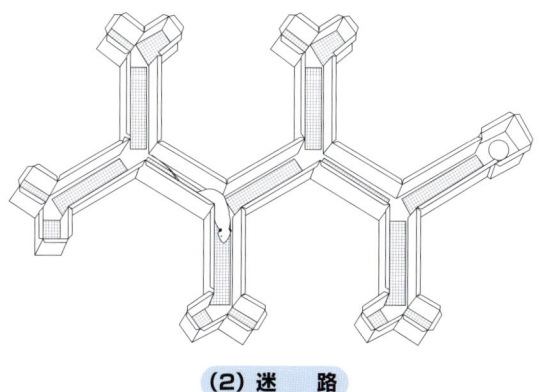

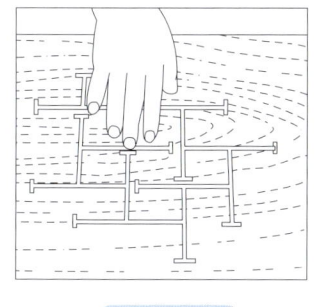

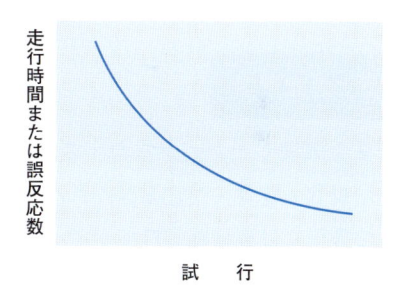

図2.5　直線走路と迷路の例

(1)の直線走路では出発箱から目標箱までの走行時間，出発箱のドアを開いてから走路へ出るまでの潜時，走路から目標箱へ入るときのゴール・タイムなどが測定される。(2)の迷路と(3)の指迷路（人間用）では誤反応数や出発点から目標までの移動時間などが測定される。それぞれの訓練につれて進行する学習の過程は(4)の学習曲線のように示される。

れるとすぐに脱出のための行動が行われるようになったのであった（p. 151の図5.1, 図5.2）。

　このような偶然の成功から無効な行動が排除されて課題解決に必要な行動だけが残されてゆく過程をソーンダイクは**試行錯誤学習**（trial and error learning）とよんだ。そして，この試行錯誤学習の成立する過程を説明するために**効果の法則**（law of effect）を公にした。すなわち「ある状況に対してなされた反応のうちで，動物に満足を伴うか，直後に満足を与えるような反応はほかのものが等しければ，その状況に一層強固に結合され，この状況がふたたび生ずると，その反応はもっと生じやすくなる」という原理である。この効果の法則は，その後多くの吟味を経てハルの強化理論へと発展している。

迷路学習　　**迷路学習**はスモール（1901）によってハンプトン宮の迷路に模した装置でネズミを用いて行われた実験にはじまるといわれる（図2.6）。彼は試行を繰り返すにつれて誤り反応（後退と袋小路への進入）が減り，走行時間も短縮することを見出している。

学習と感覚機能　　ホンジック（1936）は高架式の3単位（二肢択一を3回行う）の迷路を用いて各種感覚機能を剥奪したネズミを訓練したが，正常なネズミが急速な学習を示しているのに対し，とくに視覚・聴覚・嗅覚を奪われたネズミはほとんど学習ができなかった。行動の獲得には各種感覚機能が深く関与していることがわかる（図2.7）。

学習と実行　　ブロジェット（1929）は**潜在学習**（latent learning）の実験を行い，学習（learning）と学習したものの実行（performance）とを区別する契機を作った（図2.8）。彼は6単位の迷路を用いて1日1試行ずつ3群のネズミを同じ空腹状態にして訓練した。第1群は試行ごとに目標箱で3分間餌を与えられ，第2群は6日間は無報酬で試行を続けて7日目以後報酬試行に移った。第3群ははじめの2日間が無報酬試行で，3日目以後報酬試行に切り換えられた。結果は**図2.8**のグラフ

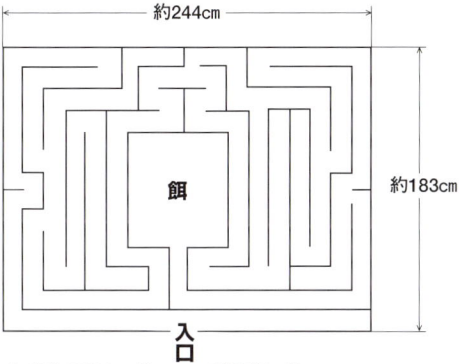

図2.6 ハンプトン・コート型迷路(Small, 1901)
スモールはロンドン郊外にあるハンプトン宮の植込みを模して迷路をつくり、ネズミが装置の入口から中央の餌の所までたどりつく時間と誤り反応（後退と袋路への進入）とを計測した。

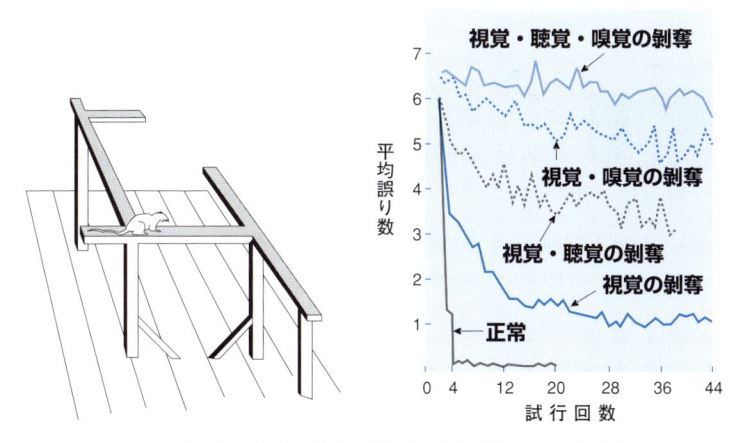

図2.7 迷路学習におよぼす感覚機能の効果(Honzik, 1936)
正常なネズミでは急速に学習が成立するが、手術によって各種感覚機能を奪われたネズミの学習はなかなか進行しない。

にみられるように第1群は通常の学習過程を示しているが，第2群と3群は餌を与えられてからはじめて第1群と同じ成績を示すようになり，急激な変化を示したのであった。この効果は，無報酬の試行が行われているときにも学習は進行しており，それが，報酬の導入により急激な変化としてとらえられたものであると解釈された。その後，数多くの潜在学習の実験が行われ，学習には強化が必要であるとするハル（Hull, C. L., 1943；1952）に代表される強化理論はより精密なものに変わっていった。

目標勾配と系列位置効果　ハル（1934）は図2.5（1）と似た構造の13mの直線走路を用いた空腹のネズミに走行訓練をし，走路を8区画に分けて走行時間を測定した。その結果，目標箱に近い区画ほど速く走行するという**目標勾配**（goal gradient）の効果を見出している（図2.9）。

またハル（1947）は，それぞれが4つの選択肢（ドア）をもつ，4つの選択点から成る直線走路を用いて，正しい選択をしながら目標箱に至るという訓練をネズミに実施して，出発箱と目標箱に近い所の選択点での選択には誤りが少なく，中ほどの2つの選択点では誤りが多いことを見出している。これは**系列位置効果**（serial position effect）といわれる（図2.10）。

強化の遅延（強化勾配）　ある行動が行われたとき，強化が遅ければそれだけその行動の獲得は困難になる。しかし強化と結びついた刺激（**条件性強化子**）が遅延中に存在すると遅延時間が長くても学習が可能である。ウォルフはネズミにT迷路の一方の目標箱を選択することを，目標箱直前にある遅延箱で目標箱に入るのを遅延させながら訓練したところ，約20分の遅延があっても学習が可能であった。その後パーキンスは，試行ごとに遅延箱をランダムに交換しながら同じ実験を行ったところ，2分以上遅延すると学習が困難になることを見出した。さらにグライスは，同様に白黒弁別実験を，正負刺激の位置を左右ランダムに変えながら実験を行ったところ，2秒以上の遅延をもつ訓練は困難であることを確認している。この一連の遅延時間の短縮は遅延箱の2次性強化子の除去と，ネズミの活動自体がもたらす自己受容刺激（proprioceptive stimulus）が無効

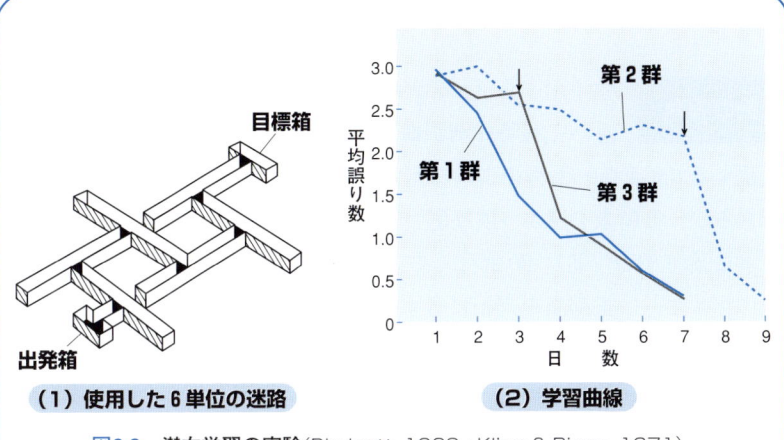

図2.8　潜在学習の実験(Blodgett, 1929 ; Kling & Riggs, 1971)
(1)のような迷路を用いて，1日1試行の訓練を行った。第1群はすべて報酬試行，第2群は6日目まで無報酬試行で7日目から報酬試行，第3群は2日目まで無報酬試行で3日目から報酬試行。

図2.9　目標勾配現象(Hull, 1934)
直線走路によるネズミの走行。目標箱に近づくにつれて移動速度は速くなる傾向がある。目標箱（終点）直前ではやや遅くなる。

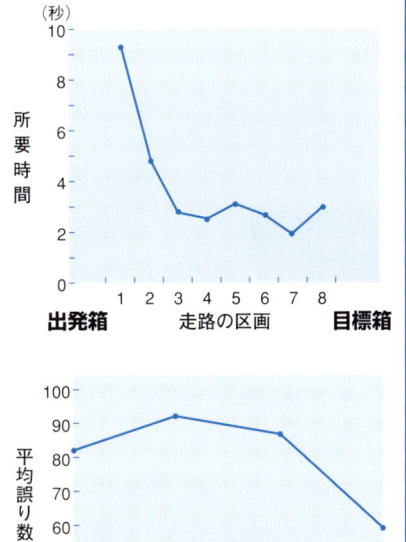

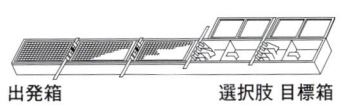

図2.10　系列位置効果(Hull, 1947)
4カ所の選択点での誤りは，出発点と目標に近い所で少なく，中ほどでは多い。

2　オペラント条件づけの基礎　**57**

になる過程と考えられている（図2.11）。

行動の固執　マイヤーら（1940）は，図2.12に示すような跳躍装置を用いて同時弁別訓練を行った。ネズミが正刺激に向かって跳躍する（正反応）と図のように刺激カードははずれて裏にある餌を摂取できるが，負刺激を選ぶ（誤反応）とカードははずれずにネズミは下のネットに落下する（罰）。80試行くらい繰り返すと学習が成立するが，この後にマイヤーは正刺激の選択に必ずしも報酬を与えず，負刺激の選択に常に罰を与えるとはかぎらないという手続きに切り換えて実験を続けた。ネズミはやがて跳躍をやめてしまうが，跳躍台に電流を与えたり，強く空気を吹きつけたりして強制的に跳躍させると，ネズミはでたらめな跳躍をしたり，一方の側だけを選び続けたり，両刺激とは無関係な位置（両刺激の上方，両刺激の中間など）へ跳躍し続けるといった行動が見出された。このような強制的に跳躍させられる台上のネズミの状況をマイヤーはフラストレーション（frustration，欲求阻止，欲求不満）の状態にあるとした。フラストレーションはこのように行動を固定させたり，でたらめな行動を生じさせることがある。

洞察学習　ケーラー（1917）は，課題場面のチンパンジーが，その解決に至るのに試行錯誤の過程を経ずに，それまでの行動とは不連続に解決行動に至ることを見出した。解決行動はなめらかで首尾一貫しており，その場面の構造ときれいな対応をみせるものであった。このことは被験体が対象物との間にある障害を迂回する行動，対象物を手に入れるために近くにある物を道具として使用する行動，またはそのために道具を製作する行動（図2.13）などが生ずるときに見出される特徴であった。ケーラーはこのような解決は，チンパンジーによってその場面全体が見通され，その中にあるものが目的との機能的関連をもったためと考えた。つまり洞察（insight）によって場の再体制化（reorganization）がなされたためと考えたのである。このような行動の獲得の過程は洞察学習（insight learning）といわれる。

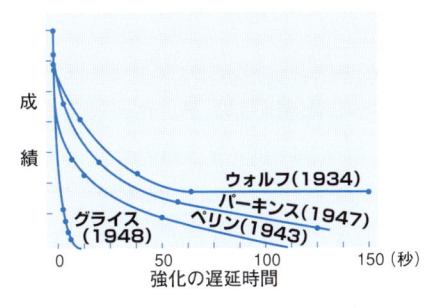

図2.11 4つの強化勾配(Grant, 1964)

ウォルフはT迷路の両目標箱直前の遅延箱で遅延を与えながらネズミに左右の弁別を訓練した。学習が可能な遅延時間は20分であった。パーキンスは両遅延箱を試行毎に交替したところ2分となった。ペリンはスキナー箱でレバー押しを訓練したが40秒以上は不可能であった。グライスは白黒弁別を訓練したが2秒までであった。

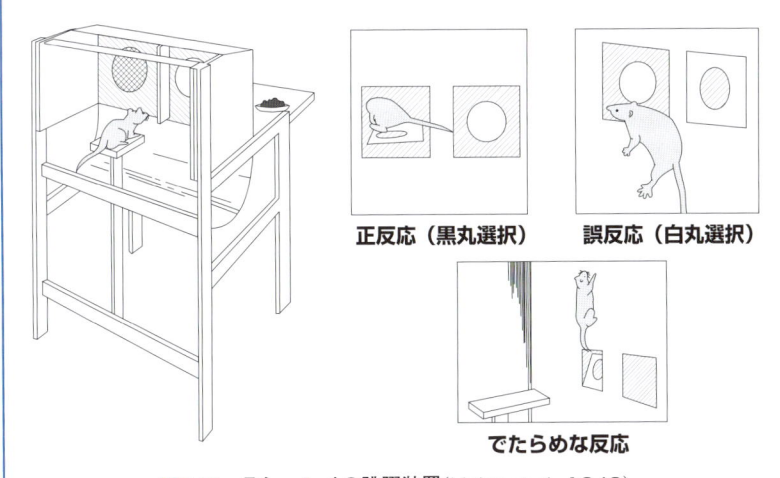

図2.12 ラシュレイの跳躍装置(Maier et al., 1940)

マイヤーらは左の装置を用いて弁別訓練を行った。台上のネズミが正刺激を選んで跳躍すると、刺激板が倒れて裏にある食物を食べることができる。負刺激を選ぶと鼻頭をぶつけてネット上に落下する。両刺激をランダムに入れ換えながら試行を重ねていくと、正刺激ばかりを選ぶようになる（80試行くらい）。そののち、正負刺激を不規則に入れ換えて解決不能にして選択させると、ネズミは台から動かなくなるが、電流を台に流したり強く空気を吹きつけたりして反応を強制すると、一方の側の刺激ばかりを選んだり、刺激の上方または下方ばかりへ跳躍したり、両刺激の間へばかり跳びついたり、という固執した反応や、でたらめな反応を行うようになる。

② オペラント条件づけの基礎

現在では洞察学習が生ずるのは課題が単純な場合であり，経験の関与したことのない場面では生じないと考えられている。

学習の構え　ハーロー（1949）は，形，色，大きさの異なる刺激対（2刺激1組を344組）を8頭のサルに順次提示して弁別訓練を行った。まず予備訓練として32組の刺激対を各50試行ずつ提示し，次の200組の対は各6試行ずつ，残りの112組の対は各9試行ずつ提示した。結果を，最初の32対に関しては8対ずつの4ブロックに分け，残りの312対に関しては，100対，100対，56対，56対の4ブロックに分けて，これらの弁別訓練のうち最初の6試行だけについての正反応の百分率をグラフに示すと，図2.14のようになった。訓練初期の学習曲線はゆるやかな正反応の増加（ゆるやかな勾配）を示しているが，訓練が進行するにつれて急な勾配になっていく様子がみられ，最終的には2試行目で急激な100％近くまでの上昇を示した。

　試行錯誤学習は有効な反応が優位になっていく過程であり，学習曲線は徐々に正反応が増加していくゆるやかな勾配を示すが，この過程はこの実験では初期にしかみられない。後期にみられるように，2試行目から100％に近い正反応率を示すということはほとんど洞察によって正反応が生じていることを意味しており，このグラフ全体は，次々に新しい課題による弁別訓練を続けていくと，反応の仕方は試行錯誤から洞察へと変わっていくという過程を示しているといえる。これは被験体が学習の仕方を学習していく過程（learning to learn）であり，被験体に**学習の構え**（learning set）が形成される過程である。

2.3.2　逃避訓練と回避訓練

　嫌悪刺激を経験している状況から逃れるのを**逃避**（escape）といい，やがて経験するであろう嫌悪刺激を事前に避けてしまうのを**回避**（avoidance）という。逃避，回避を実験的に確かめるためには図2.15に示されるような回避訓練装置や回転かご，およびスキナー箱（口絵2）などが用いられる。

図2.13 チンパンジーにみる道具の製作(Köhler, 1924)
1本の棒ではとどかない所に食物を置いておく。太いほうの棒の端に穴をあけておくと、チンパンジーはしばらくしてから2本の棒をつないで檻の外へ食物を引き寄せる。

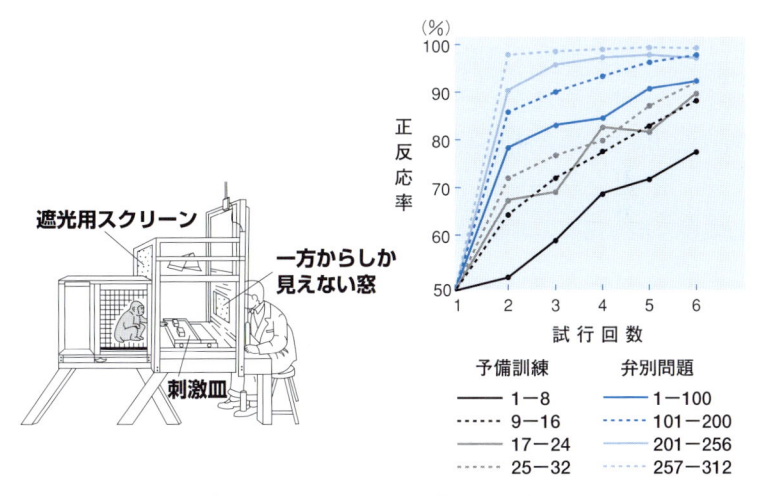

図2.14 サルの弁別実験用の装置と学習の構えの実験(Harlow, 1949)
次々に提示される新しい課題の解決は徐々に誤りが減少する。学習の学習ともいわれる。

逃避と回避

シェフィールドとテンマー（1950）は，図2.15の（1）に示したのと同じ構造の装置でネズミの逃避訓練（escape training）と回避訓練（avoidance training）を行っている（図2.16）。あらかじめ床が荷電している部屋に入れられて電撃を受ける逃避群は，電流の与えられていない隣室への移動速度が試行ごとに速くなりやがて最高速度に達し，訓練の最後まで最高移動速度を維持しているが，一方の部屋に入れられてから1.5秒後に電流を与えられる手続きを受けた回避群は初期の試行では電撃を受けてしまうが，やがて1.5秒以内に隣室へ移動して電撃を回避するようになる。その移動速度は試行の繰り返しにつれて速くなってゆくが，逃避群と同じほどには速くならず，後半は電撃を受けない範囲で遅くなっていき，電撃を受ける直前に回避するようになっているのがわかる。訓練の初期に両群がほぼ同じ移動速度を示していることは両群とも床からの電撃を受けていることに対応しているが，この期間は一定の環境刺激条件と電撃との対提示が行われている期間であり，刺激提示のあり方は古典的条件づけの手続きとなっており恐怖を条件づける期間といえる。一般に回避は環境刺激に結びついた恐怖が媒介することによって成立すると考えられる。その後，電流を与えることなく同様に移動速度を調べる（消去手続き）と逃避群は試行ごとに急速に移動速度が遅くなっていく（消去，extinction）が，回避群は訓練期間中にも電撃を受けない試行を多く繰り返しており，消去が遅れるのが通常である。

回避行動の維持

シッドマン（1953）は，スキナー箱状の装置（シッドマン型）を用いて自由反応場面でネズミに回避訓練を行った。約27cm×20cm×29cmの箱の床に電撃用のステンレス製グリッドを張り，前面壁の高さ11cmの所に，押すと電撃の発生が遅延されるようになっているレバーをとりつけてあった。電撃は0.1～2.0ミリアンペアの範囲で決定され，1回に0.2秒間与えられた。被験体がレバーを押さないでいると電撃が一定の周期で床から与えられるが，この電撃の間隔をS－S間隔とし，またレバーを押すと一定時間だけ，予定された電撃がキ

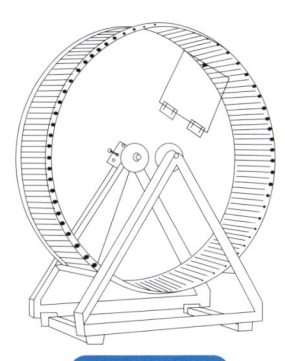

(1) シャトル・ボックス（Shuttle box）　　**(2) 回転かご**

図2.15　逃避訓練，回避訓練に用いる装置
ほかにスキナー箱，直線走路様のものもあり，どの装置も予定されたオペラントの出現によって電流が切れ，あるいは予定された電流が無効となる。

逃避訓練の例：(1)では一方の床に電流の負荷をかけておき，そこへ被験体を入れ，隣室への移動完了までの時間を計測する。(2)では，同様に入れられてから一定の角度以上の回転によって電流を切るまでの時間を計測する。

回避訓練の例：(1)では一方の部屋に被験体を入れ，音を10秒間聞かせてから床から電撃を与える。音の提示開始から隣室への移動完了までの時間を計測する。(2)では同様に音の開始から一定角度以上の回転までの時間を計測する。

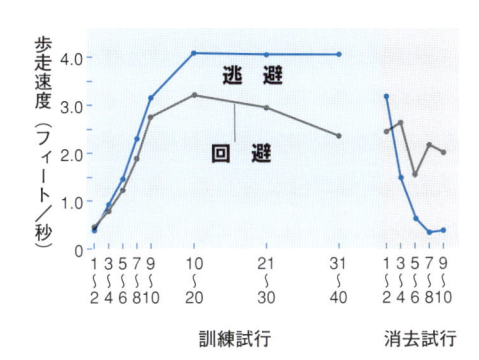

図2.16　逃避訓練と回避訓練(Sheffield & Temmer, 1950)
逃避はその前に電撃を受ける移動。回避は電撃を受けない移動。

2　オペラント条件づけの基礎

ャンセルされるが，この間隔をR−S間隔とした。各ネズミにさまざまなS−S間隔とR−S間隔を用いてレバー押しによる回避反応を，1セッションを3時間として訓練し，同一条件下での訓練は，各セッションの最後の1時間における1分間当たりの反応数が3セッション続けてどの組合せでも0.1以上の差を生じなくなるまで続けた。各条件におけるこの安定した状態での反応数をもとに，得られたグラフが図2.17である。(1)からは設定された電撃間隔（S−S間隔）が短いほど回避をもたらすレバー押しの反応頻度は高くなることがわかる。また(1)と(2)からは，各電撃間隔（S−S間隔）において最大の反応頻度が生ずるのは，反応（レバー押し）が電撃をキャンセルする時間（R−S間隔）がそのときに用いられている電撃間隔（S−S間隔）とほぼ等しいときであることがわかる。S−S間隔に比べてR−S間隔が長いほど，レバー押し反応は電撃をキャンセルする効率が高いのでレバー押し頻度は減少し，S−S間隔に比べてR−S間隔が短いほどレバー押し反応は電撃をキャンセルする機会が減り，逆に罰（電撃）を受けることになるので，急激な減少を生じると考えられる。

学習性無力　セリグマンとメイヤー（1967）は，逃避も回避もできない電撃経験が，その後の回避訓練に重大な影響を与えることを実験的に確かめている。まず第1群のイヌ（9匹）をハーネス（図1.2参照）に固定して後脚から1回に5秒間続く逃避不能の電撃（6ミリアンペア）だけを，平均90秒間隔で64回与えてから，24時間後に先行刺激（CS）を導入して4.5ミリアンペアの電撃と対提示しながら，シャトル・ボックスを用いて40試行の回避訓練を行った。先行刺激（CS）とは，シャトル・ボックスの両室の各107.5ワットの照明のうち各100ワットずつの計200ワット分の明りを消すことであった。各試行は，先行刺激に続いて10秒後から電撃を開始し，反応が生じなければ50秒間与え続けるというもので，初めの10秒間にイヌが障害を飛び越えて隣室に移れば電撃は回避され先行刺激も止められた。それができない場合は続く50秒のうちに反応することで電撃から逃避することになる。第2群（9匹）にはまず第1群と同様の10試行の回避訓練を行ってから24時間後に逃避不能の電撃を

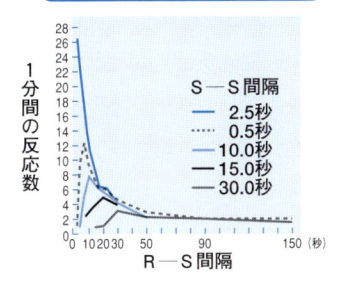

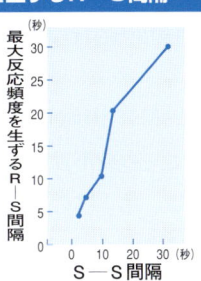

図2.17 シッドマンによる回避訓練の一例(Sidman, 1953)
S—S間隔：ネズミが何もしないでいるときに電撃が床から周期的に与えられる時間間隔。R—S間隔：ネズミがレバーを押すと、その時点から電撃が遅延される時間。たとえばS—S＝15秒，R—S＝30秒のときは，ネズミが何もしなければ15秒毎に電撃を受ける。電撃を受けてから10秒後にレバー押しが生ずると，電撃はその時点から30秒後に与えられる予定となり，それまでに次の反応が生ずればさらに延期される。この場合30秒より少し短い間隔で反応し続ければ電撃をずっと受けないですみ，回避の効率はよくなる。

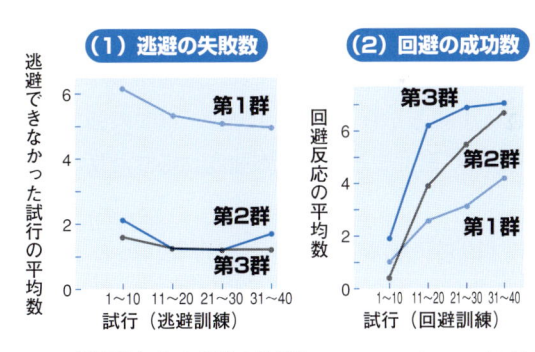

図2.18 学習性無力の実験の結果(Seligman & Maier, 1967)
第1群：事前に逃避不能の電撃を受けてから40試行の回避訓練を行った。
第2群：40試行の回避訓練の途中，10試行目と11試行目の間に逃避不能の電撃を経験した。
第3群：逃避不能の電撃は経験せずに回避訓練を行った。
（逃避不能の電撃は，ハーネスに固定されて与えられたもので，シャトル・ボックスへの回避訓練とは異なる事態であった。）

2 オペラント条件づけの基礎

やはり第1群と同様に与え，さらに24時間経てから30試行の回避訓練を行った。第3群（9匹）は，第1群と同様にハーネスに固定したが電撃は与えずにほかと同じ時間を過ごさせてから同じ40試行の回避訓練を行った。3つの群のイヌが40試行の訓練で回避だけではなく逃避にも失敗した割合が図2.18に示してある。事前に逃避不能の電撃を受けた第1群は明らかに成績が悪く，最初に10試行だけ回避訓練を経験してから逃避不能の電撃を受けた2群は，逃避不能の電撃を受けたことのない第3群と同じ良い成績を示している。第1群のイヌは事前の苦痛のために，もはや解決をあきらめて受動的に苦痛を受け入れてしまっているかの如くである。このような効果は学習性無力（learned helplessness）といわれる。

2.3.3 罰訓練

　罰訓練（punishment training）の場面というのは，あるオペラントの出現に続いて嫌悪刺激を提示する場面である。レイノルズ（1975）は罰を説明するためにスキナー箱におけるハトのキー・ペック（くちばしでパネルをつつく反応）の実験を仮定している（図2.19）。この実験ではキー・ペックをときどき強化するやり方で安定した反応水準を得て（1～5日）から，次には反応を行うと腹に埋め込まれた電極から中程度の強さの電撃（罰）が与えられる手続きを行う（6～10日）。電撃の強さを変えながら報酬訓練と罰訓練を繰り返すことで，電撃強度に応じた反応の抑制と回復がみられる。

　またスキナー（1938）はネズミにレバー押し反応を十分訓練してから，強化を与えない状態に切り換えてレバー押し反応を記録した。そのとき2群のもう一方の群には，レバーを押すとレバーが急激にはね返り，前肢を打つという罰が最初の10分間だけ与えられるようにしてあった。図2.20にみられるような罰を最初に与えられた群では，罰を与えられなかった群より反応が抑制されているが，徐々に回復し，最終的には両群とも同数の反応を行っていることがわかる。この場合，罰は学習の本質的な構造を無効にするものではなく，一時的に反応の実行を抑制するもと考えることができる。

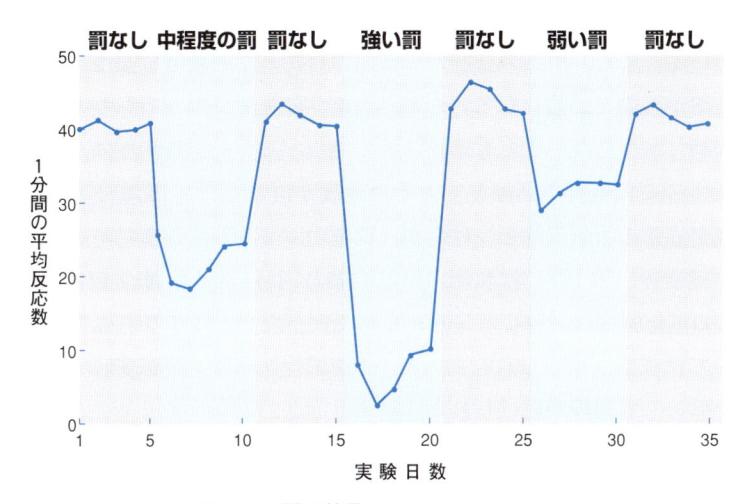

図2.19 罰の効果(Reynolds, 1975)
強化訓練と罰訓練の繰り返し。罰は電撃。

表2.6 行動療法——実験室の外の条件づけ

　行動療法では，人間行動の大部分は条件づけにより習得，維持される学習行動であることに着目し，病的行動の多くも学習行動であると考える（その例として，実験神経症や学習性無力などがある）。したがって，客観的・操作的にとらえうる病的行動の頻度や強度，それを引き起こし維持している環境刺激の分析・把握を重視し，反応と環境刺激との新しい関係を成立させることにより病的行動を除去しうるとするのであり，サリバンによるヘレン・ケラーの治療にその萌芽を認めることができる。
　慢性の心因性拒食症のため，数年で体重が54kgから21kgにまで減少した女性の治療例をみてみよう（Bachrache et al., 1965）。この患者は音楽を聞いたり，読書したり，話をしたりすることが好きだったので，これらの行動の許可が条件性強化子として用いられた。たとえば，患者が，まったく食事をとらない場合には，強化刺激がまったくない殺風景な部屋に入れられた。また食事の際，治療者が食物をのせたお盆をもって患者の側に黙って座り，フォークに手をかけたときだけ会話をするという強化刺激を与えた。そして，シェイピングの技法を用いて次第に食物を口に近づけ，口に入れるまでに反応を形成し，最終的には食物を飲み込む反応まで形成できた。この正の強化によるオペラント条件づけ療法の結果，1年半後には40kgにまで回復したと報告されている。

しかしある程度までの強さの罰による抑制の効果は一時的なものであるが，非常に強い罰が突然与えられると回復不可能な抑制を生ずることも知られている。また，訓練の初期から後期にわたって罰刺激の強度を非常に弱い水準から徐々に強くしていくと，かなりの強度になってもわずかな反応の抑制しか生じないことも確認されている。ミラー（1960）は，走路を用いてネズミに走行を訓練して，その速度を計測した。75試行までは全被験体が通常の報酬訓練を受けたが，75試行から150試行までの訓練では半数の被験体（第1群）は報酬の摂取開始と同時に0.1秒間の電撃を受けた。この電撃強度は試行ごとに強められていったが，残りの半数（第2群）については電撃は用いられなかった。151試行からは両群に335ボルトの電撃を導入して訓練が続けられた。結果は図2.21にみられるが，第2群は電撃の導入とともに急激な移動速度の低下がみられ，そのままの状態が続くが，あらかじめ少しずつ強くなる電撃を経験してきている第1群にはさほどの低下はみられていない。これは事前の経験が罰の効果を弱めた例であるが，逆に事前の経験が罰の効果を強めるような場合もあり，後に罰として用いる刺激を事前に用いるとき，どれくらいの強度でどのように用いたかによって効果が変わることもあると考えられる。

2.4 オペラント条件づけによる行動の獲得と消去

　動物に芸を教えたり，子どもに好ましい生活行動をしつけたりする過程はオペラント条件づけによると考えられる。そのためには強化子が必要である。たとえばイヌにある行動（芸）を教えるためにクッキーを強化子として選ぶなら，クッキーが強化子として有効である条件がそろっているとき，すなわち空腹のときに訓練を行うとよい。イヌが好ましい行動を行ったときにクッキーを与えることでその行動は出現しやすくなる。前にみたとおり強化子は，その行動が行われるとすぐに与えられるときにもっとも有効にその行動を強化する。現実にはイヌの行動に対応してほとんど直後にクッキーを与えるのが困難な場合もあるから，必要なときにすぐ提示できる条件性強化子を作っておいて利用するとよい。まず小さなクッキーを

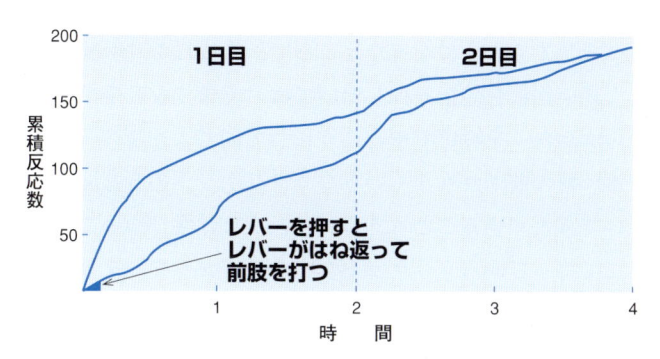

図2.20　罰の効果(Skinner, 1938)
消去手続きの初期（10分間）に提示された罰（レバーを押すとレバーがはね返って前肢を打つ）が消去行動におよぼす効果。

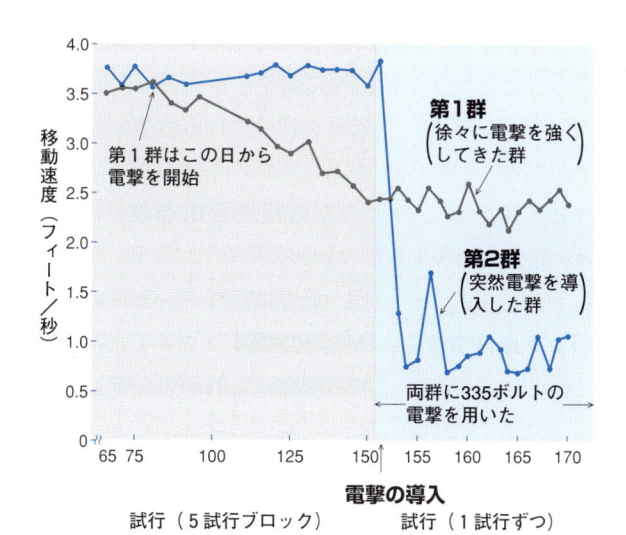

図2.21　移動速度(Miller, 1960)
走路は約244cm，報酬は食物。第1群は76〜150試行で徐々に強度の増加する電撃を受けたが，第2群は受けなかった。151試行からは両群とも335ボルトの電撃を受けた。全期間両群とも報酬を受けている。

2　オペラント条件づけの基礎

投げてやり，イヌがそれを食べるという練習をするが，1分間に1～2回ずつこれを繰り返し，イヌが投げた小さなクッキーを余計な行動をしないですぐに食べてしまうようになったところで，今度はクリケット（片手にもち，小さな薄い鉄板を親指で押し曲げてはじくような音を出す玩具）を鳴らしてからクッキーを投げてやるようにして同じようなペースで十分繰り返してやる。何の前ぶれもなくいきなりクリケットの音を聞かせるとイヌは跳びついてきたりすることもあるので，次には跳びついてきたイヌが離れていくまで待ってからクリケットを鳴らしてクッキーを与えるようにし，まつわりつく行動を強化しないようにする。離れた所でクリケット音を聞かせてすぐにクッキーを与えられることを繰り返してこれに慣れたら，クリケット音は条件性強化子として芸を教えるときに有効に利用できる。スキナーのあげた例によれば動き回っているイヌが食器棚の方向を向くこと，食器棚のほうへ向かって歩くこと，そのすぐ側に近づくこと，一番下の引出しの取っ手に顔を向けること，鼻先を取っ手にくっつけること，というふうにそれぞれを1つずつ段階的に強化することで，最終的には犬に食器棚の一番下の引出しの取っ手に鼻を押しつける行動を訓練することができる。

　特定の行動を訓練するこのような過程を**行動形成**（**シェイピング**，shaping）という。

2.4.1　オペラント条件づけによる行動の獲得

　実験室で実験を行うときは，まず被験体にこれから分析しようとする行動を形成しなければならない。

ネズミのレバー押し訓練　行動に影響を与える要因は多数あるので，被験体を囲む各種条件は，実験によって得られたデータが目的に照らして正当に得られたものであることを保障するよう統制されている必要がある。

　食餌制限（**体重統制**）：食物を強化子として用いることは多い。食物を一定水準の効果をもつ強化子とするために，毎日の実験開始時の饑餓動因

ボックス　オート・シェイピング（auto shaping）

ブラウンとジェンキンス（1968）は，スキナー箱でハトのキー・ペックを観察した。まず餌皿だけを照明して4秒間食物摂取を許すことを10回繰り返すという予備訓練の後，図2.22に示す8つの条件の下で，試行間隔を平均60秒として160試行の刺激提示を行った。

条件1では8秒間反応キーが照明された後，餌皿が4秒間提示されたが，ハトがその8秒間にキーをペックすればすぐに4秒間の餌皿提示となった。条件2ではキーの照明と餌皿の提示順序が逆転している以外は1と同じ。条件3は餌皿の提示はなく，キーの照明のみ，条件4ではキーの照明はなく餌皿のみ提示するが，提示の条件は1と同じ。条件5はキーの照明が3秒，条件6と7は常時キーを照明するが，試行時に，6は照明を消し，7は赤色の照明をすること以外，1と同じ。条件8はハトのキー・ペックに関係なく8秒のキー照明と4秒の餌皿の提示を行う。その結果，条件1，5，8では照明されたキーへのペックがほとんどのハトに出現し，その初発反応は多くは21〜49試行のうちにみられた。条件7でもキーの赤色照明時にペックがすべてのハトに出現し，試行間反応も多かったが，条件6では試行時キー・ペックをしたハトは少なかった。条件3，4では有意なキー・ペックは生じなかった。これらのことから，キーの照明と餌皿の対提示により，照明されたキーへのペックが自動的に形成されること，それには見た対象をペックするという種に特有な反応傾向と古典的条件づけの過程とが関係していると考えられることが指摘された。

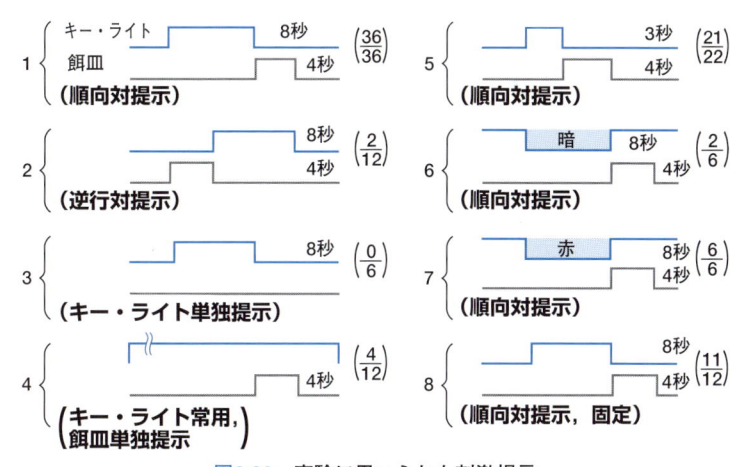

図2.22　実験に用いられた刺激提示
カッコ内は，分母が被験体総数，分子がキー・ペックを行った被験体数。

（Brown & Jenkins, 1968による）

を同じ水準に維持する必要がある。このために動因操作が行われる。

　たとえば実験のために購入したネズミは，飼料と水をいつでも自由に摂取できるようにした飼育用のケージに入れて1匹ずつ個別に飼育し，4週間とか6週間とか飼育環境に慣らす期間をおいてから，約10日間毎日一定時刻（予定している実験開始時刻）に体重と摂取した食物の量を測定する。次にそれまでの1日の摂取量の1/3～1/4の量の飼料を与えるようにして，体重が，たとえばこれまでの80％に維持されるように調節するという体重統制のための食餌制限を行う。あるいは，予定された実験終了時刻から一定時間経った後に十分な量の飼料を，たとえば1時間だけ自由に摂取させて，翌日の実験開始時刻までの絶食時間を固定するという方法も用いられる。水は常に与えながらすべての実験の日時を終了するまでこの食餌制限は維持される。この手続きにより実験中の食物が一定の効果をもつ強化子として成立すると考えられる。また，ハンガー・リズム（hunger rhythm）を作るために，食餌制限を1カ月前後続けてから実験手続きを開始することもある。体重統制は自由摂取下の成長曲線に対応させることもある。

　ハンドリング（手慣らし）：実験箱にネズミを入れる作業を実験者が手で直接行う場合は，これが情動操作となって実験箱での行動に影響をもたらすことのないように，ハンドリング（handling）を行う（図2.23）。ラットを飼育ケージから手で取り出し，手に乗せたり，持ったり，なでたり，移したり，動かしたりする。1日1回5～10分間ずつ約1週間続けると，ネズミはおとなしくもたれているようになる。食餌制限の手続きと同時に行われることが多い。

　アダプテイション：実験開始時刻に合わせてネズミを実験箱に一定時間入れて飼料を摂取させる手続きをアダプテイション（adaptation）という（図2.24）。前述（p.50）のスキナーの例では，レバーを下げて固定して機能を無効にした状態で1日2時間ずつ2週間続けている。

　マガジン・トレーニング：この訓練はシェイピングに用いる条件性強化子を作るために行う手続きで，実験者が外部からスイッチを操作してマガジンを作動させて食物（強化子）を与える（図2.25）。マガジン作動時に

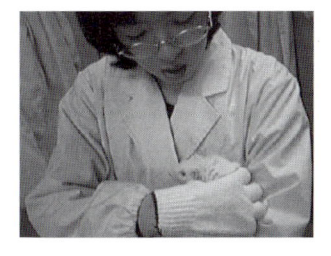

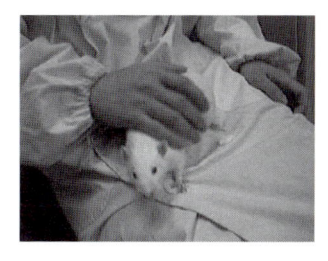

図2.23　ハンドリング
実験中は，手で直接ネズミに触れなければならないことがあるので，ネズミが手で持たれても特別な情動体験とならないようにあらかじめハンドリングをしておく。

図2.24　アダプテイション
はじめは，餌を食べないで探索するが，やがて食べるようになる。

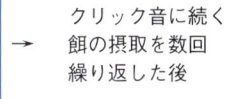

クリック音と餌の提示　→　餌に近づく　→　餌を摂取

→　クリック音に続く餌の摂取を数回繰り返した後　→　クリック音と餌の提示　→　餌を摂取

図2.25　マガジン・トレーニング（木村　裕研究室にて撮影）
はじめは，クリック音に反応してすぐには餌を摂取しないことがある。クリック音の提示から摂取までの間にいろいろな行動が行われ，時間もかかるが，やがて音がするとすぐに餌を摂取するようになる。クリック音は後に条件性強化子として役立つ。

短時間（0.5秒など）の光や音を提示することもある。これを一定回数繰り返して行うことでネズミはマガジンの作動音や光や音と強化子との対提示を経験することになり，作動音，光，音は条件性強化子となる。ネズミが餌皿から少し離れたところにいるときにマガジンを作動させ，作動音，光，音が提示されれば餌皿に近づいて中の食物を摂取する，ということを繰り返し経験させ，実験箱のどの位置にネズミがいるときでも作動により食物を摂取するようになるように訓練する。前述（p.50）のスキナーの例では，4日間をこのマガジン・トレーニング（magazine training）の期間としている。

シェイピング（行動形成）：実験者が分析しようとしているネズミの行動は，レバー押し反応であるが，レバーと給餌用のマガジンを連結しておいてもレバー押し反応はいつ出現するかわからない。シェイピングは普通の姿勢からレバー押しに至るまでの行動を順を追って強化することで効率よくレバー押し反応を出現させる手続きである（図2.26）。まず，任意の場所にいるネズミがレバーのほうに頭を向けたならクリック音とともに食物を提示すると，ネズミはそのつど食物を摂取する。ネズミが餌皿を離れるのを待ち，次にはレバーに向かって近づく行動を強化する。レバー近くにいてレバーに頭を向ける行動を強化する。レバーの近くで前足を床から離す行動を強化する。同様に前足をある程度以上高く上げたとき，前足がレバーに触れたとき，というふうに順を追ってその行動だけを強化しながら最終的にはレバーを押し下げる行動を強化する。どのような行動をどんな順序で強化していくかということは，あらかじめ十分検討して計画をたてておく。このようなシェイピングの方法は，**逐次接近法**とか**順次接近法**（successive approximation）といわれる（表2.7）。この後，連続強化をしばらく続け，段階的に予定している強化スケジュールへと移行してゆく。

2.4.2 強化スケジュール

同じ行動が自発するたびに毎回強化子の提示を行うのを**連続強化**（continuous reinforcement）といい，反応にときどき強化を行うのを**部分強化**（partial reinforcement）または**間歇強化**（intermittent reinforcement）

| レバー方向に向く | 餌を摂取 | レバーに近づく | 餌を摂取 |
| レバーに近づく | レバーに近づく | 前足をレバーに乗せる | 餌を摂取 |

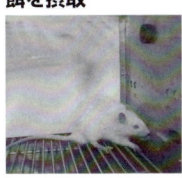

図2.26　シェイピング(木村　裕研究室にて撮影)
レバー押し反応を可能にしうる行動を段階的に強化していき、最終的に実験者の定めたレバー押し反応を条件づける。好ましい行動はクリック音で2次的に強化され、すぐに食物で1次的に強化される。

表2.7　ハトが床の一部をつつくまでの過程(Skinner, 1950)

> A pigeon, reduced to 80 per cent of its *ad lib* weight, is habituated to a small, semi-circular amphitheatre* and is fed there for several days from a food hopper, which the experimenter presents by closing a hand switch.……In another demonstration the bird is conditioned to strike a marble placed on the floor of the amphitheatre. This may be done in a few minutes by reinforcing successive steps. Food is presented first when the bird is merely moving near the marble, later when it looks down in the direction of the marble, later still when it moves its head toward the marble, and finally when it pecks it. Anyone who has seen such a demonstration knows that the Law of Effect is no theory. It simply specifies a Procedure for altering the probability of a chosen response.
>
> * a small, semi-circular amphitheatre　とはここで用いられた実験箱。

2　オペラント条件づけの基礎

という。繰り返して行われるその反応のどれにいつ強化を与えるかという強化のプログラムを**強化スケジュール**（schedule of reinforcemet）という。

強化スケジュールは，強化を受ける反応が，その前に強化を受けた反応の出現から，何回目の反応であるかというふうに反応回数で決められている**比率スケジュール**（FR，VRなど）と，強化を受けた反応が出現してから所定の時間が経過したかどうかによって決められる**時間スケジュール**（FI，VIなど）とがある。また一種類の強化スケジュールだけから成る**基本スケジュール**（FR，VR，FI，VIなど）と，複数の基本スケジュールから成る**複合スケジュール**（mult，conc，他）とに分類される。

a. 主な基本スケジュール（図2.27，図2.28）

FR（fixed ratio，**定率**）：反応を一定回数繰り返すと強化が与えられる。時間には関係ないので，反応の出現が遅れればそれだけ時間がかかる。たとえば，FR30で強化するといえば，30回目の反応ごとに強化が与えられ，これが繰り返される。

VR（variable ratio，**変率**）：何回か反応を繰り返すと強化が与えられるが，次に強化を与えられるのが何回目の反応かという強化までに必要な反応回数が随時変化する。その強化に必要な反応数の平均値や中央値は一定にしてある。たとえばVR30では平均して30回目ごとの反応に強化が与えられるよう強化までの反応数を事前に決めておく。

FI（fixed interval，**定時隔**）：前に強化を受けた反応の出現から次に強化を受けるべき反応の出現までの経過時間が一定時間以上というふうに決めてあり，何回反応したかは関係ない。たとえばFI30″では，前に強化を受けた反応が出現してから30秒を経た後の最初の反応に強化が与えられ，その間の反応は強化されない。

VI（variable interval，**変時隔**）：前に強化を受けた反応の出現からある時間を経過した後の最初の反応が強化されるが，強化されるために必要な経過時間は随時変化する。その強化に必要な経過時間の平均値や中央値は，一定にしてある。たとえば，VI30″では，前の強化を受けた反応から次の強化を受ける反応までに必要な経過時間が平均して30秒となるようにあ

表2.8　条件性強化子——お金を使うチンパンジー

> ウォルフ（1936）は自動販売機のような装置の上方の穴にトークン（代用貨幣）を入れてブドウが出てくるところをチンパンジーに何回か見せた。チンパンジーは自分でトークンを使ってブドウを食べるようになったので，次にハンドルを引くとブドウが出てくる機械をその横に置き，ハンドルを引いてブドウを手に入れるように訓練した。その後そのハンドルを引くとトークンが出るようにしておくと，チンパンジーは初めは驚くが，すぐにハンドルを引いてトークンを手に入れ，それを自動販売機に入れて出てきたブドウを食べるようになった。トークンは本来中性刺激であったが最初のブドウを手に入れる経験によって価値をもつようになり，ハンドルを引く行動の条件性強化子となったと考えられる。同時にそれは，自動販売機に入れるという反応の弁別刺激であり，ブドウはその反応の強化子である。私たちの日常生活における条件性強化子は無限に考えられるが，お金はその代表的なものと思われる。お金はそれ自体が私たちの基本的な欲求を満足させることはないが，満足をもたらす対象物を手に入れることを可能にする条件性強化子である。あたかもチンパンジーのトークンのように。

図2.27　スキナー箱におけるハトのキー・ペックの累積記録
（Skinner, 1961）
FR, VRでは高頻度で反応が出現する。FRでは，強化直後に一時的な反応の休止が生じ，その後に休みなく強化まで反応が続き，VRでは休みなく続く。FI, VIでは高頻度の反応出現はみられない。FIでは，比較的長い休止が強化後に生じ，次の強化が近くなると反応が加速的に増えていく。VIではゆるやかな勾配で反応が続く。DRLでは一定時間反応しないことが要求されており頻度は非常に低い。

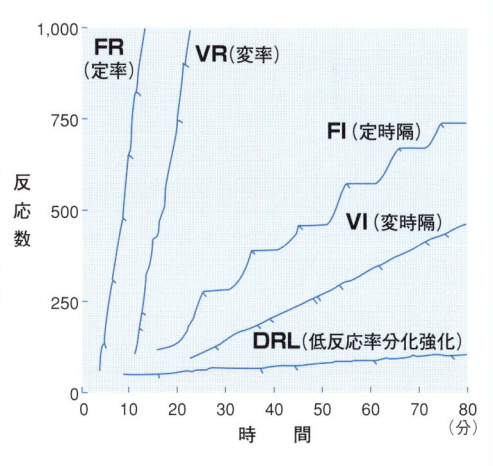

らかじめ順に決めておく。

　そのほかの基本スケジュール：所定の反応に関して無反応が一定時間続いた後の最初の反応に強化を与える **DRL**（differential reinforcement of low rate, 低反応率分化強化），先行反応が出現してから一定時間以内に次の反応が出現すれば強化を与える **DRH**（differential reinforcement of high rate, 高反応率分化強化），反応と関係なく一定時間を経過するごとに強化子を提示する **FT**（fixed time, 定時），平均すると一定となる個々の経過時間ごとに反応と関係なく強化子を提示する **VT**（variable time, 変時）などがあり，所定の反応の出現すべてに強化を与える **CRF**（continuous reinforcement, 連続強化），強化をまったく与えない **EXT**（extinction, 消去）も基本スケジュールに含める。

b．主な複合スケジュール

　mult（multiple, 多元）：2つ以上の基本スケジュールがそれぞれに対応した外部刺激とともに交替させて用いる。たとえばmultFI30″VI30″と表現されるスケジュールでは，実験箱内の照明を明るくして3分間のFI30″を実施し，続く次の3分間は照明を切って薄暗くしてVI 30″を実施することを交互に繰り返すなどである（図2.30，表2.11）。

　conc（concurrent, 並立）：複数の基本スケジュールが，それぞれ独立して同時に進行する。各スケジュールごとに強化子や，反応の対象（操作体）が，単一であったり異なっていたりする。たとえばconcVI30″VI50″では，VI30″とVI50″が同時に進行している状況の中で被験者（体）はどちらかのスケジュールを選んで反応する。各スケジュールに対応する操作体が準備されているならそのどれかに反応すればよい。操作体が1つだけなら，別のスイッチなどをラットが自ら切り換えることでいずれかのスケジュールを選んでから操作体に反応する。任意のときにどのスケジュールを選んでもよいようになっている（p.90「マッチング」参照）。操作体を切り換える行動自体を強化してしまうことを避けるために数秒の **COD**（change over delay）を，切り換え直後のスケジュールの冒頭に導入するのが一般的である。

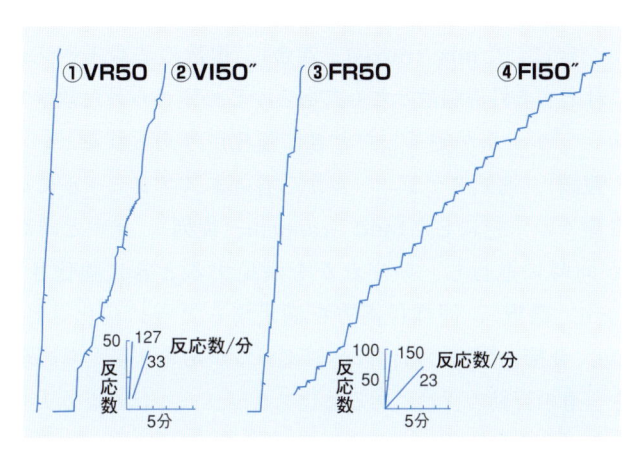

図2.28　スキナー箱におけるネズミのレバー押し反応の累積記録
22時間の飢餓状態のネズミが、アダプテイション（3日）、マガジン・トレーニング（2日）、シェイピング（1日）を経て、1日50分レバー押しを訓練された。4匹とも連続強化で7日間訓練し、①、③はサイズを15、20、40と変え、②、④は15″、20″、40″と変えながらそれぞれ7日間ずつ訓練した。その後、①はVR50、②はVI50″、③はFR50、④はFI50″で訓練した25日目の累積記録である。

図2.29　ヒトによるボタン押し反応の累積記録
ボタンを指で押す反応を1日10分間①FR40で、②FI40″で強化した例の累積記録。強化子は目前の受皿に打出されるゲーム用コイン。①、②いずれも13日目の記録で、ハトやネズミでの同様のスケジュールで見られるのと同じパターンを示している。人を被験者としたこの種の実験ではハトやネズミと同じ反応パターンを示さないこともある。

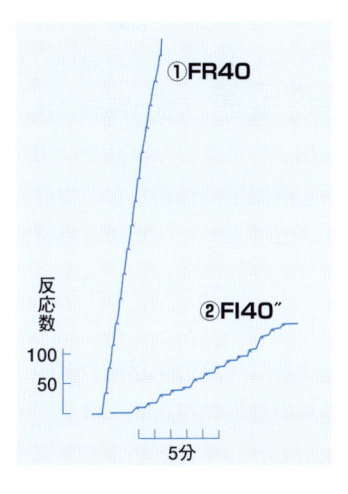

[2]　オペラント条件づけの基礎

c. そのほかの複合スケジュール

多元スケジュール（mult）から各基本スケジュールに対応する外部刺激を除くか一定にした mix（mixed，混合），複数の基本スケジュールが，それぞれに対応する外部刺激とともにあらかじめ定められた順序で移行し，すべてのスケジュールが完了したときに強化が与えられるという chain（chained，連鎖），連鎖スケジュールから各基本スケジュールに対応する外部刺激を除くか一定にした tand（tandem，従列），比率と時間のスケジュールが同時に進行し，いずれかを満足するときに強化される alt（alternative，選択），同様に両方を満足するときに強化される conj（conjuncive，合接）等々の強化スケジュールがある。私たちの現実の生活における一連の行動の背景にある強化スケジュールはかなり入り組んだ複雑なものと考えられる。

2.4.3 オペラント条件づけにおける行動の消去

古典的条件づけにおける消去の手続きは，条件刺激（CS）だけを提示し，無条件刺激（US）は提示しない，というものであったが，オペラント条件づけによって獲得された行動の消去は，行動が自発されても強化刺激が随伴しないことによって行われる。

オペラント反応の消去過程は，走路や迷路などのように反応を試行ごとに分離し，統制して扱う場合には，反応が可能な状態になったときから反応が開始されるまでの潜時や，出発地点から目標地点までの移動時間，あるいは正誤反応の回数などの指標によって確認されるが，スキナー箱のように反応を分離しない事態の場合には，問題にしているオペラントの自発頻度によって確認される。消去においては，潜時や移動時間，誤反応数の増大，自発頻度の低下が試行の繰り返しまたは時間とともに進行し，オペラント条件づけを行う以前の水準（オペラント水準）に至る。部分強化で訓練された反応のパターンは，どのような強化スケジュールの下で訓練されてきたかということによって異なる。消去のはじめのうちは訓練中に示すのと同様のパターンを示し，やがてそれがくずれていく過程をたどる。一般に連続強化で訓練された行動は，消去抵抗（resistance to extinction,

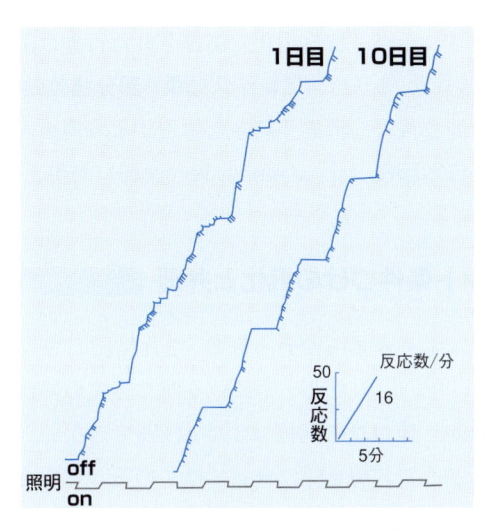

図2.30　多元スケジュール（multVI15″EXT）下でのネズミのレバー押し反応
すでにVI10″でレバーを押すように訓練されているネズミに，2分おきにVI15″とEXT（消去）を交替して用いて1日に40分間訓練しながらレバー押し反応を記録した。VI15″の期間は照明を明るくし，EXTの間は暗くした。左側は第1日，右側は10日目の初頭の記録。10日目には照明の明るい間だけレバーを押し，照明の暗い間はまったく反応しなくなっている。

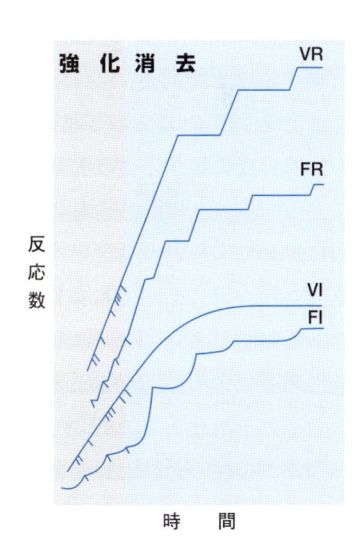

図2.31　部分強化訓練後の消去過程
　　　　　　（Reynolds, 1975）
消去手続きでの反応パターンは，その反応がどのような強化スケジュールで訓練されていたかということを反映した違いを示す。

消去されるまでに要した反応数や時間などで示される消去されにくさ）が低く，容易に消去されるが，部分強化で訓練された行動は消去抵抗が高く，消去されにくいといわれる（ハンフレイズ効果，部分強化効果，強化矛盾）。オペラント反応も消去後に，消去手続きを休止する時間をおくと，休止時間の長さに応じた自然回復（spontaneous recovery）が生ずる。

2.5 オペラント条件づけの汎化と弁別

　O教授とK教授はよくみまちがえられる。2人は同じ専攻に属し，年齢も2歳しか違っていない。ふだん一緒にいる同じ専攻の同僚からまちがえられることはないが，他専攻の同僚は2人を区別できない。廊下や道でのつかの間の会話はとくに名前を呼び合ってはじめるわけでもなく，話題も深刻なことではないので別れた後にも不都合は生じない。O氏とK氏は雑談をしながら，私たちはまちがわれていたのだということに気づく次第である。学生も専門科目を受講するようになるまでは2人を区別しないで挨拶しているが，やがて異なる科目を担当している似た先生として認識し，ちがった接し方をするようになる。

　弁別（discrimination）とはO氏とK氏を区別して状況に応じて違った接し方をすることである。2つ以上の刺激のそれぞれに対して異なる反応をすることをいうのである。また汎化（generalization）というのはO氏のつもりでK氏に接するとかK氏のつもりでO氏に接するというのと同じように，2つ以上の刺激のうちの1つの刺激に対して行われる反応がほかの刺激に対しても行われることをいう。

　古典的条件づけにおいても条件刺激によっては条件反応が誘発されるがほかのある刺激によってその反応が誘発されることがない状態を弁別といい，条件刺激によって誘発される条件反応がほかの刺激によっても誘発されるならそれを汎化とよんだ。

　オペラント条件づけにおける汎化と弁別は，弁別刺激が変数となっており，ある弁別刺激下でのみある反応の自発頻度が高く維持され，別の刺激下ではその反応が自発されないか，または自発頻度が低く維持されること

表2.9　弁別学習──赤は興奮の色？

　私たちは同じ物でも色が違うと非常に異なった印象を受けることがある。動物はどうなのだろう。たとえば，スペインといえばすぐ連想する闘牛，あの闘牛士のケープの赤い色は牛を興奮させるのに何か意味があるのだろうか。

　動物の色覚を調べるためには，弁別学習の手続きが用いられる。ネズミの場合には，ラシュレイの跳躍台やT迷路が使用される。たとえばT迷路の場合，左右の目標箱の直前に各々赤と緑の刺激カードを設置し，ネズミはそれを頭で押して目標箱に入る。赤色を選択させたいのなら，赤色の刺激カードの側の目標箱に強化子の餌を入れておき，各試行ごとにランダムに刺激カードの位置を変えてやる。もしネズミが色を弁別できれば，やがて赤色の側のみを選択するようになるはずである。ハトの場合には，普通スキナー箱の反応キーの色を変化させ，一方の色のときには反応を強化し，他方の色のときには消去するという手続きを用いる。こうした実験の結果，鳥類は色覚が発達しているが，霊長類以外の哺乳動物はほとんどが色盲であることがわかった。闘牛の例では，赤い色によって興奮するのは牛ではなく，何とそれを見物している人間だったのである。

を弁別といい，そうなった状態は弁別刺激が反応を統制している状態である（**刺激統制**，stimulus controle）。また弁別刺激以外の刺激の下で，その反応の自発が確認されるとき，汎化という。

2.5.1 汎　　化

　ガットマンとカリッシュ（1956）は，とくに弁別訓練の手続きを経ないである刺激下で獲得された行動が，新しい刺激の下でどの程度自発されるかということを確かめている。自由摂食時の80％の体重になるよう食餌制限を行い，25Wの室内灯で照明したスキナー箱を用いてマガジン・トレーニングと逐次接近法によりキー・ペックを形成した24羽のハトを，6羽ずつの4群に分け，群ごとに特定の周波数（530, 550, 580, 600nm）の色光で裏側から照明した長方形の半透明のキーをペックすることを，まず50回の連続強化で2日間訓練してから，VI1′の強化スケジュールに切り換えて訓練を続けた。強化子の食物は7.5Wのランプで照明された餌皿から3.5秒間与えられた。1分間キーが照明されてVI1′の強化スケジュールで訓練が進行し，10秒間のブラック・アウト（black out，スキナー箱を真暗にする）がそれに続くということを30回繰り返して1セッション（35分）とした。このVI1′でのキー・ペックが安定した後に，各群11ずつの刺激を用いて（**表2.10**）**汎化テスト**（**消去手続き**）が行われたが，それは11のテスト刺激はランダムな順序で12とおりに系列化し，1回につき30秒の刺激提示とそれに続く10秒のブラック・アウトを計132回繰り返すというものであった。刺激ごとの平均総反応数によって描かれた結果は**図2.32**に示すとおり，訓練で用いられた刺激に対する反応がもっとも多く，周波数の値（距離，類似度）が離れるにつれて反応数が減少するという**汎化勾配**を示している。この実験は訓練のときに1個の被験体に1つだけの外部刺激を用いてその下でオペラント条件づけを行い，続く消去手続きにおいて刺激連続体上の新しい外部刺激を用いてその下でのオペラントの自発頻度を計測しているので，汎化の実験である。しかしこのときはじめの訓練の期間に弁別訓練を導入するとどうなるであろうか。ブロウ（1967）は582nmの色光の下でVI強化スケジュールによりキー・ペックを

表2.10　汎化テストに用いた色光(nm*) (Guttman & Kalish, 1956)

群	-70	-60	-50	-40	-30	-20	-10	訓練に用いた光	+10	+20	+30	+40	+50	+60
530		470		490	500	510	520	530	540	550	560	570		590
550		490		510	520	530	540	550	560	570	580	590		610
580		520		540	550	560	570	580	590	600	610	620		640
600	530		550	560	570	580	590	600	610	620	630	640		

*nm：ナノメータ（10億分の1m）

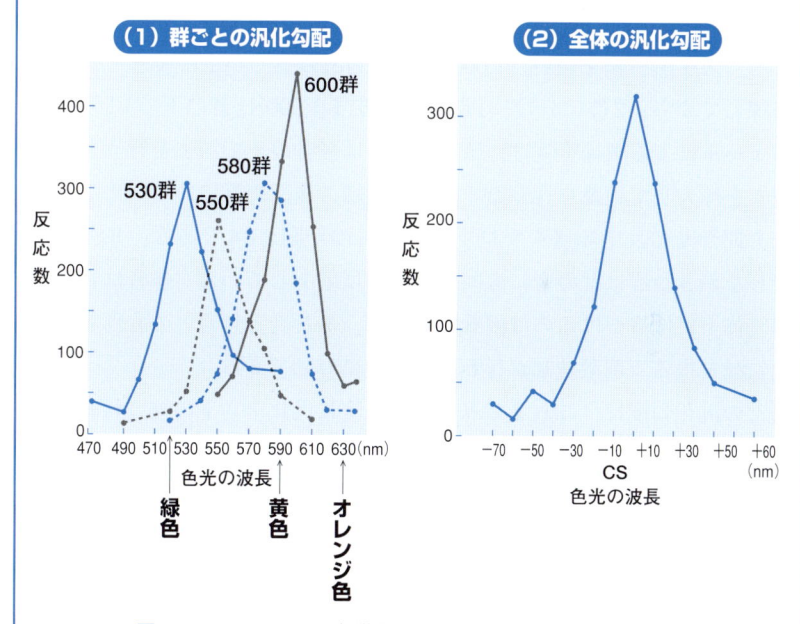

図2.32　オペラントの汎化勾配 (Guttman & Kalish, 1956)
スキナー箱でハトにキー・ペックを特定の色光のもとにVI1′で訓練した後，表2.4の刺激を用いて各30秒ずつ12回消去を行ったときの各刺激に対する平均的反応総数。

訓練した。しかし582nmから2nmずつずれたいくつかの刺激を用いてその下では消去を行うということを手続きの中に組み込んで訓練を数週間続けた。最後の28セッションではすべての刺激の下で消去手続きを行ったがそのときの各刺激の下での反応数が示す勾配は非常に急な鋭いものとなった。図2.33は先のガットマンらの結果の一部とブロウの結果の一部とで合成してつくったものであるが，ハトが弁別訓練により刺激のかなり小さな差異も区別できるようになることがわかる。

　何らかの弁別訓練の手続きを経ることなく単一の刺激の下で条件づけられた反応からみた汎化勾配がゆるやかなことは，用いる刺激が音の場合はさらに極端になる。ジェンキンスとハリソン（1960）は，純音を用いて，常に一定の音刺激下で訓練された反応の汎化勾配と，音刺激と無音の弁別訓練の下で訓練された反応の汎化勾配とが，大きく異なっていることを見出した。スキナー箱を用い，1,000Hzの音刺激の下でハトにキー・ペックを訓練してから，2群に分け，1群はそのまま1,000Hz音の下でVI強化スケジュールによる訓練を続け，ほかの群には無音の下で消去を行うという手続きを導入して訓練を行った。十分な訓練の後，両群にいろいろな高さの音を聞かせて反応頻度をプロットしたものが図2.34である。弁別訓練を行わなかった群はどの音にも同じ程度の反応をしている。無音は音刺激の連続体上に位置づけるのは困難であるが，ある音と無音との弁別訓練は汎化勾配を得る（刺激統制が行われる）のに有効である。

　通常の汎化勾配は，これまでみてきたように汎化テストの前に行われた訓練で用いられた弁別刺激が提示されるときにもっとも多くの反応が自発され，そこを頂点にした勾配となる。しかし事前の訓練において2種類の刺激（S⁺とS⁻）を用い，S⁺の下では反応を強化し，S⁻の下では消去するという弁別訓練を行った後に刺激連続体上のいろいろな刺激で汎化テスト（消去手続き）をすると，汎化勾配の頂点がS⁺の位置よりもS⁻とは反対側へずれた位置へ移動しており，S⁺とS⁻の差が小さいほどそのずれは強調される傾向を示す。この効果は**頂点移動**（peak shift）といわれる。頂点移動は通常の弁別訓練後の汎化テストでは見出されるが，無誤弁別訓練後のテストでは見出されないといわれる（図2.35）。

図2.33　2つの汎化勾配
（Nevin, 1973）
ガットマンとカリッシュの結果（図2.35）と，ブロウ（1967）の結果からネビンが合成したもの。強化訓練時に用いた刺激に対する反応数に対する比の値で各刺激に対する反応数を示してある。ブロウははじめに弁別訓練を行っている。

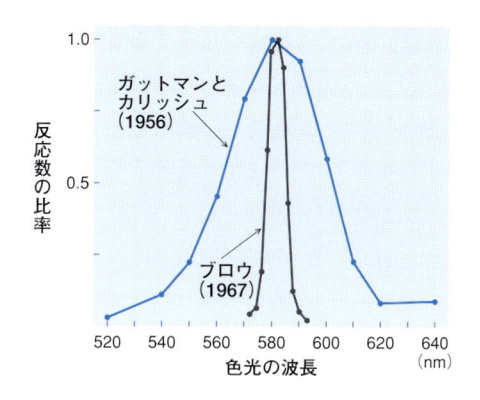

図2.34　ジェンキンスとハリソンの得た汎化勾配
（Jenkins & Harrison, 1960）
予備訓練：およそVI20″の強化スケジュールにより，断続音（1000Hz, 0.75秒on－0.25秒off）の下で訓練。訓練：5羽は，断続音のもとで，強化を33秒間とブラック・アウト7秒間を25回繰り返しながら，無音での消去33秒とブラック・アウト7秒を，セッションごとに増やしながら25回〜125回導入して弁別訓練。3羽は断続音の下の獲得訓練を個体別に250回，500回，1000回繰り返す。汎化テスト：各テスト刺激をランダムな順序で8回繰り返すことを，再学習2回をはさんで3回繰り返す。刺激の提示は33秒onとブラック・アウト7秒。

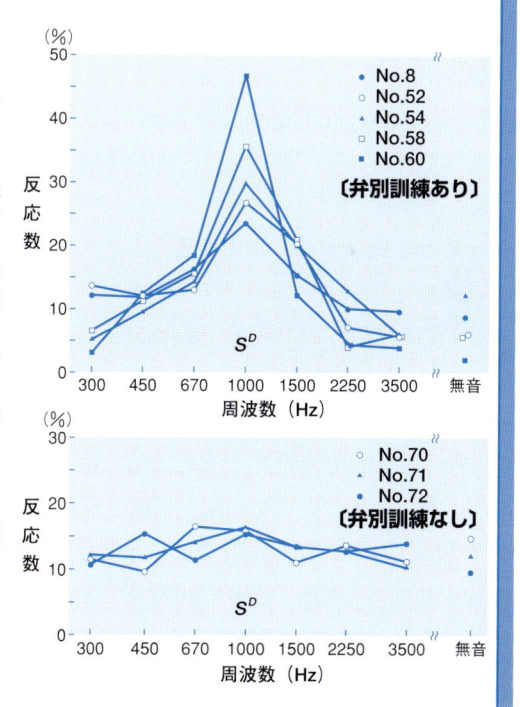

2.5.2 弁　別

　弁別の訓練方法には，弁別すべき2種類以上の刺激を同時に提示して，一方の刺激に対する特定の反応を強化するが他方の刺激に対する反応は強化しないという方法で訓練する**同時弁別**（simultaneous discrimination）と，弁別すべき2種類以上の刺激をあらかじめ定めた順序と時間に従って1種類ずつ提示して，一方の刺激下での反応は強化するが他方の刺激の下での反応は強化しないという方法で訓練する**継時弁別**（successive discrimination）とがある。すでにみているラシュレイの跳躍台を用いてマイヤーが行った行動の固執に関する実験や，ハーローの学習の構えに関する実験では，同時弁別の手続きが用いられており行動対比の実験では強化のmultスケジュールを用いた継時弁別の手続きとなっている。

　通常の弁別訓練では正反応，誤反応を行いながらやがて一定の条件に対して正しい反応を行うようになっていくが，テラスは被験体がほとんど誤反応を経験することなく2刺激の弁別を行うようになる**無誤弁別学習**（errorless discrimination learning）に成功している。その訓練は3段階の手続きで行われる。赤色光（S^+）と緑色光（S^-）の無誤弁別を例とするなら，まずS^+下でハトのキー・ペックをVI30″で強化することを30秒間行うことを繰り返し，反応が安定したら，次の3段階を経てS^-を導入する。

　第1段階では，30秒のS^+提示に続いて，キーの照明を暗くするというS^-を最初は5秒間で提示し，このS^-の時間を，繰り返すにつれて徐々に長びかせながらS^+と同じ30秒までもってゆく。第2段階ではS^-の時間を5秒にもどして固定し，非常に暗い緑をS^-として用いることからはじめて，繰り返すたびにその明りの強度を徐々に増してやり，十分な水準にまでもってゆく。第3段階では，今度は5秒に固定されていたS^-の時間を徐々に長くしてS^+と同じ30秒までもっていく。さらにS^+を3分にして訓練を続け次にS^-を徐々に3分にしていく。このような手続きで，結局ハトは3分間のS^+期間には反応を行うが3分間のS^-期間には反応しないという弁別を，ほとんど誤反応なしに達成する。無誤弁別学習には行動対比は生じないといわれる。

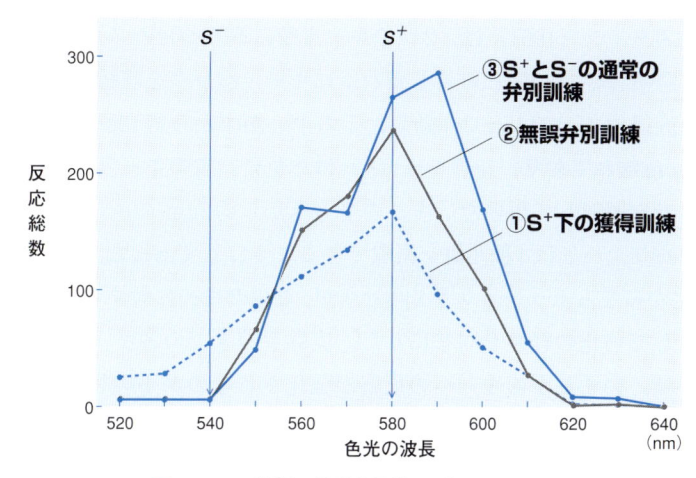

図2.35　3種類の汎化勾配（ハト）（Terrace, 1964）

① S^+下の獲得訓練
② 無誤弁別訓練
③ S^+とS^-の通常の弁別訓練

表2.11　行動対比（behavioral contrast）

　レイノルズ（1961）は，外部刺激として単独に提示する赤と緑の色光を3分ごとに切り換えながらmult VI3′ VI3′の強化スケジュールでハトにキー・ペックを訓練した。手続きは3つの段階からなり，第2段階においては，赤色の下ではVI3′で強化されるが，緑色の下では強化の提示されない消去手続きが用いられた。つまり赤色のときはすべての段階でVI3′の強化スケジュールが用いられたが，緑色については，第2段階だけ消去が用いられたのである。図はテラス（1966）によってグラフ化された結果であるが，各段階において，終始変わらずVI3′の強化を受けていた赤色の下での反応率に顕著な増大が見出される。これは緑色の下での反応率の減少によってもたらされる効果と考えられ，「正の行動対比」といわれる。逆に一方の反応率の増大が他方の減少をもたらすなら，「負の行動対比」といわれる。

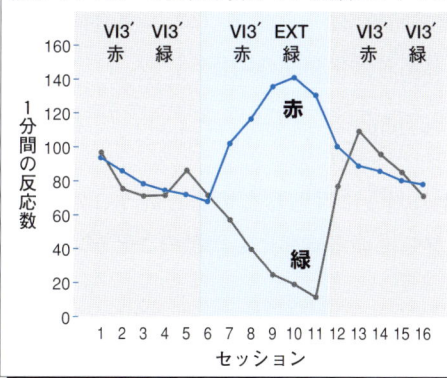

図2.36　行動対比（Terrace, 1966）

2.5.3 マッチング

　ヘルンスタイン（1961）は，2つのキーを壁に取りつけたスキナー箱で，体重を自由摂食時の80％に維持してハトにキー・ペックを訓練した。2つのキーは直径約2cmで15gで作動し，その中心が床から約13cmの高さの所で約11cm離れており，左のキー（A）は赤色に，右のキー（B）は白色に裏から光を照射して用いた。キーの下方床から約5cmの所に約5cm四方の穴があり，ハトは4秒間餌を摂取できるようにしてあった。予備訓練は60強化からなるセッションを2回行うが，2つのキーに対する反応を交互に強化して強化の経験を同じにした。実験手続きでの各キーのVIスケジュールは，いずれかのキーへの反応が強化されるのが平均して90秒ごとになるように調整されたconcVIVIであった（concVIx'' VIy''なら$1/x + 1/y = 1/90$となる）。反応を他方へ切り換えたときにすぐ強化すると，切り換え行動が頻発するので，切り換えた時点から1.5秒間の反応は無効とするCOD（change over delay）を多くの場合で用い，60強化を与えられるまでの1つのセッション（約90分）を各スケジュールで16〜45回繰り返し，各concVIVIでの最後の5セッションにおける全反応のうちAに対する反応の占める割合（相対反応頻度）と，全強化数のうちAで与えられた強化数の占める割合（相対強化頻度）との関係を示したグラフが図2.37である。Aに対する反応の割合はAで強化された割合とほぼ一致し，一方のキーでの1時間の絶対強化回数と絶対反応数の関係も直線的な相関関係を示しているので，反応回数（P）＝定数（k）×摂食回数（e）という式を得て，相対反応頻度と相対強化頻度の関係を，

$$\frac{P_1}{P_1 + P_2} = \frac{ke_1}{k(e_1 + e_2)}$$

と表現している（kは消える）。各選択肢に対する反応の配分が，各強化の割合に対応しているというこの効果はマッチングといわれ，各々に関与している時間にも同様のことがいわれる。

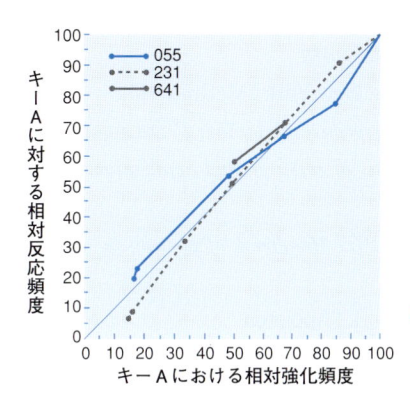

図2.37 ヘルンスタインのマッチングの実験 (Herrnstein, 1961)

表2.12 バイオフィードバック

　私たちの心身活動は，随意的活動——オペラント条件づけの対象となる自分の意志で制御できる活動——と不随意的活動——心臓など内臓の活動や脈拍，血圧などの制御できない活動——に大別されると考えられてきた。しかし，ヨガの行者は心臓の活動すら制御できるという（本当に制御できるとすれば，過緊張の人などにとっては朗報となるであろう）。最近さかんに研究されているバイオフィードバック（biofeedback）という方法によって，不随意的活動をある程度自己制御できることが知られるようになった。

　以下に述べるミラーら（1968）の実験は，その可能性を示す先駆的なものであった。麻酔で随意筋を麻痺させたネズミの心拍を測定したところ，上昇したり下降したり必ずしも一定ではなかった。そこで彼は少しでも心拍が上昇するごとに，ネズミのしっぽに与えていた微弱な電流を切った（負の強化）ところ，電気ショックから逃れるためにネズミはその心拍を次第に上昇させ，最高20%も上昇させたのであった。別のネズミでは同様の手続きで次第に心拍を下降させることに成功した。つまり，不随意的活動と考えられていた心拍に対してもオペラント条件づけが可能であることを示したのであった。

　人間が被験者の場合はどうであろうか。この場合には賞や罰は不要である。まず，被験者自身感知することが困難な脳波，血圧，心拍などの変化を音や光の変化に置き換えて伝達することにより，被験者に現在進行中の生理的過程が連続的にフィードバックされるのである。次に，被験者は心拍を上昇させるといった目標に向かって自分の変化過程を監視するのである。実際どうすれば心拍が上昇するかといった方法は自分自身で発見するしかない場合が多いが，やがて生理的反応がオペラント反応となり特定の方向へ変えられるようになる。この場合の強化は，望んだ方向への変化が目に見えて起こることで得られる認知的満足であり，これは自分で心拍を制御できるのだという自信となり，強力な強化因となる。シュワルツはこのようにして，被験者の血圧を15%も上げたり，脳波を変化させたり，心拍を上昇させたり下降させたりすることに成功している。

　バイオフィードバックの研究例の大部分は現在までのところ量の変化と持続時間に関するものが主であり，どこまで臨床的に役立ちうるのか今後の研究が期待される。

参考文献

浅井邦二他　1977　図説心理学入門　実務教育出版
D'Amato, M. R. 1970 *Experimental psychology*. New York：McGraw-Hill.
Hillner, K. P. *Conditioning in contemporary perspective*. Heidelberg：Springer.
Honing, W. K. 1966 *Operant behavior : Areas of research and application.* New York：Appleton.
Honing, W. K., & Staddon, J. E. R.（Eds.）1977 *Handbook of operant behavior*. Englewood Cliffs, N. J.：Prentice Hall.
Hull, C. L. 1943 *Principles of behavior*. New York：Appleton.
Hull, C. L. 1952 *A behavior system.* Yale University press.
Lieberman, D. A.（Ed.）1974 *Learning and the control of behavior*. New York：Holt, Rinehart & Winston.
Rachlin, H. 1976 *Introduction to modern behaviorism.*（2ndEd.）San Francisco, Calif.：W. H. Freeman.
Reynolds, G. S. 1975 *A primer of operant conditioning.* Glenview, Ill.：Scott, Foresman. レイノルズ（著）浅野俊夫（訳）　1978　オペラント心理学入門　サイエンス社
佐藤方哉　1976　行動理論への招待　大修館書店
依田　新・本明　寛（監修）　1971　現代心理学のエッセンス　ペリカン社
能見義博（編）　1976　学習心理学　大日本図書

第3章

技能学習

　この章では，人間のさまざまな学習の中から，とくに動作や技術の習得についての学習をとりあげる。楽器演奏の習熟，スポーツ技能の上達，ドライブ技術の向上など，人間の感覚系と運動系との協応からなる動作や行動の習得と改善は，日常生活にとって必須の事柄であり，身近な問題である。

　このような感覚系と運動系の結合と協応からなる技能の学習はどのようにして成り立っているのであろうか。つまり，技能の上達はどうすれば効率よく達成できるのであろうか。あるいは一度習得した技能を忘れないためには，どのような条件が必要であろうか。また，1つの技能は他の技能に応用がきくのかどうか。これらの疑問に答えるため，主として実験的に研究された事実をもとにして考える。技能学習の諸事実は人間の学習の基本的な事柄であり，学習心理学一般の基礎でもある。

3.1 技能の上達——学習曲線

　人間には，さまざまな能力があるが，その大部分は学習によって習得されたものであるといえる。そのさまざまな能力の中でも，感覚系と運動系との協応の習熟をめざした，技能学習は人間の学習の中でも代表的なものであり，また人間のもつ能力として欠かすことのできないものであるといえる。このような例はハシの使い方，スポーツの技術，楽器の演奏，自動車の運転など，日常生活の些細なことから，高級な趣味にいたるまで枚挙にいとまがないであろう。

　このような技術の上達を科学的に研究するために，上達の程度を量化して表示する工夫がされている。通常，技能の上達は練習の回数に比例して達成される。したがって，グラフで表示する場合には，横軸に練習試行数（日数）がとられる。練習の結果生じた上達の程度（学習の成績）は縦軸に表示される。学習の成績を示すもの（指標）としては，さまざまなものが考えられるが，図3.1には，ボールをキャッチする技能の学習を表すために，200回のうちの失敗の数と，失敗なしに連続キャッチできる回数が示されている。このように練習試行に伴う成績の変化を示すグラフを**学習曲線**（learning curve）という。

　学習曲線はさまざまな様相を示す。失敗の曲線にみられるように，学習の初期に急速な変化がみられ，後半に変化がにぶるという経過（負に加速された曲線）に対し，連続キャッチの曲線は後半に成績が伸びている（正に加速された曲線）。また，この曲線にみられるように，途中で進歩しない時期（P点）と，その後急速に上昇する時期との交代が技能学習にはよくみられる。進歩が停滞する部分を**高原現象**（plateau）という。いわゆるスランプである。

　練習の段階で，技能の上達の内容がさまざまに変化することが，図3.2よりわかる。複雑な協応動作からなる技能を構成する要素は10あるとされ，学習の各段階で，それぞれの要素がしめる割合が変化していく様子をみることができる。たとえば，学習の初期段階では，精神運動の協応，視覚表象，空間の定位，不特定な変化がしめる割合が高いが，後期の段階になる

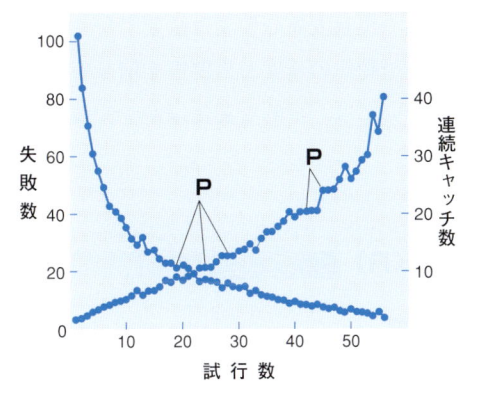

図3.1　ボールをキャッチする技能の学習曲線(Peterson, 1917)
左側の縦軸は失敗数で，試行数を重ねると減ってくる。右側の縦軸は連続キャッチ数，試行数を重ねるとふえてくる。Pの点は高原現象の部分。進歩が停滞している，いわゆるスランプ。

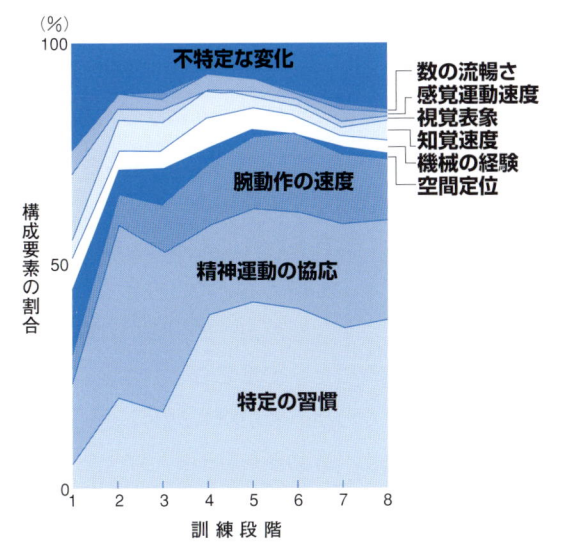

図3.2　複雑な協応動作の学習における訓練段階での要素の割合
(Fleishman & Hempel, 1954)
動作を構成する要素の割合が，訓練段階によって変化する。

3　技能学習

と，特定の習慣，精神運動の協応，腕動作の速度，不特定な変化が大部分をしめている。空間定位や視覚表象の要素は必要でなくなり，かわって形成されてきた特定の習慣や動作の速度が重要性を増してくるといえる。このように学習の進行については，量的な変化ばかりでなく，質的な変化もみる必要がある。

3.2 結果の知識（KR）

3.2.1 結果の知識の効果

　技能を習得するためには，前節の学習曲線でみたように，それを試みる回数（試行数），つまり練習の回数が重要であるようにみえる。確かに，テニスにしろ，ピアノにしろ，その技能の上達には，練習はかかせないものだということは日常生活の常識でもある。ところで，練習とは何を意味するのであろうか。習得すべき技能を，繰返し反復することが，練習の意味であると一般に思われている。技能の上達を生むのは，反復であろうか。次の例は，この問題を考えるのによくもち出される例である。10cmの線分を物指しなしで，なるべく正確に書けるようになるためにはどうするであろうか。反復練習してみるであろう。しかし，ただそれだけではない。書いた線分の長さの正確さを物指しで確認するであろう。長すぎたか，短すぎたか確認したうえで，次の試行を行うであろう。この書くことと，確認の繰返しが，練習の実状であるといえる。ただ書きっぱなしで何回も繰り返すというようなことはしない。したがって，書いた結果がどうであったかを確認をすることが，練習にとって重要らしいことが推測される（図3.3）。考えてみれば，まったくの初心者がバスケットボールでゴールにシュートする技能を学習するのに，最初から目かくしでやって上達するわけはないであろう。適切なかっこうでやったら入り，違うかっこうでやったら入らなかったという結果の確認を常に伴った練習によって上達するといえる（図3.4）。この結果の確認を**結果の知識**（knowledge of results, KR），または**フィードバック**（feedback）という。

　このような事実を検証した実験は多数ある。ビロドーら（1959）は，レ

図3.3 線分書きの学習
書いた結果について誤差を測定して，結果の知識を得ることが上達を導く（左図）。
書きっぱなしでは，何回反復しても上達はおこらない（右図）。

図3.4 シュートの学習
シュートした結果，入ったか入らなかったかを確認することによって，シュートの技能の上達がある（左図）。目かくしをして練習しても上達しない。

バーを適切な強さで引いて，定められた大きさの弧を正確に描くという作業で，やった結果について，誤差の量がフィードバックされた場合とされない場合とで，その正確な動作の学習に差がみられるかどうか調べた。比較のために，最初からまったく結果の知識を与えない場合（0群），2試行までは，結果の知識を与え，その後与えなくした場合（2群），6試行までは与え，それ以後なくした場合（6群），19試行全部与えた場合（19群）について，正確さ（誤差の量）の経過をみた。その結果は図3.5に示されている。これでわかるように，結果の知識がないと学習は成長せず（0群），それが与え続けられると成績がよくなる（19群）。また，途中から与えられなくなると成績が悪化するのも，結果の知識の重要性を示しているといえる（2, 6群）。なお，0群について，再訓練試行から結果の知識を与えると急速な学習成績の向上がみられているが，19試行群の最初の成長ぶりと比較してみると，同じ傾向であるので，0群の19回に及ぶ結果の知識のない練習はなんら学習にとって意味がなかったといえる。このことも，このような技能学習にとっては，結果の知識のない，単なる反復はまったく学習にならないのであり，結果の知識の重要さがあらためて確認されたといえよう。

　このように結果の知識の有無は，学習の成立を左右するのであるが，これがいかに重要であるかということは，それが明確に示されることによりさらに学習の効果が上がることによっても確認することができる。レイノルズとアダムス（1953）は，回転盤追跡装置（図3.6）を用いた運動学習の実験を行った。これは，回転する円盤に小さくぼみが一カ所あり，学習者は金属の棒で，このくぼみを追跡するのである。どのくらい長くくぼみに触れていられるかがこの学習の目的であり，その接触時間は自動的に記録される。最初は1分間に60回転というくぼみの回転を追跡することは難しく，ほとんど触れていられないが，次第にできるようになってくる。この場合，目は常にくぼみを追っているので，棒がくぼみに触れたかどうかの結果は常にフィードバックされている。したがって，図3.7にみられるように，試行に伴って学習が成立していく。この実験では，結果の知識のフィードバックをさらに明瞭にするために，棒がくぼみに触れたならば，

図3.5 結果の知識の有無と学習
(Bilodeau et al., 1959)
結果の知識があると学習する（19群）。それがないと学習が成立しないし（0群），途中からそれがなくなると学習が悪化する（2群，6群）。再訓練で結果の知識を与えると学習は成立する（0群）が，19群の訓練試行1〜5試行と同じ経過である。

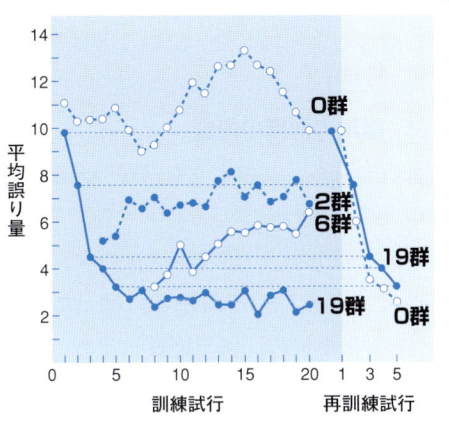

図3.6 回転盤追跡装置
ある速度で回転する円盤を目で追い，手を回転させてなるべく長く金属棒でくぼみにふれているようにする。

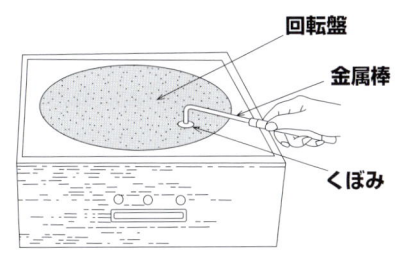

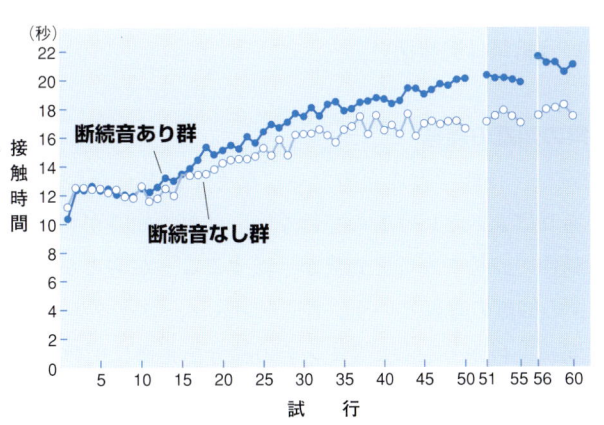

図3.7 回転盤追跡学習における明瞭な結果の知識の効果
(Reynolds & Adams, 1953)
回転するくぼみに金属棒がふれたとき，断続音が鳴って結果の知識が明瞭であると，さらに学習の成績がよくなる。

3 技能学習

そのことを知らせるために0.5秒の断続音（ピッピッ）が，くぼみに触れている間鳴るようにした。このことは学習の成績をさらに高めている。

3.2.2 結果の知識の内容

結果の知識も，どのような内容の知識をフィードバックするかによって，学習の成績が変わってくる。トゥロブリッジとケーソン（1932）は，上述したような線分引き（3インチ）の学習で，フィードバックすべき内容をいろいろに変えてその効果を比較した。1群は量のフィードバック群で，1/8インチを単位に，何単位長短であったか，その量をフィードバックした。2群は，質のフィードバック群で，誤差が1/8インチ内だったら「正しい」，それ以上だったら「誤り」というように，正誤のみをフィードバックした。3群は結果の知識はいっさい与えられなかった。4群は無関係なフィードバックを与える群で，無意味綴り（アルファベットででたらめに3文字ならべたもの）を与えた。その結果は図3.8に示されているように，量までをフィードバックしたものが，線分引きの技能学習にもっとも効果的であり，結果の知識が与えられないと学習は起こらない（誤差は小さくならない）。関係のない結果の知識が与えられると，かえって成績が悪くなるという結果は興味深い。

3.2.3 結果の知識の遅延

結果の知識は，技能学習成立のためになくてはならないものであるが，それもただあればよいというものではない。結果の知識がフィードバックされても，動作の直後でないと効果が半減することが明らかにされている。これを，結果の知識の遅延という。グリーンスプーンとフォーマン（1956）は，上記と同様，目かくしして3インチの線分を正確に引けるようにするという学習で50試行行ったが，1群は結果について長いまたは短いというフィードバックを線引きの直後（0秒）に与えた。以下の群は，フィードバックを与えるタイミングがずれるもので，2群は10秒後，3群は20秒後，4群は30秒後であった。5群はフィードバックのない群であった。線分を正確に書く技能の学習は，図3.9に示されているように，結果の知識を与

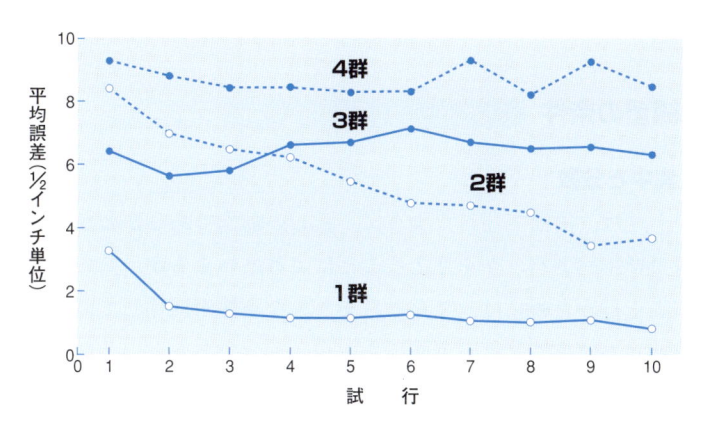

図3.8 結果の知識の内容の差が学習におよぼす効果(Trowbridge & Cason, 1932)
結果の知識の内容が誤差の長さ（量）であった群（1群）が学習の成績がもっともよい。「正しい」「誤り」という質であった群（2群）も学習する。しかし、それがまったくなかった群（3群）は学習せず、無関係な結果の知識が与えられた群（4群）はさらに成績が悪い。

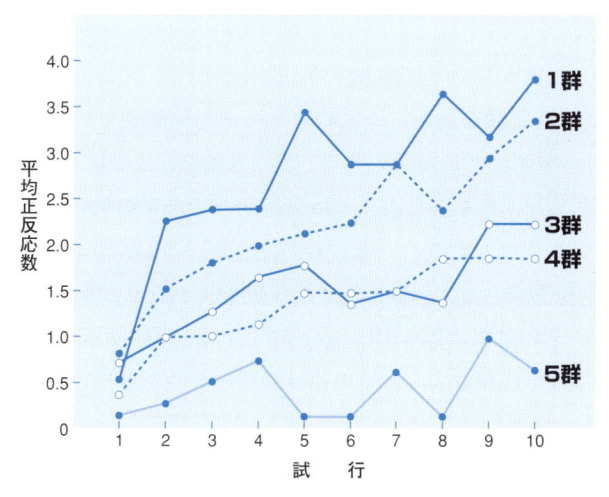

図3.9 結果の知識の遅延が学習におよぼす影響(Greenspoon & Foreman, 1956)
結果の知識が動作の直後（1群：0秒遅延）に与えられるともっとも効果的である。それが遅延されるほどに学習の成績が悪くなる（2群：10秒遅延、3群：20秒遅延、4群：30秒遅延）。それがないと学習しない（5群）。

③ 技能学習

えるタイミングが遅れると，効果がうすれることがわかる。

3.3 練習の条件

3.3.1 集中と分散

　技能の上達は，前節で述べたように，正しい動作であるかどうかについて，繰返しフィードバックを与えることによるといえるが，このような練習を能率よく行うためには，さらにさまざまな条件が関係している。そのすべてをとりあげることは不可能であるが，重要であるといわれているものについて考えてみよう。

　練習は動作を反復するわけであるが，その反復の仕方について，一定量の練習をまとめて休みなく行うのを**集中**，休みを入れて小刻みに行うのを**分散**といい，2通り考えられるが，どちらが効率的であろうか。常識としては，まとめて集中的にやったほうが，効率的であるように思われているが，実験的な研究では，どちらかというと，分散のほうでよい結果が得られている。

　たとえば，前節でみた回転盤追跡の作業について，キンブルとシャテル（1952）が調べた実験がある。一定のスピードで回転している円盤のくぼみを50秒間，金属棒で追跡する作業（図3.6参照）を1日15試行10日間行ったのであるが，作業の仕方について，50秒の作業の後の休みを5〜10秒という短いものにした場合（集中群）と，65〜70秒というように長くとった場合（分散群）とで，毎日の成績（くぼみに接触していられる時間）を比較した。その結果は図3.10に示されている。明らかに，分散でやったほうが，毎日の成績はよく，その差は練習の日数が進むほど大きくなっている。

　とくに1日の練習による成績ののびは分散のほうが著しいのが目立つ。この分散の程度（休みの長さ）はどのくらいの場合がもっとも効率がよいのであろうか。あまり休みが長くてもかえってよくないことも考えられる。

　同じ回転盤追跡の作業について，アダムス（1954）が調べた実験がある。それは1回30秒の作業を150試行練習したのであるが，毎回の作業の間の

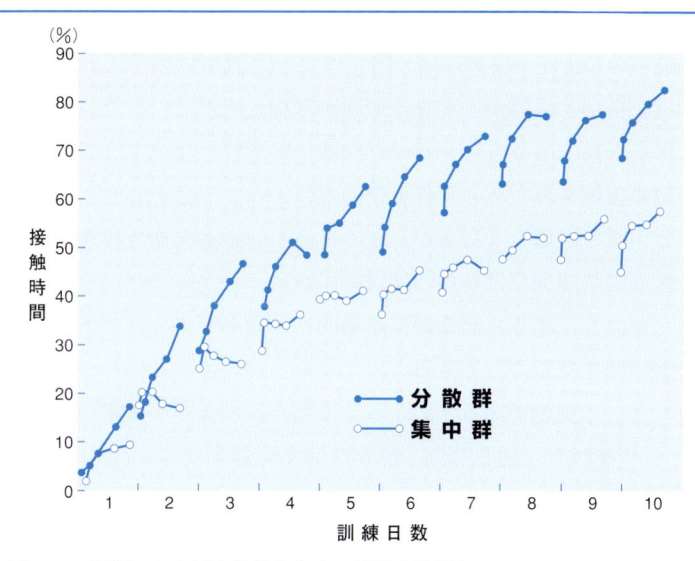

図3.10　学習におよぼす分散と集中の効果の比較(Kimble & Shatel, 1952)
作業の間に休憩時間を長くとったほうが（分散），短い場合（集中）に比べて，学習の成績がすぐれている。技能学習の場合にはどちらかというと分散のほうが学習の効率がよい。

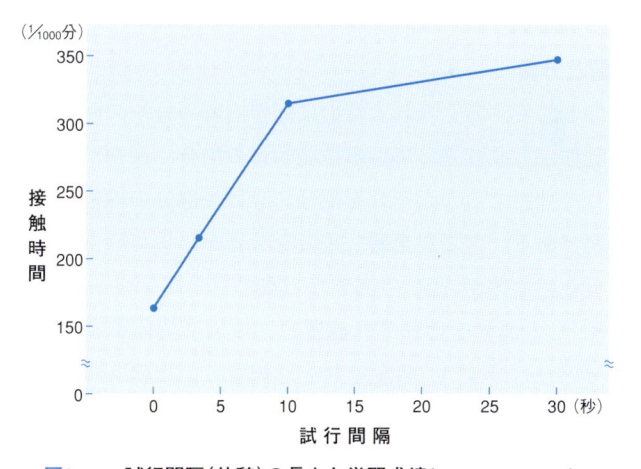

図3.11　試行間隔（休憩）の長さと学習成績(Adams, 1954)
作業の間の休みの長さを0，3，10，20，30秒にした場合，最終的な学習の成績は，休憩が長いほどよいが，10秒より長くなってもそれほどよくならない。

3　技能学習

休みの長さを0，3，10，20，30秒の場合について，成績を比較した。その結果（最後の5試行の成績）は，図3.11に示されている。これでみるかぎり，休みが長いと成績がよくなる傾向がみられるが，だいたい10秒以上になると休みを長くしても，それほど成績には影響しないようである。

他の多数の実例をみたとき，作業の内容によって，必ずしも，分散のほうがよいといえない場合もあるが，とくに激しい運動を伴う技能学習の場合には，休みの時間分だけ全体の練習時間が長くかかることになり，休み時間がむだなように感じられるが，結果的には効率がよいのである。つまり練習とは訓練をやることもさることながら，どのように休むかということも練習にとって重要であるといえる。また，このような休憩の効果は精神作業でもみられる（図3.12）。分散のほうが効率がよい理由に関して，さまざまな理論が立てられているが，反応（動作）の反復は，その反応の形成を促進するだけではなく，阻害する要因も同時に生み出しているからであるという説明がある。わかりやすい例としては疲労や飽きである。集中ではこれがたまりやすい。分散は休み中にこれが解消されるので，成績がよくなると考えられる。

3.3.2　全習と分習

練習の条件として，考えられるものに練習内容の分割の問題がある。とくに複雑な動作から成り立っている技能学習の場合，最初から全体としてひとまとまりで練習するか，それを部分に分けて部分の練習を積みあげていくかの問題である。前者を**全習**，後者を**分習**といっている。分割の仕方には3通りある。全体がABCの部分から成り立っているとして，完全分習法はA，B，Cの部分をそれぞれ練習し，最後に全体をまとめる方法である。累進分習法はまずA，Bをそれぞれ練習し，次のA＋Bを練習する。次にCを練習し，その後A＋B＋Cを練習する。反復分習法はAの練習，次にA＋Bの練習，次にA＋B＋Cの練習をするという方法である（表3.1）。全習がよいか，分習がよいかということは必ずしも断定できないが，実験的なデータでは，どちらかというと全体として，まとめてできるものならば，分割しないほうがよいという結果になっている。

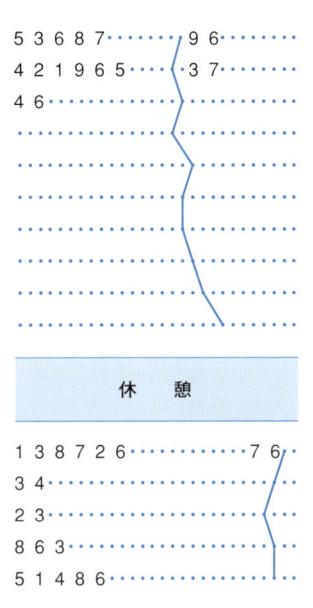

```
5 3 6 8 7 ………… 9 6 …
4 2 1 9 6 5 …… 3 7 ……
4 6 ……………………………
……………………………………
……………………………………
……………………………………
……………………………………
……………………………………
……………………………………
……………………………………

        休   憩

1 3 8 7 2 6 …………… 7 6
3 4 ……………………………
2 3 ……………………………
8 6 3 ……………………………
5 1 4 8 6 ……………………
```

図3.12 休憩の効果

隣り合った数字を加算するという精神作業を各行1分間ずつ行い,10行やったところで5分間休憩を入れ,その後再開したとき作業の効率が高まる。精神作業でも休憩の効果がみられる。曲線は各行の作業量の経過を表す。

表3.1 全習法と分習法のやり方

下の無意味綴りを暗記する場合,全部をひとまとめにして学習する全習法と,A,B, Cに分割して学習する分習法とがある。分習法にはさらに3通りの方法がある。

```
クコ ルセ ケメ   シヒ ヌチ ヘフ   ムア ラル ロユ   レナ ヘテ ワユ
└──────┘   └──────┘   └──────┘   
     A              B              C
```

		練　習				
全習法		A+B+C	A+B+C	A+B+C		
分習法	完全分習法	A	B	C		A+B+C
	累進分習法	A	B	A+B	C	A+B+C
	反復分習法	A	A+B	A+B+C		

たとえば，ブリッグスとブログデン（1954）は，レバーを前後左右に動かすことによって，指定された位置に光点を定位するという技能の学習について調べた。前後左右全体の動作をまとめて練習する場合（1群）と，前後，左右を別々に分けて練習し，最後にまとめる場合（2群），とくに前後だけを練習する場合（3群），左右だけを練習する場合（4群）とを比較した。練習は10試行ずつ，8セッション行われ，最後の2セッションで全体の動作の成績がテストされた。その結果は図3.13に示されている。これでわかるように，全体をまとめて練習した場合（1群）が，部分に分けて練習した場合（2，3，4群）より好成績である。あまりにも複雑で最初からひとまとめで練習できない技能の場合には，分割して練習せざるをえないが，その人のできうる範囲内において，できるだけまとめて行ったほうがよく，あまりにも分割しすぎるのは効率を低めるといわれている。

3.3.3 ガイダンス

技能学習は自分で試行錯誤するだけが唯一の方法ではない。モデリング（modeling）といって（4章参照），コーチの正しい動作を観察し，模倣することによって効率を上げることができる。コーチに手をとってガイドしてもらうこともあるであろう。さらに多いのは言葉で教えられることである。これを**ガイダンス**（guidance）という。松田・近藤（1969）は，回転盤追跡のようにかなり純粋な動作学習の場合でも，学習の内容について前もって解説（「ターゲットは，1秒1回の割合で回っています。それに合わせて円を描くようにしなさい」）をしておくと図3.14にみるように，かなり学習の成績がよくなることを示した。動作を主体とした技能学習は，一般に自分でやることのみが唯一の学習の方法と思われているが，逆にまったく見聞することなしに，たとえば自動車を動かすことを学習できるかということを考えてみるならば，上述のようなガイダンスは技能学習に欠かせないものであることがわかるであろう。

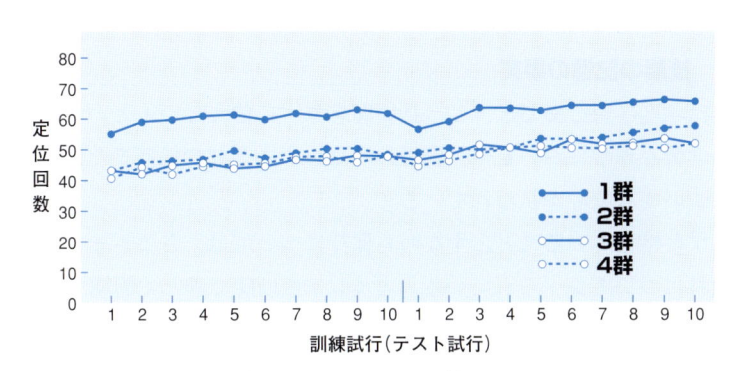

図3.13　学習におよぼす全習と分習の効果の比較(Briggs & Brogden, 1954)
前後左右の動作をひとまとめにして練習した場合（1群）のほうが、前後と左右を分割して練習した場合（2群）や前後のみ練習（3群）、左右のみ練習（4群）した場合より学習の成績がよい。

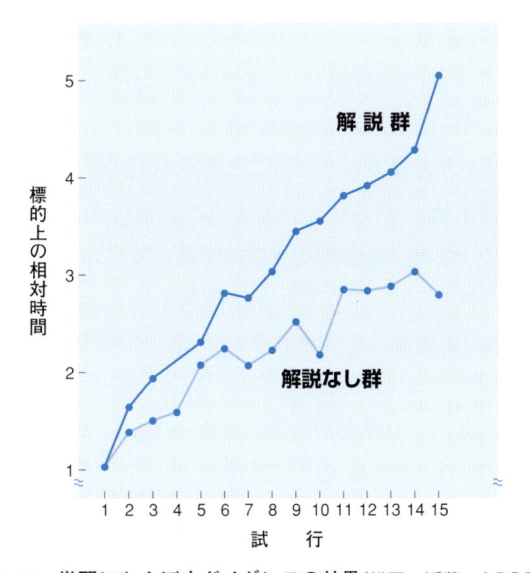

図3.14　学習におよぼすガイダンスの効果(松田・近藤, 1969)
学習すべき動作の内容について前もって解説を聞いておくと、学習の成績がよい。

3.4 技能の記憶

3.4.1 技能の記憶の事実

　技能は一度学習してしまうと，長い間忘れずに憶えているということがある。学習心理学においては，習得のみならず，それの保持または忘却の側面についても関心が払われている。

　忘れずに憶えていること，すなわち保持については，さまざまな内容の学習教材について調べられている。とくに7章以降で詳しく説明されているように，知識や言語についての忘却や保持についての研究は長い間行われてきた。それに比べて，技能学習の忘却や保持についての研究は比較的少ないようである。技能の保持については，常識では，一度学習してしまうとなかなか忘れないと思われている。子どものころ，自転車の乗り方を憶えてしまうと，しばらく乗らなくても，けっして忘れることがないということは，日常経験していることである。一方，英語の単語はせっかく苦労して憶えてもすぐ忘れてしまうことがあるので，技能学習は他の学習に比べて忘れにくい，つまり保持がよいのではないかということが，技能学習の保持に関する興味の焦点になっている。

　技能学習の保持が非常によいということを示したデータがある。アモンズら（1958）は図3.15に示されているような装置（飛行機制御装置）で，ゆれ動いている飛行機を，操縦桿とペダルで真直ぐに水平に保つ技能の訓練をした。この訓練を15分ずつ32回計8時間やった後，24時間，1カ月，6カ月，1年，2年の間放置して，それぞれの技能の保持の程度をテストしたところ，図3.16のような結果になった。放置の時間が長くなるにつれて，忘却（保持が悪い）の程度が大きくはなっているが，2年後においてもかなり憶えていることがわかる。しかも，わずか2時間の再訓練でもとのレベルにもどっている。なお，24時間放置の場合，成績がよりよくなっている点が注目されるが，これはレミニッセンス（reminiscence）といわれている現象である。

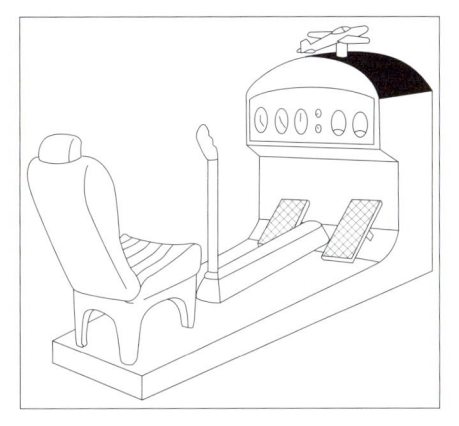

図3.15　技能学習実験装置（飛行機制御装置）
操縦桿とペダルを操作して飛行機を定位させる。

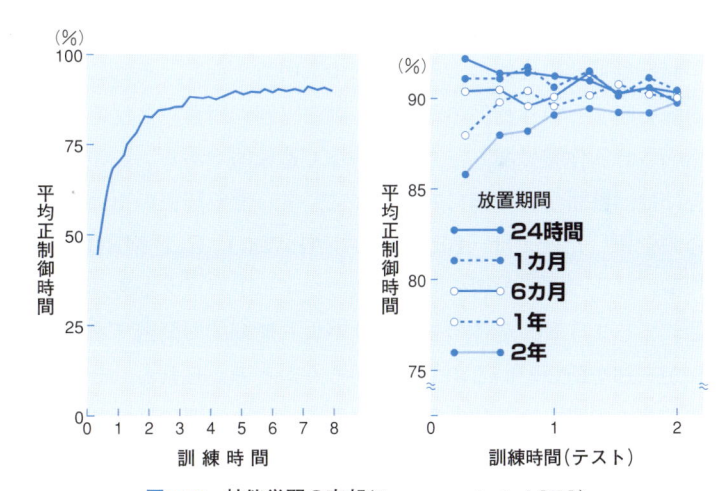

図3.16　技能学習の忘却(Ammons et al., 1958)
左側のグラフは技能の習得の学習曲線。右側は放置期間後の保持テスト。テストの初期に放置期間の忘却の程度が現れている。24時間の場合は訓練の最後より、テストの最初のほうが成績がよい（レミニッセンス現象）。いずれの群もすぐ再学習している。

3.4.2 技能学習と言語学習の比較

　技能学習は，保持がよいらしいと推測されるが，他の学習の場合と比較してどうであろうか。リービットとシュロスバーク（1944）は次のような比較をした。技能学習として回転盤追跡，言語学習として無意味綴り（意味のない3文字のアルファベット，たとえばBEJ，YUT，FAP……など15個）の暗記学習を同一人に行わせ，それぞれ10試行学習した後，1日後，1週間後，4週間後，10週間後に，両学習の保持の程度を比較した。その結果は図3.17に示されているように，節約率（保持の程度を表す指標）は，両学習とも経過時間が長くなるほど，悪くなっているが，技能のほうが言語の場合より，ずっと保持の程度がよいことがわかる。

3.4.3 技能の長期記憶と短期記憶

　以上述べてきた事実から，技能学習の保持は確かに優れているようにみえる。しかし，最近の研究によると，このことが必ずしもあてはまらない事実も発見されている。技能学習の保持がよい理由としてはいろいろ考えられる。回転盤追跡の技能のように回転する円盤をみて，それに合わせて一定時間腕を回すという動作の学習は，刺激（回転円盤）と反応（腕まわし）を協応させる作業であり，きれ目がなく連続的である。このような学習の場合には，言語学習の例にみるように，まったく関係のない刺激と刺激の連合の学習（たとえば，BEJ-YUT，FAP-WXO，CLD-MHQ，……といった作業）に比べて，学習の際，無数のフィードバックがあり，また一度学習されてしまうと，全体のまとまりがより連続的で緊密であるといえる。これが忘却を防いでいるのではなかろうかと考えられる。その証拠には，技能学習の内容を連続的な動作ではなく，言語学習に近い断続的な動作にした場合，その保持が必ずしもよくないことが，アモンズら（1958）によって実験的に示されている。15種類の色光に対して15個の穴があり，どの色光にどの穴が対応するか，その穴にレバーをすばやく移動させるという学習（5試行訓練群と30試行訓練群）をさせ，その後期間を置いて保持の程度をテストしたところ，図3.18のようにかなり忘却が起こることがわかった。ただし，このような内容の技能をはたして回転盤追跡のよう

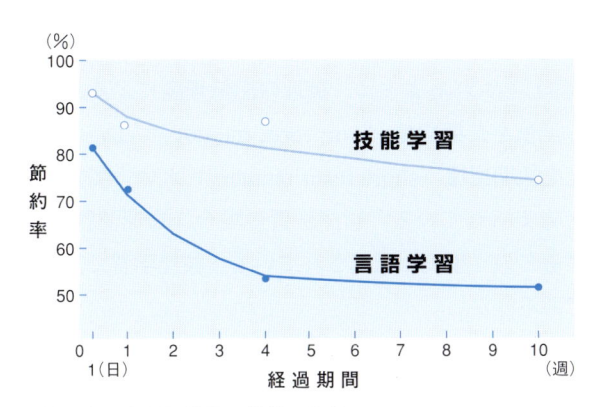

図3.17 技能学習と言語学習の保持の比較(Leavitt & Schlosberg, 1944)
技能の学習は，言語の学習に比べて保持がよいと思われているが，実験的にもそのことを示す事実が見出されている。

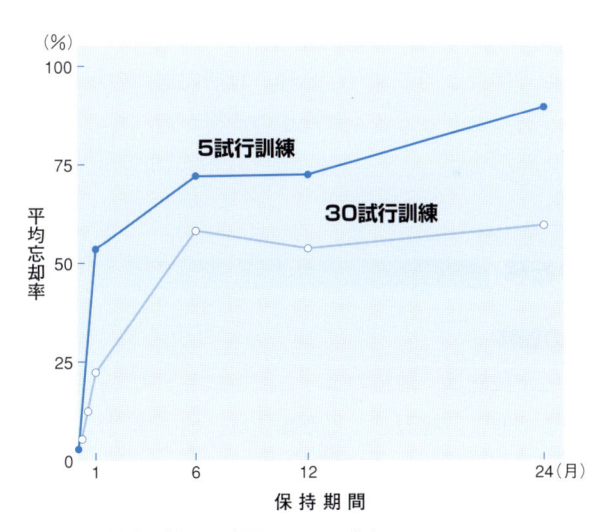

図3.18 断続的技能の学習における忘却(Ammons et al., 1958)
習得する技能の内容が連続的な動作ではなく，刺激と動作の連合という断続的技能であると忘却がおこりやすい。訓練の量（5試行と30試行）によって忘却の程度に違いがある。

な技能学習と同一のものとみてよいかどうか問題で，むしろ言語学習に近いものとみるべきかもしれない。

　7章以降で詳しくふれるように，最近の記憶理論によると上述のような長期にわたる記憶を**長期記憶**（long term memory）といい，数秒という短い間の記憶を**短期記憶**（short term memory）といって，忘却の機構が異なるものと考えられている。言語学習の場合，短期記憶は10数秒の間に忘却が生ずるという事実が指摘されている。技能学習でもこのようなことが生ずるであろうか。

　アダムスとディジュクストラ（1966）は次のような実験を行った。みえない状態でレールにそって，金属棒を一定の距離スライドさせ，その距離感を学習させた。その際，1回，6回，15回反復する群を設けた。その後，5秒から120秒の間の休憩時間を設け，その後テストをして距離感の保持の程度（所定の距離からのずれの長さ）を調べた。その結果は**図3.19**のようになった。反復の回数によって，保持の程度が著しく異なるが，いずれも120秒以内にはっきりとした忘却の現象がみられる。このように技能学習の場合でも他の学習と同じように忘却（短期記憶）の現象がみられるのであり，技能学習にかぎってとくに記憶の機構が違っているとは断定できないといえる。

3.5　技能の転移

3.5.1　正・負の転移

　練習して習得した技能は，前節のように記憶にとどめて，必要なときに活用できるが，この他に，練習して得た技能は，他の場面に応用することができるという側面もみのがすことができない。つまり，ある技能を習得しておくと，別の新しい技能の習得に有利であるということがある。バイオリンをひける人は，チェロの学習が容易であろうし，スケートのできる人は，スキーの学習が早いであろうと思われる。技能の学習はその特定の技能の習得だけでなく，類似の技能の習得にもなっているといえる。このように，ある学習の効果が，類似の学習に波及することを**転移**（transfer）

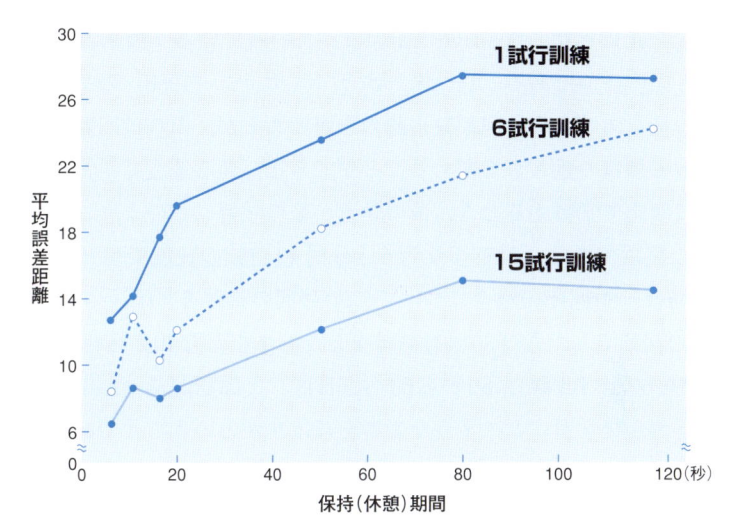

図3.19　単純な技能学習の短期記憶(Adams & Dijkstra, 1966)
距離感（腕の移動）を学習した後，5秒～120秒の経過時間の後，その保持をみたところ，訓練試行数によってその程度が異なるが，明らかに忘却がおこることが示されている。技能学習にも短期記憶の現象がみられる。

表3.2　正・負の転移
ある学習（前学習）が後の学習（後学習）に影響する現象を転移という。転移には促進的な効果（正の転移）と妨害的な効果（負の転移）がある。

	前学習	後学習	比　較
実験群	A (バイオリンがひける スケートができる)	B_1 (チェロの学習 スキーの学習)	$B_1>B_2$なら正の転移 $B_1<B_2$なら負の転移
対照群	なし	B_2 (チェロの学習 スキーの学習)	

3　技能学習

という。

　ある技能の学習が，それと類似した別の技能の学習に促進的な効果を波及する場合を正の転移（positive transfer）といっている（表3.2）。上述の日常例もその一つである。ローダールとアーチャー（1958）のやった実験的研究の例をあげよう。回転盤追跡の学習であるが，これは円盤の回転速度によって課題の難しさを変えることができる。ある速度で学習した後，別の速度に変えて学習するとき，前の学習が後の学習にどのように影響するか調べた実験である。最初の学習を1分間40回転の速度でやった場合，60回転の場合，80回転の場合について，30秒間の追跡を30試行訓練した後，翌日60回転でふたたび30試行訓練をした。すなわち40から60へ（Ⅰ群），60から60へ（Ⅱ群），80から60へ（Ⅲ群）と課題が移った場合について，前学習が後学習にどのような影響を及ぼすかということである。結果は図3.20にみられる通りであって，Ⅱ群は同じ課題なので続けて成績が上昇しているが，Ⅰ群は転移後の課題（60回転）が難しくなったので，成績は急落しているが，Ⅱ群（60回転）の初日の学習に比べて，高い水準ではじまり，30試行目では，Ⅱ群の1日目の最後（30試行目）より高い水準に達している。これは正の転移を示している。Ⅲ群は前学習が十分でないので，課題がやさしくなったにもかかわらず，後学習への転移は多くはないが，それでもⅠ群と同様の経過を示している。

　前学習が後学習に妨害的な効果を与えることもある。これを負の転移（negative transfer）という（表3.2；p.113）。自動車の車種を変えると，前のくせが出て運転を誤るというような経験はその例であり，悪いくせをつけてしまうと，正しいものに矯正するのにかえって苦労するといった場合も同様である。負の転移がもっとも起こりやすいのは，関係がまったく逆転する場合であろう。このことは，レビスとシェパード（1950）の行った実験で確かめられている。動いている標的に左右2つのハンドルを操作して光を追跡させる作業であった。1つのハンドルは時計まわりに光を動かすものであり，他は垂直に動かすものであった。30試行訓練した後，同じ動作がまったく逆の光の動きになるように変えられて，30試行訓練を行った。その結果は図3.21に示されているが，逆転された場合の学習が，

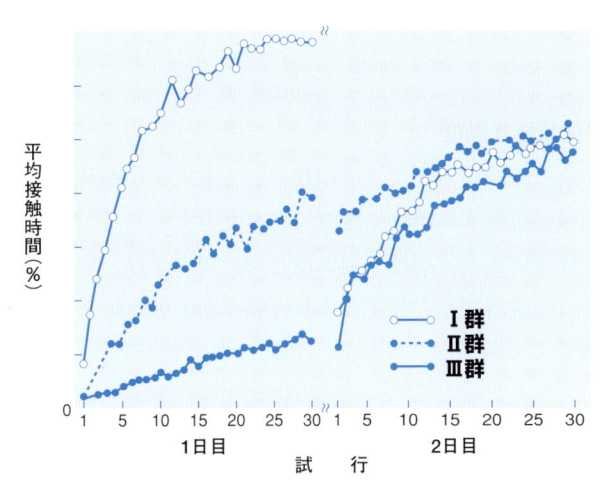

図3.20　回転盤追跡学習の転移(Lordahl & Archer, 1958)
前の学習の効果が後の学習に波及する。Ⅰ群は40回転から60回転へ変化し、正の転移がみられ、Ⅲ群は80回転から60回転に変化し、正の転移がみられた。Ⅱ群は60回転で変化はなく比較の意味で行われた。

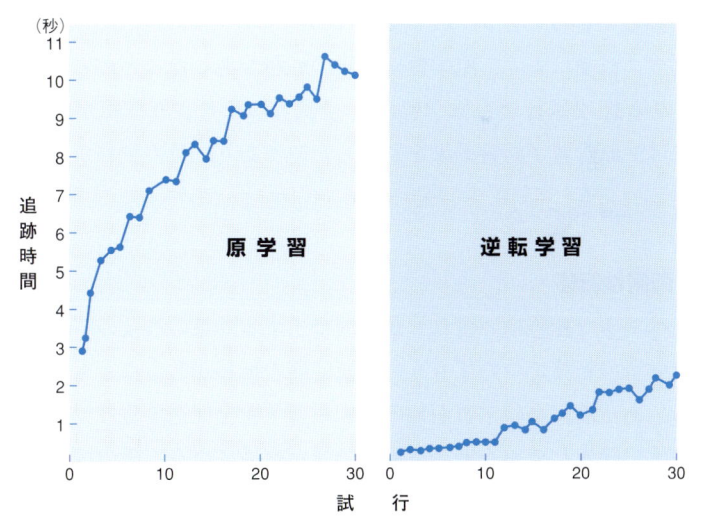

図3.21　課題が逆転した場合の負の転移(Lewis & Shephard, 1950)
後学習（逆転学習）の動作が原学習の場合とまったく逆になった場合、後学習（逆転学習）の成績が著しく悪くなることがある。これを負の転移という。

前の学習に比べて著しく劣ることがわかる。かえって正常な学習が阻害されているといえる。

3.5.2 転移に及ぼす条件

　正の転移か負の転移か，また正の転移としても大きな転移か小さな転移か，という転移に影響する条件は無数にあると考えられるが，課題の類似度は大きな条件といえる。課題の類似度とは，たとえば，原課題と転移課題との間に同一の要素がどの程度含まれているかということであろう。この条件を組織立てて調べたクラフツ（1935）の実験がある。1から9までの数字が書いてあるカード72枚（各数字8枚ずつ）を同一の数字が書いてある箱に分類するという作業で，8試行訓練した。その後，転移課題として，箱の位置が変わらない群（1群，統制群），3つ箱の位置が変わる群（2群），6つ箱の位置が変わる群（3群），9つとも箱の位置が変わる群（4群）について，2試行訓練し，所要時間を比較した。その結果は図3.22に示されている。同じ課題（1群）に比べて課題が変わると成績は当然悪くなるが，類似の程度に比例している。しかし，2，3群は原学習の1，2試行に比べて，成績はよく，原学習から正の転移があったことが示されている。4群の第1，2試行とも原学習の1，2試行のそれより成績が悪く，この場合には，原学習が妨害効果を及ぼしたのであり，負の転移があったといえる。

3.5.3 両側性転移

　上に述べてきた転移はいずれも課題間で生ずる効果の波及の事実であった。技能学習の転移についてもう一つ反応間の転移があることもよく知られている。ある筋肉系の学習が他の筋肉系の学習を促進するということである。右手で練習しておくと，左手の学習が容易になり，手の練習が足の学習に影響することもあるといわれている。人間の体の軸を境にして，左右の間で，効果の波及が生ずる現象をとくに**両側性転移**（bilateral transfer）という。

　このことを示した研究として，アンダーウッド（1949）の鏡映像描写器

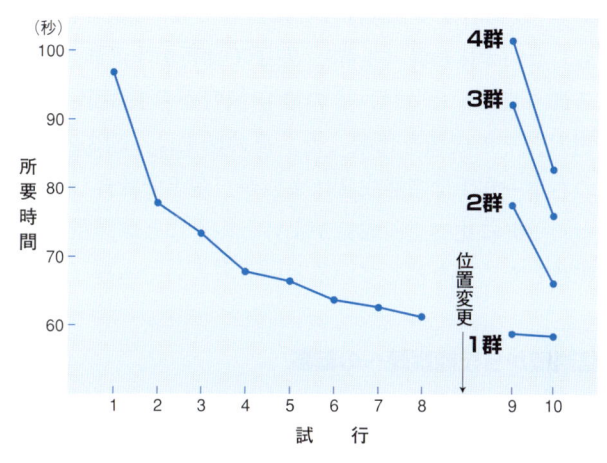

図3.22　課題の類似度（共通要素の数）が転移におよぼす効果(Crafts, 1935)
転移は原学習と後学習の課題の類似度によって影響を受ける。1群は変更なし，2群は3つ変更，3群は6つ変更，4群は9つ変更されたが，変更の多少によって転移の程度が異なる。2，3群は正の転移，4群は負の転移。

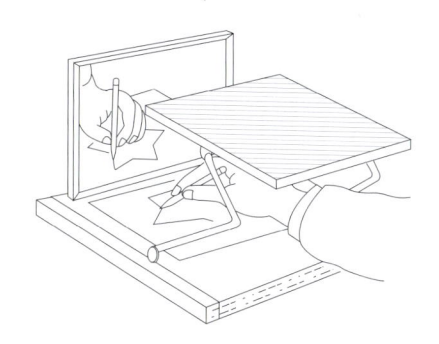

図3.23　鏡映像描写器
鏡にうつった像（実際のものとは左右逆になっている）を見ながら，図形をトレースする学習のための装置。学習の測度は所要時間である。

を用いた実験がある。これは図3.23に示されているように，たとえば，星型の図形を鏡にうつし，それを見ながらたどるという作業である（左右逆なので難しい）。最初右手で2試行ほど練習した後，3試行目から12試行目まで，何もしないで休む群（Ⅰ群），左手で練習をする群（Ⅱ群），右手で練習をする群（Ⅲ群）に分け，その後13試行から15試行まで，ふたたび右手で練習し，その成績を比較した。その結果は，図3.24に示されている。Ⅲ群の右手→右手は当然成績はよいが，左手で練習してきたⅡ群は何もしなかったⅠ群に比べて，成績がよいということは，左手の練習の効果が右手に転移したことを示しているといってよいであろう。

3.5.4　言語訓練から技能訓練への転移

学習の転移は同質の学習間のみに起こるだけではない。昔から技能の上達にメンタル・リハーサルが効果があるのではないかといわれている。バスケットボールでシュートの訓練をする場合，イメージで正しいシュートの仕方を繰り返しておくと，実際の動作によるシュートによい効果があるという。このようなイメージや言語による予備的な訓練が，動作の学習に転移するかどうか興味のある問題といえる。技能学習の内容が，言語化しやすい場合には，この現象がみられることがベーカーとワイリー（1950）によって示されている。赤と緑のランプが，上か下に点燈するのに対応して，4つのスイッチのうち正しいものを1つ押すという学習で，これを最初から60試行訓練する場合（Ⅰ群）と，これをやる前に，上の赤は右1番，上の緑は右2番，下の赤は左1番，下の緑は左2番というように，あらかじめ言語的な連合の訓練をする場合（Ⅱ群，Ⅲ群）について学習成績を比較した。その結果は図3.25に示されているように，前もって8回（Ⅱ群）または24回言語訓練した場合（Ⅲ群）は，そうでない場合（Ⅰ群）に比べて，最初から著しく誤り数が少ない。これは言語訓練から技能訓練に明らかに正の転移があったことを示しているといえよう。

3.5.5　転移の理論

さまざまな種類の学習についてみられる転移の現象を包括的に説明する

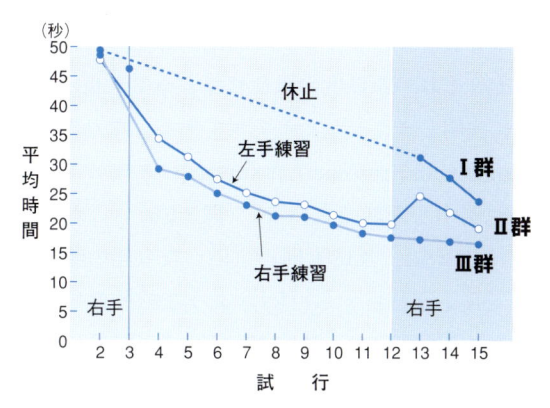

図3.24 左手から右手への両側性転移(Underwood, 1949)
右手でテストした後，左手で十分練習し，その後右手で再テストしてみると（Ⅱ群），左手で練習しないで，テストされた場合（Ⅰ群）より，成績がよい。これは左手の学習の成果が右手に転移したと考えられる。Ⅲ群は右手のみの学習の結果であり，比較のために行われた。

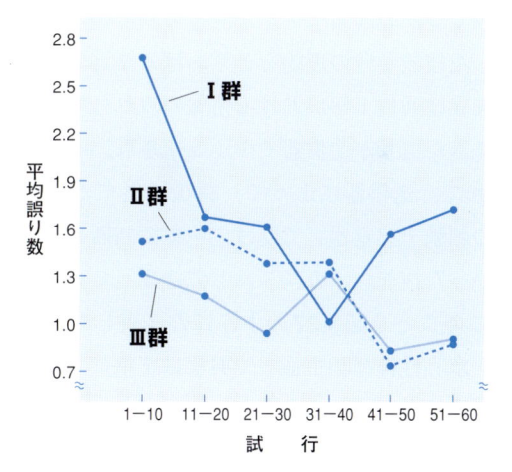

図3.25 言語訓練から技能訓練への転移(Baker & Wylie, 1950)
学習すべき技能の内容を前もって言語によってリハーサルしておくと，技能学習の効率が高まる。Ⅰ群は言語訓練なしに最初から技能訓練をする。Ⅱ群は8回言語訓練をした後，Ⅲ群は24回言語訓練をした後，技能訓練をする。Ⅰ群に比べて，Ⅱ，Ⅲ群は最初から成績がよい。これは言語訓練から正の転移があったことを示す。

理論はまだないが，技能学習に比較的当てはまる理論として，オズグッドのモデルをあげることができる。これは刺激（課題）の類似性と反応の類似性とに分け，それぞれの類似度の組合せによって，正・負の転移が生ずることを統一的に説明しようとしたモデルである。これをオズグッドの**転移逆向曲面**（transfer and retroaction surface）といっている（逆向抑制の現象も同時に説明する理論でもある）。**図3.26**）。これによると，たとえば，課題が同一で（S_I），反応も同一（R_I）なら正の転移の現象がみられ，課題が同一で反応が拮抗する（R_A）ような転移の場合には，負の転移が生ずる。このような事実は上述の実験例でみてきたことである。

3.6 技能学習の理論

学習に関しては，さまざまな理論が提唱されているが，さまざまな学習を統一的に理解する学習理論はまだない。技能学習に限ってみても理論的立場によって，いくつかの理論モデルが立てられているが，ここでは情報理論をモデルにした技能学習の理論をとりあげることにする。

運動，動作の成立は通信工学における情報の流れになぞらえることができる。伝達されてきた信号が受信器でキャッチされ，それが情報処理機構によって解読されて，送信器によって，言葉で出てくるといった流れは，外部または体内の刺激を感覚器官で受け，中枢で判断し，筋肉器官の動きになって出るといった技能のメカニズムと似かよっているといえる。チェイス（1965）はこのことを**図3.27**のように書き表している。感覚器官①で刺激を受容し，求心性神経②を通って興奮は中枢に入る。刺激の選択・抽出が行われ④，所持されている基準との比較がなされる⑤。誤っていたら誤差の修正が行われ⑥，正しいとされた情報が筋肉器官に伝達されて，運動となる⑦。行われた運動は，感覚器官にフィードバックされる⑧。また中枢からは感覚器官にフィードバックがあり，働かすべき感覚器官のコントロールがなされる③。

技能学習については，このほかにシュミット（1975）の運動技能学習のスキーマ理論が知られている。チェイスの機構図の中央処理演算機構に記

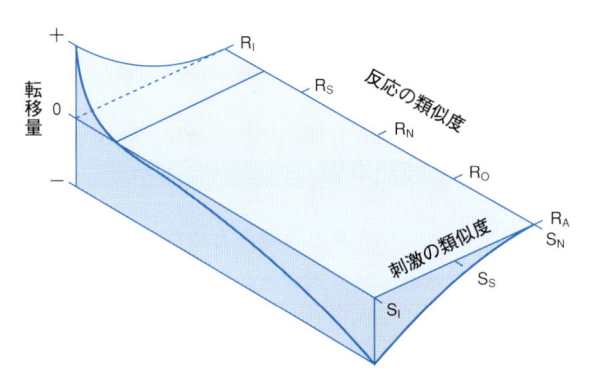

図3.26 オズグッドの転移の理論（転移逆向曲面）(Osgood, 1949)
技能学習は刺激と反応の連合であると考えて、正・負の転移を原学習と後学習における刺激の類似度と反応の類似度の組合せによって説明する。$S_I \to S_S \to S_N$ の順で刺激の類似が小となり、$R_I \to R_S \to R_N \to R_O \to R_A$ の順に反応の類似度が小となる。$S_I - R_I$ の場合は正の転移が最大となり、$S_I - R_A$ の場合に負の転移が最大となる。

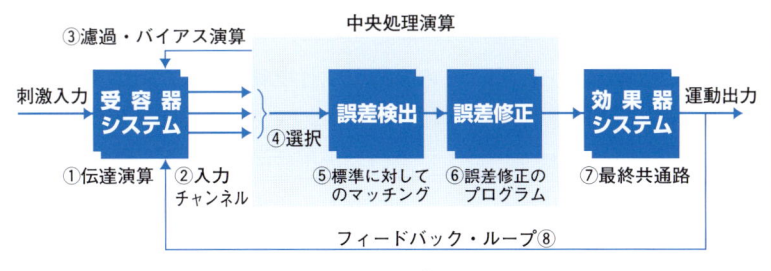

図3.27 技能学習の理論モデル(Chase, 1965)
通信の機構をモデルにした技能学習の理論。

憶貯蔵を加えたようなもので，技能の記憶についての理論である。すなわち，技能の記憶は，個々の運動の記憶ではなく，さまざまな運動の経験から抽出されたルールといったような一般化された形で貯蔵されているという。このように考えることによって，多様な個々の技能の成立を説明しようとした（図3.28）。

3.7 運動技能以外の技能学習

　これまで述べてきたのは，感覚系と運動系との協応の習熟という運動を中心にした技能学習であった。技能学習といえば，ほぼこのことをさすことが多い。

　しかし，運動系以外の技能もなくはない。感覚系のみの技能も考えなければならないであろう。たとえば，色の識別は学習によって上達する。このことは視覚に限らない。調律師の音感，味覚ではきき酒など，名人芸といわれるものにはこの種のものが多い。この種の実験的研究としては，ギブソンとギブソン（1955）の知覚学習の研究がよく知られている。彼らは図3.29に示されているような渦巻図形の識別（知覚）学習について実験を行った。中央にある標準刺激と，渦巻の数，渦巻の方向（左，右），渦巻の圧縮の程度の異なる刺激を用意した。被験者は，最初に5秒間標準刺激を見た後，順次ほかの刺激を3秒間見せられ，それが標準刺激かどうかを判別することを求められた。このような試行を刺激の提示順序をランダムにして，4回適中するまで続けられた。各試行ごとの終わりに標準刺激が再提示された。この結果，成人においては比較的最初から識別できたが，完全に識別するのに3試行かかった。このように結果の知識のとぼしい条件下においても，形の知覚学習は成立するのである。技能学習は運動技能ばかりではなく，さまざまな感覚系についても生ずるのである。

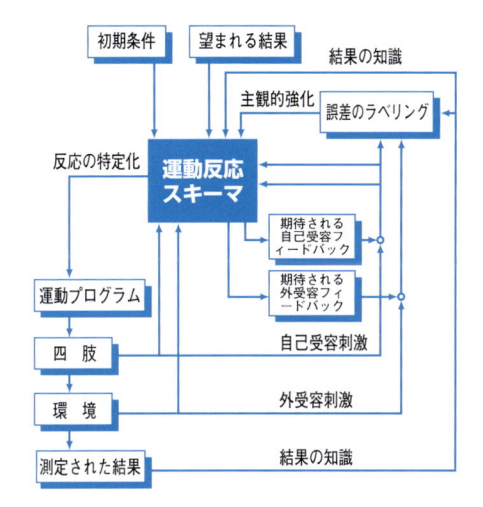

図3.28　シュミットの運動技能学習のスキーマ理論(Schmidt, 1975)

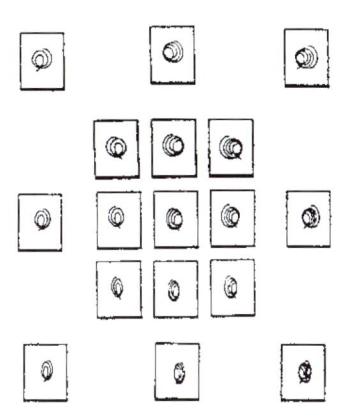

図3.29　知覚学習の実験に用いられた図形(Gibson & Gibson, 1955)

参考文献

山内光哉(編著)　1978　学習と教授の心理学　九州大学出版会
苧阪良二(編)　1973　心理学研究法3　実験Ⅱ　東京大学出版会
梅岡義貴・大山　正(編著)　1966　学習心理学　誠信書房
波多野完治・依田　新・重松鷹泰(監修)　1968　学習心理学ハンドブック　金子書房
辰野千壽　1973　学習心理学総説　金子書房
羽生義正(編)　1978　学習心理学　北大路書房
Singer, R. N.　1968　*Motor learning and human performance.*　New York: Macmillan.　松田岩男(監修)　1970　運動学習の心理学　大修館書店
神宮英夫　1993　スキルの認知心理学　川島書店
Schmidt, R. A.　1991　*Motor learning and performance: From priciples to practice.*　Champaign, Ill.: Human Kinetics Pub.　調枝孝治(監訳)　1994　運動学習とパフォーマンス　大修館書店

第4章

社会的学習

　この章では，人間の学習について，とくに学習の仕方の特徴について考えることにする。これまでの章で学んだように，人間の学習は，刺激を感じ，それに対して反応を実行することによって，刺激-反応の結合，あるいは感覚系-運動系の協応を実現することであるというのは確かに事実である。しかし，とくに人間の場合，学習の仕方はこれだけではなく，自分自身の経験や体験だけではなく，他人の経験や体験を見聞するだけで，それを自分のものにすることができるのである。このような学習の仕方は，下等動物では不可能で，人間がもっとも巧みであるといえる。この学習を総称して社会的学習というが，ここではこの学習がどのようにして成り立っているのか，そのメカニズムについて考える。

4.1 社会的学習とは何か

　すでに繰返し述べられたように，人間のもっている能力は，生まれてからのさまざまな経験を経て，学習してきた結果である。ところで学習とは経験して，能力を習得することであるが，そのような経験とはなんであろうか。経験は大別して2つに分けられる。一つは，学習者が試行錯誤を重ね，体験することであり，直接経験という。もう一つは，他者の体験を見聞することであり，**代理経験**（vicarious experience）という。人間の学習は2つの経験を通じてなされるが，とりわけ後者によってなされる場合が多いのではないかと考えられる。

　代理経験による学習を**社会的学習**（social learning）という。社会的とは他者を介してという意味である。他者はこの場合，モデルといい，モデルは**示範**（**モデリング** modeling）することができる。学習者はその示範を見たり，なぞったりすることによって，モデルと同じ行動をすることができるようになることが，社会的学習の基本である。

　社会的学習による習得は2つの段階に分けて考えることができる。一つは示範を観察する段階であり，次にそれを実行し，示範と一致したならば強化（結果の知識）を受けて修正する段階である。前者のみで学習が成立する場合をとくに**観察学習**（observational learning）といい，後者に重点がおかれる学習を，**模倣学習**（imitative learning）（**一致依存的模倣学習** matched-dependent imitative learning）といって区別する場合がある。

　模倣学習の代表的な例は，言葉の学習であろう。言葉は完全に模倣によらなければならない学習である。図4.1は言葉をしゃべらない自閉児に模倣学習によって，単語の発声を学習させたときの記録である。最初は発声したら強化をし，発声の頻度を高めた。第2段階では，訓練者の発声に応じて発声したらすぐ強化した。第3段階では，訓練者と似ている発声のみに強化をした。第4段階では第3段階の反復であったが，それに新しい発声を加えていった。このようにして，26日間で33語の発声ができるようになったのである。第2段階以降の訓練が模倣学習である。

　観察学習の例は，図4.2と表4.1に示されている。沢山あるおもちゃの

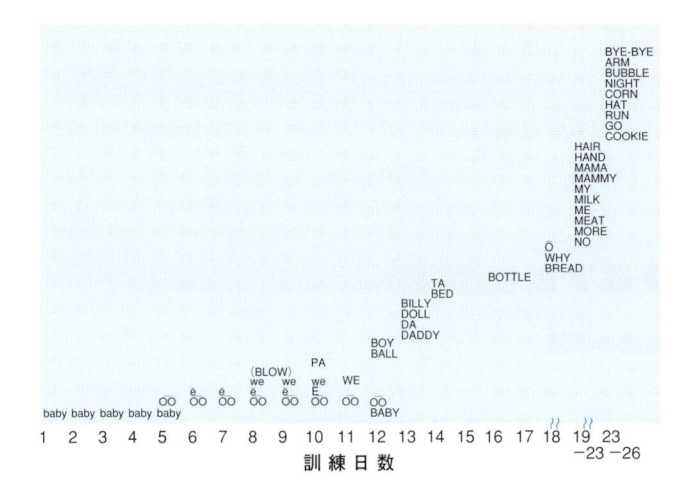

図 4.1 自閉児の模倣による言葉の学習(Lovaas *et al.*, 1966)
言葉の発声ができない自閉児でも模倣学習，すなわち訓練者の発声と似た発声をしたらすぐ強化するという手続きによって，学習させることができる。

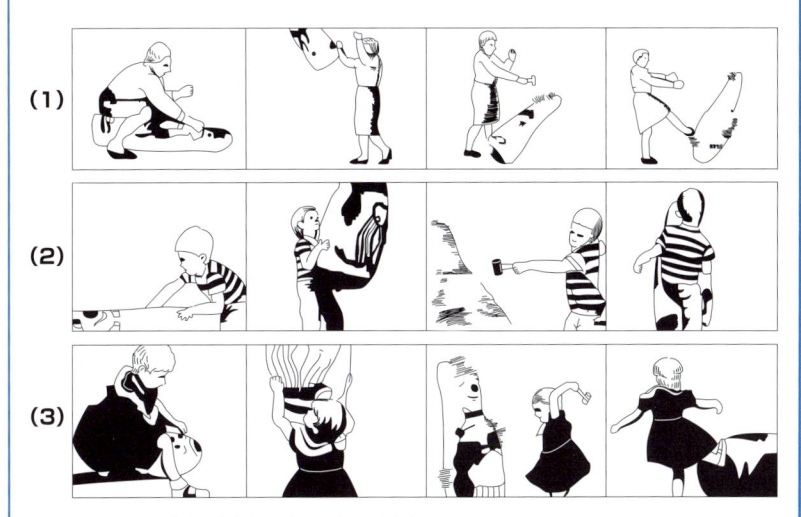

図4.2 攻撃行動(乱暴行動)の観察学習の例(Bandura *et al.*, 1963)
モデルと同じ行動をしている例である。①おとなのモデル，②男の子の例，③女の子の例。

中から，大人のモデルがトラの風船に対してとくに乱暴な行動をするのを見た子どもは，その後，同じような状況におかれたとき，モデルと同じ行動をする率が高くなるということを示したものである。この場合には，子どもはモデルの行動を観察しただけで，モデルと同じ行動の頻度が高くなったので，観察学習であるといえる。

4.2 模倣学習

4.2.1 模倣の学習

　コーチが教える場合，「手とり足とり教える」という言葉のように，実際に手をとって，教えるという教え方で，望ましい動作や技能を模倣させていくことがある。模倣による学習の原初的な形態は，このようなやり方であろう。モデルの動作を直接伝達するやり方であって，書道の先生などがよくやる方法である。模倣学習としてもっとも普通のやり方は，モデルがやってみせ，学習者はそれを模倣し，うまくやれたかどうかアドバイスを受けることであろう。前節で述べたように，この場合，学習者の実行の修正に重点をおいた模倣学習と，学習者のモデル観察に重点をおいた観察学習とがあるが，まず前者の模倣学習の研究についてとりあげよう。

　模倣は本能ではなくて，学習であるということを証明しようとして行われた，ミラーとダラード（1941）のネズミによる模倣学習の実験はよく知られている。図4.3に示されているような装置（高架式Ｔ迷路）で，左右ランダムに交代される白黒カードのうち，たとえば白に行けば餌にありつけることを知っているネズミをリーダー（モデル）にして，新参のネズミ（フォロアー）に同じ行動をさせるのが目的であった。このためには，フォロアーネズミはリーダーネズミに追従したならば（同じ行動をしたならば），餌にありつけるようにした。つまり同一行動をしたならば強化（報酬）が得られるという学習の原則に従って，モデルとの同一行動，すなわち模倣が成立するのである。この様子は，図4.4に示されている。

　子どもについても，やや観察学習に近い形で実験が行われている。図4.5に示されているように，2つの箱があり，一方にキャンディが入って

表4.1　攻撃行動（乱暴行動）の観察学習の結果(Bandura et al., 1963)
さまざまなタイプのモデルの攻撃行動を見た後の子どもの攻撃行動の出現頻度。統制群に比べて，いずれも攻撃行動の出現頻度が高い。モデル，観察者の男女差がみられる。

反応カテゴリー		実験群（モデル観察群）					統計群（観察なし群）
		実際のモデル		フィルムのモデル		まんがフィルムのモデル	
		女性	男性	女性	男性		
攻撃行動総計	女	65.8	57.3	87.0	79.5	80.9	36.4
	男	76.8	131.8	114.5	85.0	117.2	72.2
模倣的攻撃	女	19.2	9.2	10.0	8.0	7.8	1.8
	男	18.4	38.4	34.3	13.3	16.2	3.9
木づちで攻撃	女	17.2	18.7	49.2	19.5	36.8	13.1
	男	15.5	28.8	20.5	16.3	12.5	13.5
風船の上にまたがる*	女	10.4	5.6	10.3	4.5	15.3	3.3
	男	1.3	0.7	7.7	0.0	5.6	0.6
非模倣的攻撃	女	27.6	24.9	24.0	34.3	27.5	17.8
	男	35.5	48.6	46.8	31.8	71.8	40.4
攻撃的な武器の遊び	女	1.8	4.5	3.8	17.6	8.8	3.7
	男	7.3	15.9	12.8	23.7	16.6	14.3

*この行動は攻撃行動とはしなかった。

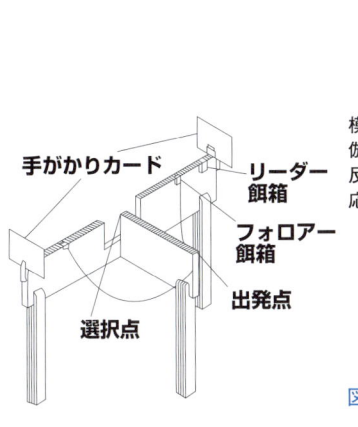

図4.3　ネズミの模倣学習のための実験装置（高架式T迷路）
リーダーとフォロアーは出発点から，餌箱に向かって走る。

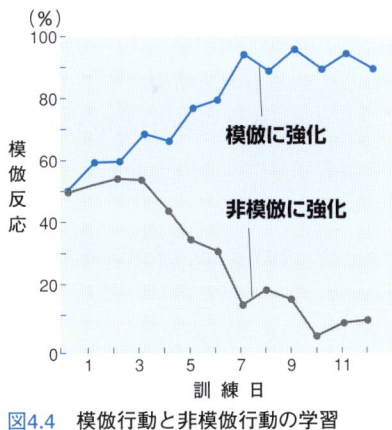

図4.4　模倣行動と非模倣行動の学習
(Miller & Dollard, 1941)
リーダーと同一行動（または反対行動）をして強化が与えられると，フォロアーは次第にリーダーと同一行動（または反対行動）をするようになっていく。

4　社会的学習

いる。まずモデルが出発点から歩いてキャンディの入っている箱を選んでみせる。学習者はそれを見た後，自分でも選択をやり，モデルと同じ箱のほうに行けば，キャンディにありつける。このようにすると子どもの場合には，すぐにモデルと同一の行動をする（模倣する）ようになる。この結果は図4.6に示されている。これらの実験ではモデルの行動を手がかりにして，それと同一の行動をすることによって，強化を受けるならば，模倣が成立するということを示している。これを模倣の学習という。

4.2.2 模倣による学習

　上に述べてきた模倣学習は，モデルの行動を手がかりにして，同一の行動を学習することであった。案内人のあとについていくことによって，同じ道すじを歩いて目的地に到達できるということである。この場合には案内人にたよって行動しているのであり，案内人がいなくなった場合には，もはや行動はできない。ところが，模倣学習の利点は案内人に教わることによって，いち早く道すじを知り，それ以後は案内人なしでも行動できるようになることであろう。このような模倣学習は，モデルに追従している間に，モデルを手がかりにすることを学習するのではなく，モデルが手がかりにしているものを学習することである。これを模倣による学習という。ミラーとダラードの実験とは異なって，モデルが手がかりにしている刺激を，学習者にもはっきりとわかるようにした場合の追従模倣の学習を調べた実験がある。

　チャーチ（1957）は，ネズミを用いてミラーとダラードが行ったのと同じ実験を行ったが，ただ，リーダーが正しい反応を選択するための手がかり刺激は，迷路の左右分岐点に，はっきりとわかるようにセットされた。すなわちフォロアー（学習者）にも正しい方向を示す手がかり刺激がよくみえるようになっていた。フォロアーネズミは，まずリーダーネズミに追従すれば，餌にありつけることを経験させられ追従することを学習した（追従学習）。その後，上述のような手がかり刺激のある状況下でリーダーネズミに追従することを経験させられた（偶然学習）。そして最後にフォロアーネズミは単独で走行させられたところ（テスト），十分正しい反応

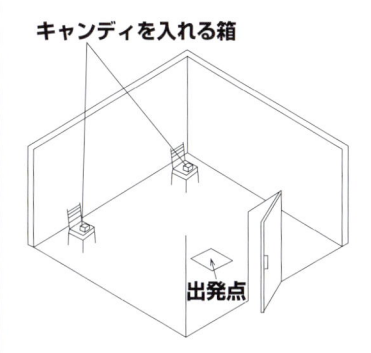

図4.5　子どもの模倣学習の実験場面
　　　（Miller & Dollard, 1941）
まずモデルが出発点からあらかじめ知らされているキャンディの入っている側の箱のところへ行き、キャンディをとる。この間フォロアーはみている。その後自らも行う。モデルと同じ側の箱に行けばキャンディにありつける。

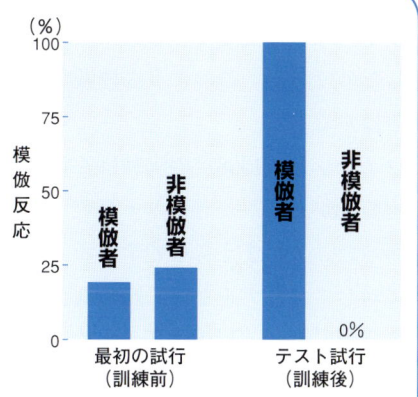

図4.6　子どもの模倣行動と非模倣行動の学習
　　　（Miller & Dollard, 1941）
訓練前では、フォロアーがモデルと同じ側に行くかどうかについては差がない（模倣者と非模倣者に差なし）が、モデルと同じ側に行き強化を得る経験をした後（訓練後）は100％模倣するようになる。

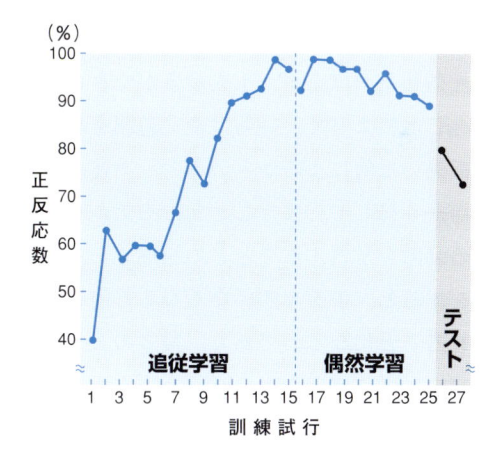

図4.7　模倣による学習（Church, 1957）
追従学習ではフォロアーはリーダーに追従することを学習する。偶然学習では餌のありかを示す手がかり刺激がある状況下で、それを知っているリーダーに追従しながら、フォロアーも手がかり刺激を経験する。テストではフォロアーはリーダーなしに単独で、手がかり刺激をたよりに餌のある方向を選択する。正反応数が多く、手がかり刺激を学習していることがわかる。

を遂行することができた。その結果は図4.7に示されている。つまりリーダーネズミに追従している間に，餌の存在を示す手がかり刺激の意味を学習したのである。このような模倣学習は当然人間のほうがもっとうまくできるはずである。

ウィルソン（1958）の実験はこれを示したものである。黒い直方体と赤い円筒形があり，一方にキャンディがかくされていてそれを学習する課題であった。まずまえもって学習者（子ども）は色も形も同じである2つの箱に対して，モデルと同じ箱の選択をすれば，キャンディにありつけることを学習した後（模倣することを学習した後），上述の課題について，モデルの正しい選択行動をみた。その後自分も行い，同じ選択に対しては当然，キャンディがもらえた。そして，最後に，モデルなしでテストされた。比較の意味で，上述の課題について最初からモデルなしで，試行錯誤学習した子どもの成績も記録された。この実験の結果は表4.2に示されている。明らかに，学習成立の早さはモデルを模倣した子どものほう（模倣による学習）が，モデルなしで試行錯誤学習した者（試行錯誤群）よりも早い。

模倣という言葉には正反対の評価がある。人について歩いてばかりいるといつまでたっても道順をおぼえず，1人歩きができないということと，人に案内してもらうことによって，いちはやく道順をおぼえてしまうということである。この違いは何によるかというと，上述の実験で示されたように，モデルを手がかりにしてしまうことと，モデルを通じて，モデルが手がかりにしている刺激を学習することとの相違であるといえよう。前者のような模倣学習をすると，モデルがいなくなると何もできないという模倣の悪い面がみられることになるのであり，後者のような模倣学習をすると，模倣することによって，能率のよい学習を達成することになるのである（図4.8）。

4.2.3 汎化模倣

模倣行動は，模倣すればよい結果（強化）があるということで生ずることは，上からみてきた諸研究から明らかである。しかし，模倣は必ずしも強化があるときにのみ生ずるわけでもない。強化が伴わない模倣行動も多

表4.2　子どもの模倣による学習(Wilson, 1958)

同じ形の2つの箱のうちキャンディが隠されているほうを選択するモデルを模倣することを学習したフォロアーは，次に形の違う箱の一方に隠されているキャンディを選択するモデルを模倣することを学習する。テストでは，フォロアーは単独で形の異なる箱でキャンディの入っているほうを選択する。模倣によって学習したほうが，試行錯誤で学習するより効果がよい(a)。ただし，模倣の期間を入れると両者は差がない(b)。

	基準までの平均試行数		平　均誤反応数
試行錯誤群	9.3	9.3	3.8
模倣による学習群	2.2[a]	10.2[b]	0.7
差	7.1*	0.9	3.1*

[a] はモデルなしで反応した試行数
[b] はモデルを手がかりにして反応した8試行を含む試行数
* は0.1％水準で有意

【悪い模倣】

案内人ばかりみている　　　1人で歩くと困ってしまう

【よい模倣】

回りの手がかりをみている　1人で歩いても平気

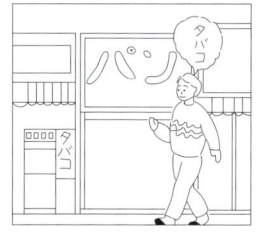

図4.8　よい模倣と悪い模倣
案内人について行くだけだと，1人になったとき行けない。案内人について行きながら，周りの手がかりを学習しておくと，1人になったときにも行くことができる。

4　社会的学習

くみられる。ついつられて同じことをしてしまうという反射的な模倣から，意図的な模倣でも，必ずしも強化をもたらさないものもある。強化を伴わない模倣がどのようにして生ずるかを示した研究として，ベアとシャーマン（1964）の行った実験は興味深い。幼児を相手にあやつり人形がおしゃべりをするという場面をつくり，人形はおしゃべりの途中で，うなずくとか口をぱくぱくさせるとか，意味のない言葉をいうといった行動をやってみせ，子どもが模倣したら"よろしい"といってほめた。このようにすると，子どものこれらの模倣行動は次第にふえていく。これはすでに上に述べてきた模倣学習の例である。この実験ではさらに，あやつり人形がバーを押すという反応をやってみせた。これは強化をまったく与えなかったのであるが，図4.9にみられるように個人差はあるが，この反応の模倣も増大している。ベアとシャーマンはこのように，いくつかの模倣が強化を受けると，ほかの種類の模倣も，モデルと同じであるということ自体が強化の性質をもつようになり，直接強化なしにでも，模倣が生ずるのだといっている。このような模倣を**汎化模倣**（generalized imitation）といっている。

🔵4.3 観 察 学 習

4.3.1 観察学習の意味

　他者（モデル）から教わるときは，モデルの示範（モデリング）を見，それを実行してみて，フィードバックを受けるというのが順序であろう。正確な模倣行動の成立は，実行してみて，合っているかどうかフィードバック（強化）を受けることが重要であることは前節で十分みてきたことであった。これは伝統的な学習理論に照らしてみて理解できることであろう。しかし，この社会的学習において特徴的なことは，この学習の前半の過程，すなわちモデルの示範をみるというところにある。かつ人間の場合，多くは後半の過程なしで，前半の過程のみで学習が成立してしまうことがしばしばあるといえる。毒きのこを食べないという行動は試行錯誤で学習するわけではない。不幸にして誰かが死んだという示範（情報）で成立する学

図4.9 汎化模倣の学習
(Baer & Sherman, 1964)
強化を伴わないモデルの反応（人形の反応）でも，子どもは模倣することがある。図は反応の累積曲線であり，曲線が立ち上がっているほどよく反応していることを示す。S_1とS_2の子どもは人形の反応（模倣）に応じて子どもも反応している。S_4とS_5はそれほど模倣反応していない。

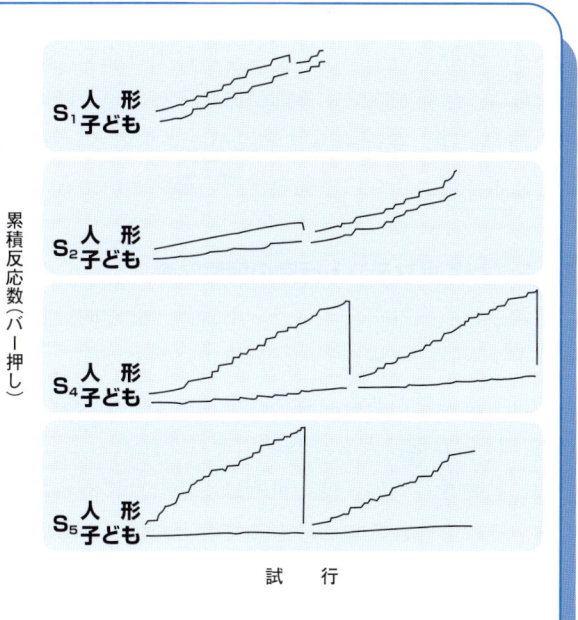

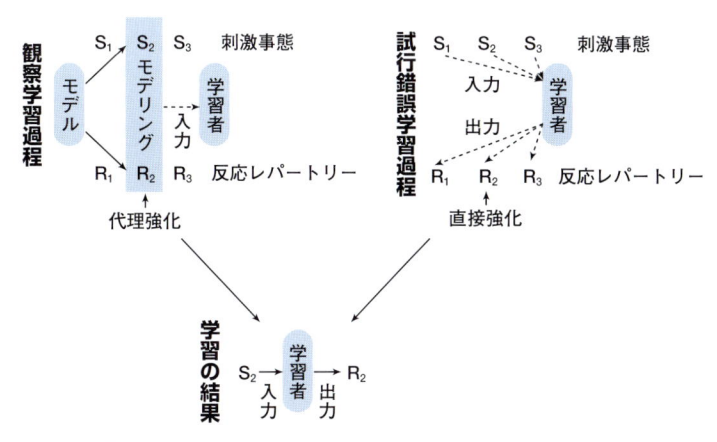

図4.10 観察学習と試行錯誤学習の比較（春木, 1975a）
試行錯誤学習では環境の刺激事態（S_1, S_2, S_3）のうち特定の刺激（S_2）に対して，学習者の反応レパートリー（R_1, R_2, R_3）の中の特定の反応（R_2）をしたとき，直接強化があると，結果としてS_2-R_2の学習が成立する。観察学習では，モデルによって，S_2-R_2-代理強化の結合が示範（モデリング）されると，ただちにS_2-R_2の学習が成立する。

4 社会的学習

習である。ためしてみて学習するのではない。自動車の運転の学習も同じである。指導員の示範や教示なしには不可能で、試行錯誤学習によっていたならば、学習が成立する前に命を失っているに違いない。このように人間の場合には、見聞のみで学習が成立するという観察学習の現象があり、試行錯誤学習とともに重要な学習の形態といえる（図4.10）。

4.3.2　レスポンデント行動の観察学習

　学習される内容が、オペラント行動（意志的行動）ばかりでなく、レスポンデント行動（無意志的、自律神経系の反応）である場合の観察学習にも注目する必要がある。毒ヘビを知っている人が、恐怖反応を表すのをみれば、はじめての人も、容易にそれを恐れることを学習できるであろう。一般に動物ぎらいの人は、実際に不快な目にあったためであるよりは、むしろ、それを恐れる親の姿をみて育った場合が多いといえる。このようにモデルの情動反応を観察して、同じ情動反応を学習してしまうということはバーガー（1962）によって実験的に示されている。モデルになった大学生が、条件刺激（CS）である音に対して電気ショック（UCS）を受ける。そして手をふるわすという情動反応を表出する。観察者の大学生はこれをみているのであるが、そのとき情動反応（生理的反応）として皮膚電気反射（手指の発汗現象、GSR）が調べられた。この実験では、モデルの情動反応の表出の仕方をさまざまに変えた他の群もテストされているが、その結果は図4.11に示されているように、観察者は一度もCSとUCSの対提示という条件づけの直接経験がないのにもかかわらず、モデルの条件づけの経験をみただけで、自分もCSに対して情動反応を起こすという条件づけができてしまったのである。これを**代理的古典条件づけ**（vicarious classical conditioning）というが、これは先に述べた動物恐怖の発生のメカニズムを示したものといえよう。（図4.12）

4.3.3　代理強化

　観察学習は、4.1節でみたように、オペラント行動でよくみられることはいうまでもない。さまざまなオペラント行動について観察学習は生ずるが、

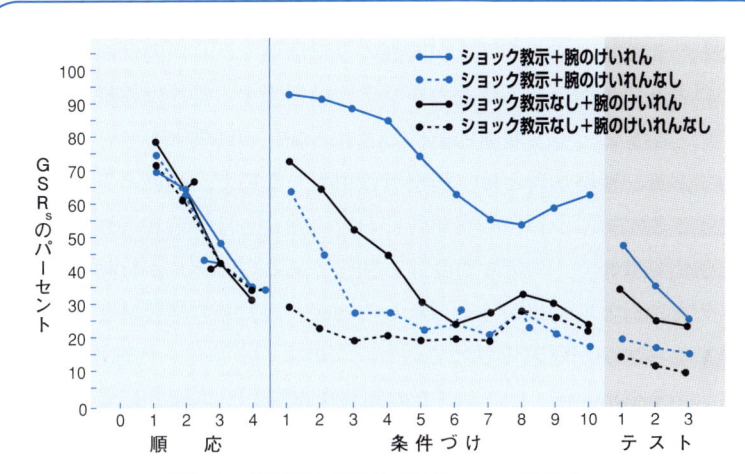

図4.11　代理的古典条件づけ(Berger, 1962)

条件づけの段階で，モデルに条件刺激の音に対して電気ショックが与えられるという教示とそれを表す腕のけいれんをモデルが示すと，観察者は直接電気ショックの経験がないにもかかわらず，テストのとき明らかに統制群（このような経験がない群）に比べて，条件刺激に対する反応がよく出て，代理的条件づけが成立していることがわかる。

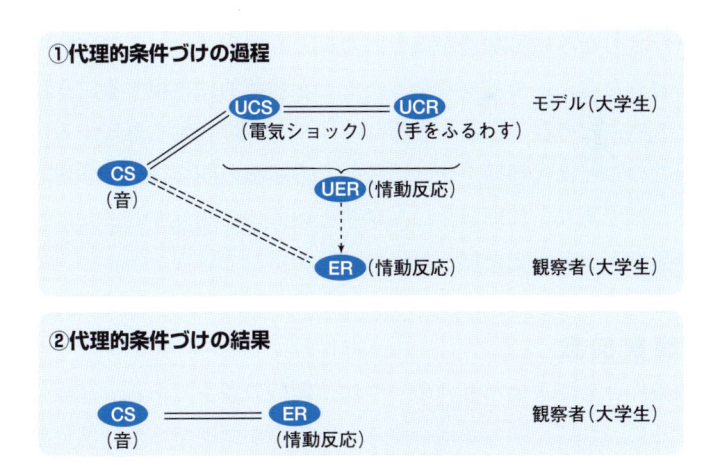

図4.12　代理的古典条件づけの成立過程(春木, 1975b)

図4.11の条件づけ成立の過程を説明したものである。実線で結ばれた結合はモデルの実際の経験である。観察者はモデルの音に対する情動反応を観察することのみで，音と情動反応との結合を成立させてしまう。

4　社会的学習

行動の種類によってその程度が異なる。たとえば行動が認知的なものと運動的なものとでは，前者のほうが観察のみで学習できる傾向は高いであろう。このようにオペラント行動の観察学習に影響する条件は枚挙にいとまがないが，学習にとって基本的条件とされる強化の効果はもっとも興味深いものである。観察学習とは，観察者は何もしないで，観察のみで学習してしまうことであるから，観察学習における強化とは学習者（観察者）が受ける強化ではなく，モデルが受ける強化である。モデルが行動を示範して，モデルに対して強化が与えられることが，観察者の学習にどのような効果をもたらすかが問題にされている。このような強化を**代理強化**（vicarious reinforcement）という。この効果を検証した実験としてバンデューラ（1965）のものが有名である。4.1節でみたように乱暴な行動をモデルがやってみせた後，そのモデルがほめられた場合（代理賞），しかられた場合（代理罰），何もない場合（代理強化なし）について，その後の観察者（子ども）の乱暴行動をみたところ，図4.13でわかるように，自由に模倣させた場合には，罰を受けたモデルをみた子どもは，乱暴がほかに比べて低かった。しかし，代理賞によって，とくに乱暴がふえるということはなかった。ちなみに男女差がみられたことも興味深い。この実験ではさらに，子どもたちに，モデルのやったことを積極的に再現するようにうながしたところ，どの群の子どもも等しく，モデルの行動を再現することができた。このことは代理罰を受けた子どもも示範の内容はよく学習していたということであり，代理強化は，学習そのものに関与するよりは，その実行に効果をもつと考えたほうがよいことを示している。

4.3.4 観察回数

学習の条件として重要なものの一つは，経験の多少である。経験の回数が多くなるにつれて，学習が進行するというのが原則である。試行錯誤学習の場合には，このことは多くの研究によって実証されているが，観察学習の場合にはどうであろうか。この学習の場合には，学習者は観察中は何もしないのであるから，モデルの示範の回数によって，学習の成績がどのようになるかが問題となる。春木（1977）はこのことを子どもを被験者に

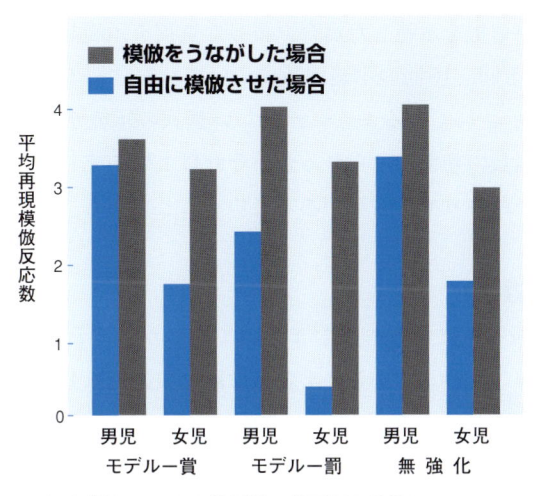

図4.13　観察学習における代理賞，代理罰の効果(Bandura, 1965)
モデルが乱暴行動をした後，ほめられた場合（代理賞），罰せられた場合（代理罰），それを観察した子どもの模倣の出現頻度は，自由に模倣させた場合は，代理罰は，模倣を抑制する効果がある．モデルのやったことを再現するよううながしてみると，どの群も等しくよく模倣できた．代理罰は実行を抑制するが，学習そのものには影響しないことがわかる．男女差がみられるのも興味深い．

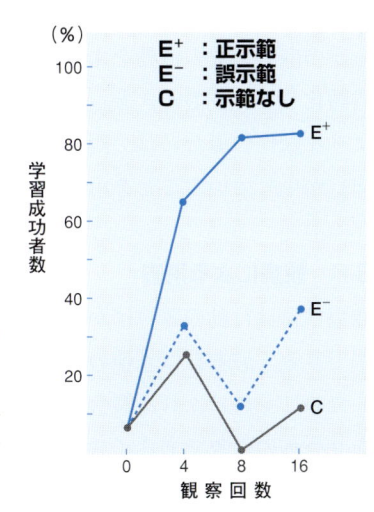

図4.14　観察回数の効果(春木, 1977)
高さの弁別学習において，モデルが，正しい示範をした場合，誤りの示範をした場合について，観察回数の効果をみたところ，正示範の場合には8回までは観察回数とともに成績がよくなるが，それ以上は効果はみられない．誤示範では観察学習の効果がみられない．

して，高さの弁別学習について観察学習をさせ，観察回数の効果を調べた。モデルが正しい選択を示範した場合，誤った選択を示範した場合について，それぞれ4回，8回，16回の示範回数について観察学習の成績を比較したが，図4.14に示されているように，正しい選択の示範が有効であり，かつ8回までは回数の効果がみられるが，それ以上はあまり差がない。みればみるほどよいといっても限度があるということである。

4.3.5 内潜過程

　観察学習は観察中に学習してしまうのであるが，学習者は観察中には，表だった行動はしない。しかし，学習者は観察中に何もしないわけではなく，内潜過程（心の中）では何らかの活動をしているものと考えられる。つまり，みている間モデルの示範内容を言語化したり，イメージにとどめたりしているものと考えられる。このことはガースト（1971）の実験によって確かめられている。手話を観察学習させたとき，I群の被験者には観察中に手の動きを言葉で概要化するようにさせた。II群では手の動きをイメージ化するようにさせた。III群は手の動きを具体的に言葉で記述するようにさせた。IV群はただ数をかぞえさせた（統制群）。その後手話のテストをしたところ，学習の程度は図4.15に示されているように，観察中に何らかの内潜過程の活動をすることが効果的であり，示範の内容を要約して言語化しておくのが，もっとも効果的であるということであった。手話のような動作の場合には，観察中に観察者に，表に現れない筋肉反応（筋電図）が生じていることを示したデータもあることは興味深い（表4.3）。

4.3.6 観察による消去

　観察学習は行動の習得ばかりではなく，行動の消去についても考えることができる。恐怖症は恐怖の対象が本当は無害であるにもかかわらず，恐しいためにそれにふれる機会がないので，治療はなかなか困難である。いきなり恐怖の対象であるイヌに接触させることが難しい場合には，平気でイヌにさわっている仲間をみせることによって，治療をはじめていくことができる。バンデューラとメンラブ（1968）はテレビを通じて，イヌと遊

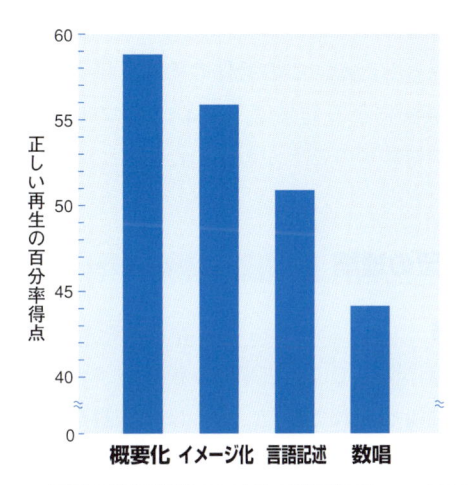

図4.15　手話の観察学習における内潜過程(Gerst, 1971)
手話を観察学習するとき、モデルの動作を言葉で概要化した場合、イメージ化した場合、言葉で記述した場合について、その学習の効果を比較したところ、内潜過程を賦活させるといずれも統制群（数唱）に比べて効果的だが、概要化がもっともよい。

表4.3　手話動作観察中における観察者の筋電反応(Berger et al., 1970)

観察中にはモデルの示範の内容に相応した反応が観察者の中に生じているものと考えられる。記憶課題と比較して、手話動作の示範のほうが観察者に筋電反応がよくおこっていることがわかる。そばに実験者がいると記憶課題の場合は抑制がおこり手話の場合には促進される。条件Ⅰ：実験者がいる。条件Ⅱ：実験者がいない。

(単位：％)

	学習課題		
条　件	**手話動作**	記憶動作	合　計
Ⅰ	37.32	11.84	19.16
Ⅱ	21.82	15.92	37.68
合　計	59.14	27.76	

んでいる仲間をみせることによって，最初ほとんどイヌに近づくことができなかった子どもが，図4.16，図4.17にみられるように，かなり接近できるようになったことを示した。この際，モデルが1人の場合と，複数の場合との効果の比較もしたが，この条件の差は，ほとんどみられなかった。またモデリング治療法による効果は，図4.16のフォローアップにみられるように，あとまで持続することがわかった。

4.4 社会的学習の理論

4.4.1 強化理論

　社会的学習の理論に関しては，古来から模倣のメカニズムは何かということで，さまざまに論ぜられてきた。古くは**本能説**があり，模倣は集団生活をする人間の本能であると考えられたことがある。この説は実証されたことがないので肯定も否定もできないが，現在ではあまりとりあげられていない。

　本能説にとってかわって，学習理論から提唱された説があり，模倣は強化によって学習されると説明している。これを**強化説**という。この代表例はすでに述べたミラーとダラード(1941)の実験にみられたように，モデルと同じ反応（模倣）をすることによって強化が得られることが重要である。ローゼンバウムとアレンソン（1968）の説明によるならば，図4.18のAに示されているように，手がかり刺激（S_1）に対して，モデルが反応R_Pをしたのに対して，学習者はR_Pを手がかりにして（S_{R_P}），R_Pと類似のR_0をし，この図には示されていないが，R_0には当然強化が与えられる。ミラーとダラードの模倣学習はR_Pが学習者の手がかりになっているが，チャーチ（1957）の行った模倣学習では，上述の経験をしているうちにS_1とR_0の結合（点線で示されている）ができるために，モデルなしにでも行動できるようになるのである。

4.4.2 媒介理論

　観察学習を説明するためには，観察中は学習者は反応も強化もないので

図4.16　観察によるイヌ恐怖の消去
　　　　(Bandura & Menlove, 1968)
イヌに近づくことのできない子どもにイヌと遊んでいる子ども（モデル）の様子をみせると、イヌに近づくことができるようになる。モデルの人数については効果の差がない。この影響は観察後も持続する。

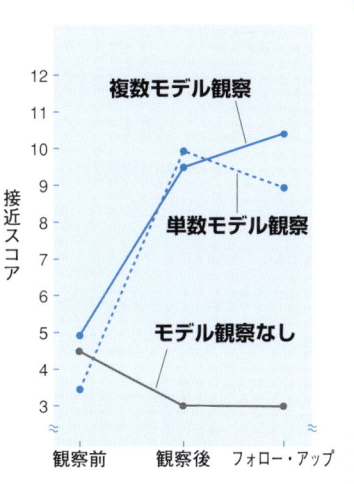

モデルの子ども

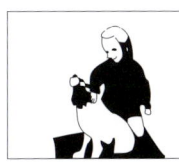

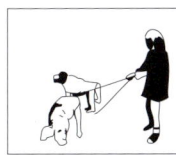

観察者の子ども

観察者の子ども

観察者の子ども

図4.17　観察によるイヌ恐怖の消去の事例(Bandura & Menlove, 1968)
イヌと遊べる仲間（モデル）の様子をみただけでも、イヌぎらいな子どももイヌに近づくことができるようになる。

あるから，観察中に生ずる学習者の内潜過程を考慮した理論が必要となってくる。外顕過程（外からみえる現象）と内潜過程とを関係づける説は媒介説といわれるが，図4.18のBに示されている。すなわちr_{mo}……s_{mo}が内潜過程である。この考え方を導入すると，観察学習は図4.18のCのように説明される。モデルが刺激S_1に対して反応R_Pをするのをみた学習者はR_Pを手がかり（S_{Rp}）にして，内潜過程の中にR_Pと同一のr_{mo}を表象（または言語化）する。これはS_1と結びつけられる。観察中にはこれだけが生ずる。別の機会に学習者がS_1またはそれと類似のS_2に出合ったとき，それと結びついていたr_{mo}が思い出され，それが手がかり刺激s_{mo}となり，R_Pと類似のR_0（模倣反応）を出現させることになる。この説は伝統的な学習理論に沿って展開されたたくみな説明といえる。

4.4.3 社会的学習理論

バンデューラ（1971）は観察学習は，伝統的な学習理論の枠組みでは説明不可能であって，刺激と反応のみに限定された理論（外顕過程）ではなく，認知過程（内潜過程）を重視し，観察学習を構成すると考えられる諸概念を図4.19に示されているようにまとめて社会的学習理論といっている。観察学習が成立するためにはまず，モデルをみなければならないので，注意過程を考えてみなければならない。その内容は図に書かれているようなものである。次にみたものは学習者に記憶（保持）されなければならないので，保持過程がある。記憶している状態にはさまざまなコーディングのタイプがある。次に観察学習したものを実際に使用する段階になったときには，記憶を行動化する運動再生過程が考えられる。このようにして行動化されたときに，観察学習があったのだということを客観的に知ることができる。また，観察学習されたものがこのように再現されるのは，その必要が生じたときであり，それは動機づけ（強化）過程である。人間の強化は，環境から与えられる外的強化ばかりでなく，モデルがうける代理強化，自分自身できめる自己強化なども考える必要がある。

　観察学習の研究より発芽したバンデューラの社会的学習理論は，その後バンデューラによりさらに発展させられ，セルフ・エフィカシー（self-

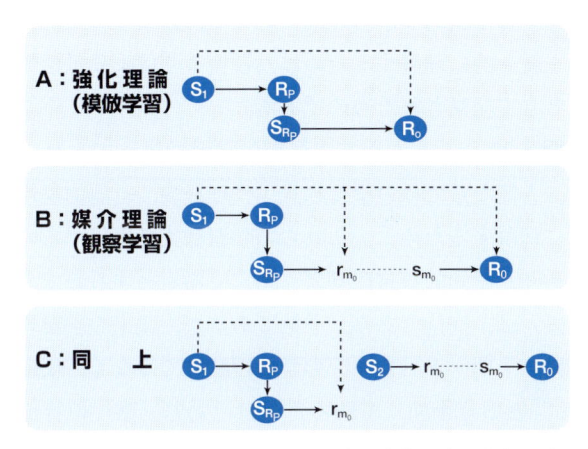

図4.18　模倣学習，観察学習に関する強化理論，媒介理論
(Rosenbaum & Arenson, 1968)

模倣学習に関する強化理論，観察学習に関する媒介理論を適用することによってともに伝統的な学習理論によって説明できる。

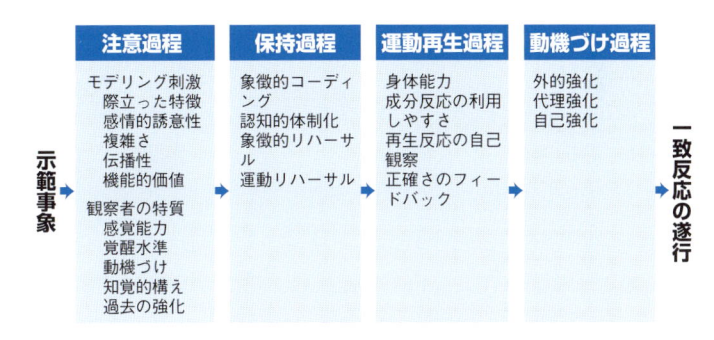

注意過程	保持過程	運動再生過程	動機づけ過程
モデリング刺激 際立った特徴 感情的誘意性 複雑さ 伝播性 機能的価値 観察者の特質 感覚能力 覚醒水準 動機づけ 知覚的構え 過去の強化	象徴的コーディング 認知的体制化 象徴的リハーサル 運動リハーサル	身体能力 成分反応の利用しやすさ 再生反応の自己観察 正確さのフィードバック	外的強化 代理強化 自己強化

示範事象 → → → → 一致反応の遂行

図4.19　観察学習の成立過程に関する社会的学習理論
(Bandura, 1971, 原野・福島訳)

バンデューラは独自の立場から，観察学習の成立過程について説明している。これを社会的学習理論と称している。

4　社会的学習

efficacy）の概念を生むことになった。これは**自己効力（感）**と訳されている。この概念は，学習を刺激-反応の連合とし，媒介過程に習慣（強度）という概念を考える伝統的な学習理論に対して，観察学習を含む多様な人間の学習形態を統一的に理解するために，習慣よりはより包括的で，認知的な媒介概念として発案されたものである。

　すなわち，図4.20にみるように，従来の学習で扱ってきた，遂行行動を初めとして，人間ならではの学習様式（代理経験，言語的説得，情動喚起）を統一的に理解するために，これらの学習様式で獲得するのは，習慣では不適切であり，認知的な自己効力（感）であるとするのである。

　自己効力（感）は，期待であり，予期であるが，従来の学習理論でいわれていた，結果の予期（トールマンの学習理論）ではなく，反応に対する予期（"できる"という予期）であるとし自己効力（感）の特色を強調している（図4.21）。そして，人間の行動は，自己効力（感）と結果予期の2つの認知によって，さまざまなものになるとしている（図4.22）。

効力予期

要因	誘導の様式
遂行行動の達成	参加モデリング 現実脱感作，遂行行動の表示 自己教示による遂行
代理的経験	ライブ・モデリング シンボリック・モデリング
言語的説得	暗示，勧告 自己教示 解釈療法
情動的喚起	帰属 弛緩，バイオフィードバック 象徴的表示，象徴的脱感作

図4.20　自己効力の誘導様式と主要な情報源(Bandura, 1977)

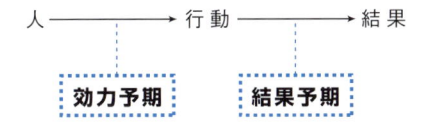

人 ──→ 行動 ──→ 結果
　　　効力予期　　　結果予期

図4.21　効力予期と結果予期の関係(Bandura, 1977)

行動の結果に関する判断

自己効力に関する判断	－	＋
＋	社会的活動をする。 挑戦して，抗議する・説得する。 不平・不満をいう。 生活環境を変える。	自信に満ちた適切な行動をする。 積極的に行動する。
－	無気力・無感動・無関心になる。 あきらめる。 抑うつ状態に陥る。	失望・落胆する。 自己卑下する。 劣等感に陥る。

図4.22　効力予期と結果予期がもたらす情動と行動
　　　　(Bandura, 1982)

参考文献

Bandura, A. 1971 *Social learning theory.* New York : General Learning Corporation. バンデュラ(著) 原野広太郎・福島脩美(訳) 1974 人間行動の形成と自己制御 金子書房

Bandura, A. (Ed.) 1971 *Psychological modeling : Conflicting theories.* Chicago, Ⅲ. : Aldine-Atherton. バンデュラ(著) 原野広太郎・福島脩美(訳) 1975 モデリングの心理学 金子書房

Bandura, A. 1977 *Social learning theory.* New York : Prentice-Hall. バンデュラ(著) 原野広太郎(監訳) 1979 社会的学習理論 金子書房

Bandura, A. 1986 *Social foundations of thought and action : A social cognitive theory.* Englewood Cliffs, New Jersey : Prentice-Hall.

Bandura, A. 1997 *Self-efficacy:The exercise of control.* New York : Freeman.

春木　豊(編)　1977　人間の行動変容　川島書店

春木　豊　1982　観察学習の心理学　川島書店

大野木裕明　1984　昔話とモデリング　中部日本教育文化会

祐宗省三(編)　1983　モデリング　福村出版

祐宗省三(編)　1984　観察学習の発達心理　新曜社

第5章

問題解決と推理

　一般に，達成すべき目標は存在するが，その手段や方法，手順が明確でない状況を，問題解決事態とよぶ。したがって，顧客との商談を成立させようとしているビジネスマンも，レポートを書かねばならない学生も，あるいは積木の家を作ろうとしている子どもも，すべて問題解決事態に直面しているといえる。このように，私たちにとって日常的な営みである問題解決のプロセスについて吟味していくことが，本章の目的である。

　まず5.1節では，問題解決過程とは一体どのようなものなのかということを，行動主義心理学，ゲシュタルト心理学，情報処理論という3つの立場から説明し，さらに，問題解決と過去経験，イメージの関係についても述べる。5.2節では，問題解決を行う際に重要な役割を果たす，推理という心的機能がいかに発達し，また問題の構造などの要因とどのようにかかわっているかについて検討する。最後に5.3節では，既存の結論に必ずしも導かない，創造的問題解決について説明する。

5.1 問題解決

5.1.1 問題解決の理論

　達成すべき目標が何らかの障害物によって邪魔されたとき，私たちは問題に直面した（問題状況）と感じ，その障害を克服しようと色々な方法を試みる。このような過程が**問題解決過程**とよばれるものであり，その研究は，心理学の重要な一分野としての長い歴史をもっている。過去から現在にわたっていくつかの理論的変遷がみられるが，1. 行動主義心理学，2. ゲシュタルト心理学，および，3. 情報処理論的立場という，3つの異なる立場からのアプローチに大別することができる。これら3つの立場は，それぞれ，理論上の力点や方法論を異にしている。以下，各々の観点から行われた研究について概観する。

行動主義心理学からのアプローチ　行動主義心理学の立場から問題解決過程を最初に研究したのは，ソーンダイク（1898, 1911）である。彼は問題箱（puzzle box，図5.1）とよばれる装置を考案し，その中に空腹なネコを入れ，外にエサを置いたとき，どのような行動がみられるかを観察した。その観察の結果として得られた結論は，問題解決（problem solving）は**試行錯誤**（trial and error）によって行われる，ということであった。すなわち，ネコは最初，鳴いたり歩き回るという不適切な行動をでたらめに行っているが，そのうち偶然に，ペダルを押して外に出るという適切な行動が起こる。そして，このような試行の繰返しにより，箱に入れられてからペダルを押すという問題解決反応（problem solving response）が起こるまでの時間は徐々に短くなっていき，ついには箱に入れられるや否や，すぐに外に出ることが可能になる（図5.2）。

　これは，問題箱の中という刺激事態に対して，ペダルを押すという反応をすれば，エサを得るという満足すべき状態が得られるため，その刺激と反応の結びつきが徐々に強まっていくためと解釈された（**効果の法則** law of effect）。このように，ソーンダイクがもっとも重視するものは反応の結果であり，それによって問題解決学習が漸進的に成立していくと考えら

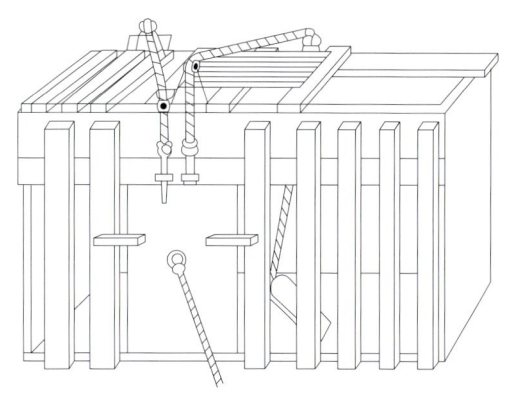

図5.1 ソーンダイクの問題箱(Thorndike, 1898)

ヒモを引き，かけがねを外せば，扉があくしくみになっている。この中に入れられたネコは，最初，鳴いたり，ひっかいたりというような不適切な行動を行っているが，そのうち偶然にペダルを押し，外に出るという行動が起こる。ソーンダイクは，このような試行錯誤が，問題解決の基礎過程であると考えた。

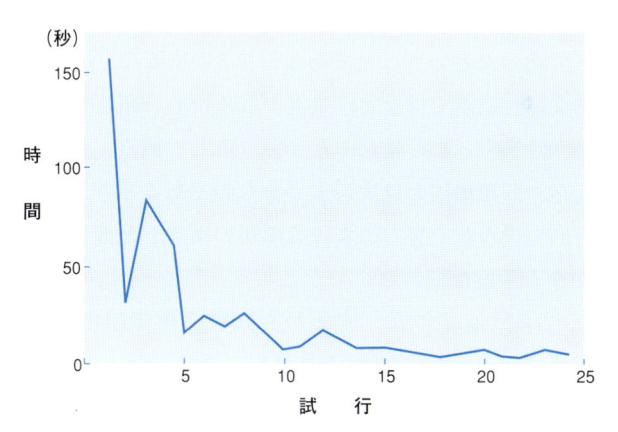

図5.2 ネコの学習曲線の例(Thorndike, 1911)

ネコが問題箱に入れられてから，外へ出るまでに要した時間を示す。この図で重要な点は，問題箱に入ってから出るまでの時間が，連続的に短くなっている点である。もし，ネコが洞察（後述）によって問題解決を行うのであれば，それが起こるまで所要時間は変化せず，洞察が起こった後は，急激に時間が短縮されるはずである。

れている。

　ソーンダイクの理論は，ハル（1930，1931），マルツマン（1955）へと受け継がれ，人間の問題解決過程への適用が試みられた。マルツマンによれば，私たちは過去経験の結果として，種々の強さで問題状況に連合した反応レパートリーをもっており，その中から連合強度の強いものが順番に選択されていく過程が，問題解決過程だとされている。

ゲシュタルト心理学からのアプローチ　過去経験による刺激-反応の連合を重視するソーンダイクの理論は，ゲシュタルト心理学者たちから，多くの批判を受けた。中でもケーラー（1924）はその急先鋒であり，試行錯誤説に再検討を求めるような，多くの研究を行っている。代表的なものの一つに，道具使用の実験がある。図5.3のような状況に置かれたサルは，最初手や足を伸ばして果実を取ろうとするが，果実は遠くに置いてあるため，手に入れることができない。こういう失敗を何回か繰り返した後，サルは突然，棒によって果実を引き寄せることに成功した。

　ここで第1に重要なことは，問題の解決は突然に行われ，その行動は非常にスムーズであったということである。第2の重要な点は，最初の失敗でさえ盲目的な試行錯誤ではなく，果実を取るために距離を縮めようという，明確な方向性をもった行動だったということである。ケーラーはこのようなことから，問題解決とは次のようなものであると考えた。すなわち，組織化され方向づけられた努力によって問題の構造を把握し，目的達成のためにはいかなる手段を取ればよいかという，目的-手段の観点から問題状況を正しくとらえ直すこと，すなわち知覚の再体制化（perceptual reorganization）ないしは課題状況の見通し（洞察 insight）によって，はじめて問題解決は可能になるということである。図5.3の例でいうならば，それまでは単なる棒でしかなかったものが，手と果実の距離を埋めるための"道具"としての意味をもってみえはじめた（岡野，1978），すなわち見通しが行われたからこそ，以後の行動はスムーズに進んだと考えられる。このような見通しは，イヌや幼児にも可能であることが，回り道の実験（図5.4）によって確かめられている。

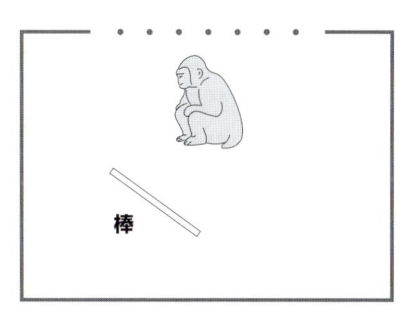

図5.3　動物の道具使用
サルが手を伸ばしてもとどかない位置に，好物のバナナなどが置いてある。一方，檻の中には，1本の棒がさりげなく置いてある。棒は，サルが手にもって伸ばせば，果実にとどくだけの十分な長さをもっている。ケーラーの実験では，サルは棒の使用に成功したが，すべてのサルがそうであるとはかぎらない。

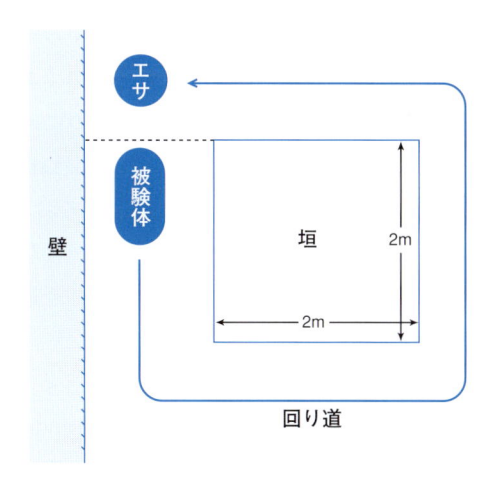

図5.4　回り道の実験
図のような状況に置かれた被験体がイヌや幼児であると，彼らは，ほぼ即座に状況を洞察し，スムーズに回り道をたどることができる。しかし，ニワトリではこのような洞察が不可能である。したがって，問題解決が洞察によって行われるか否かは，課題の難しさと被験体の知能の両者に依存するものであろう。

ケーラーは，見通しにおよぼす過去経験の役割については，ほとんど考慮していない。しかし，事前に何の知識もないままに，棒があるとき突然，道具としてみえてくるものだろうか。この点を批判的に検討したのが，バーチら（1945）の研究である。この問題については，次項の問題解決と過去経験でふれることにする。

情報処理論的なアプローチ　前に述べた2つの立場は，いずれも，問題解決における心的過程の具体的内容については，ほとんど言及していない。このような問題を明らかにしようとする試みの一つが，問題解決を情報処理過程としてとらえようとする立場であり，現在の研究の主流といえる。

　この立場では，与えられた課題は問題空間（problem space）として表象され，そこを探索することが問題解決であると定義されている（アンダーソン，1980）。たとえば，図5.5の8ゲームとよばれる問題では，コマを1つずつ動かして，初期状態を目標状態へ変えることが要求される。その際，被験者は，図5.6のようにいろいろな状態に到達することが可能であり，このような状態の集合が，問題空間とよばれるものである（ドッドとホワイト，1980）。このような問題空間を探索するためには，ある状態に何らかの心的操作を適用し，別の状態へと推移していかねばならない。このような心的操作は**オペレータ**（operator）とよばれており，図5.6ではコマの移動がそれに相当する（アンダーソン，1980）。したがって，この種の問題では初期状態を目標状態へと変換するような，一連のオペレータを選択する過程が，問題解決の過程ということになる。

　このようなオペレータ選択の方略は，2つに分類できる。1つは，どのような知識も利用せずにその選択を行う**無作為探索**（random search）であり，他の1つは，問題に関する何らかの情報を利用するような，**発見的探索**（heuristic search）である（ヘイズ，1978）。図5.6のあらゆる状態を片端から調べつくすような方法が，前者の例である。8ゲームのような問題ならば必ず解に到達できるので，この方法は**アリゴリズム的探索法**の一種ということもできる。

                初期状態　　目標状態
        上段　| 7 | 1 | 3 |　　| 1 | 2 | 3 |
        中段　| 2 | 5 | 6 |　⇒　| 4 | 5 | 6 |
        下段　| 8 | | 4 |　　| 7 | 8 | |
              　左中右

図5.5　ゲームの一例

3×3のマスの中に，1から8までの数字を書いたコマが，ランダムに並べてある。1コマ分のスキ間を利用してコマを動かし，右側のように整然と並べ直すことが，被験者に要求される。

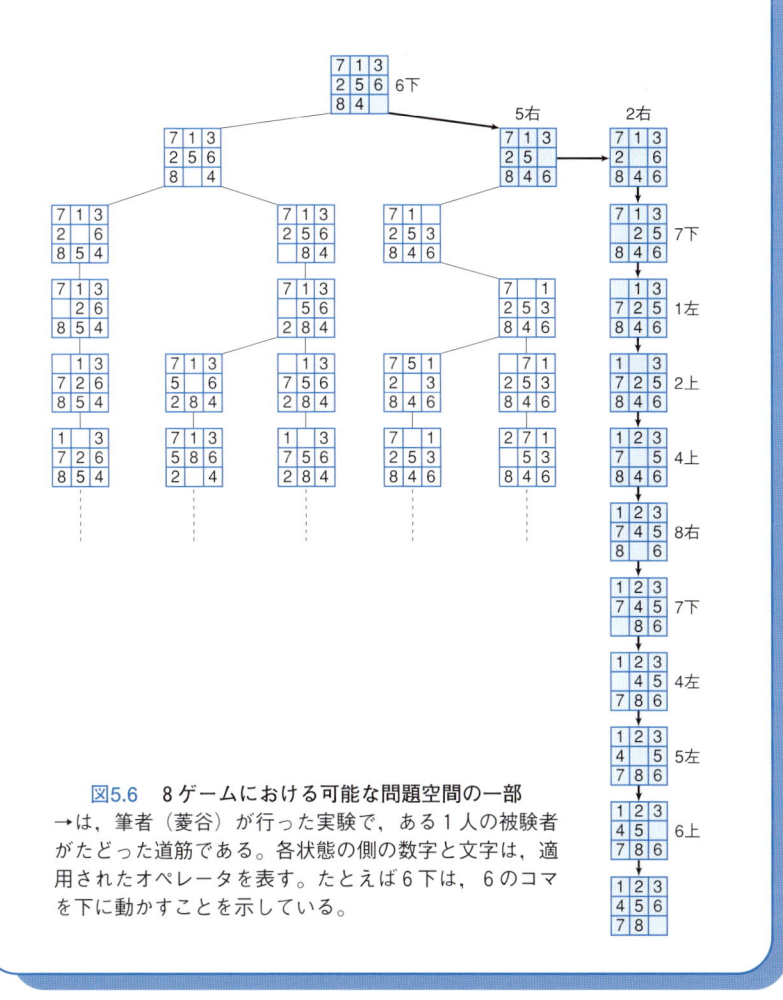

図5.6　8ゲームにおける可能な問題空間の一部

→は，筆者（菱谷）が行った実験で，ある1人の被験者がたどった道筋である。各状態の側の数字と文字は，適用されたオペレータを表す。たとえば6下は，6のコマを下に動かすことを示している。

発見的探索法の例としては，**手段-目的分析**（means-ends analysis）をあげることができる（ニューウェルら，1958）．たとえば，図5.6の太線で示した道筋をたどった被験者のプロトコルには，「（目標状態にするために）1を左上にせねばならない．そのためには，上段のどれかを中段に下ろさねばならない．そのためには中段を1つ空けねばならない．そのためには……」というような表現が随所にみられた．これは，目標状態と現状の隔たりをみつけ，それを埋めるオペレータを探し，その適用を下位目標にし，さらにその達成のためにオペレータを探すという，連続的な分析が行われていることを示している（ルーメルハート，1977）．このような問題の分析法が，手段-目的分析とよばれるものである．このほかにも，いくつかの発見的探索法が見出されており（ヘイズ，1978やアンダーソン，1980に詳しい），コンピュータ・シミュレーションによる検討なども行われている．手段-目的分析を組み込んだニューウェルら（1958）のGPS（General Problem Solver）は，その古典的な試みである．

5.1.2　問題解決と過去経験

オペレータの選択は方略に依存すると共に（前項の「情報処理論的なアプローチ」参照），過去経験によっても影響される．ルーチンス（1942）は，「水がめ問題」（表5.1）を使ってこのことを明らかにした．

問題1～5では，まずBで汲むというオペレータ（Bで表す）を選び，次いでそこからAで汲み出し（-Aで表す），さらに2回-Cというオペレータを選択することで解ける．一方，問題6，7は1～5と同様に解くこともできるが，より簡単にはA，-C（問題6）あるいはA，C（問題7）というオペレータによって解決可能である．ところがルーチンスの結果によれば，事前に1～5の問題を与えられた実験群では，81％が複雑なオペレータ選択を行い，直接6，7を与えられた統制群では，全員が簡単な解法を用いている．

実験群がこのような結果を示したのは，おそらく次々と与えられる問題を解く際に，現在の問題を過去の経験と照合し，同様な方法で解決できる問題にはそれを適用することによって，情報処理の効率化をはかろうとす

表5.1 ルーチンスの水がめ問題(Luchins, 1942)

問題	使用する水がめの容積* A	B	C	汲み出す量	解決法
1	21	127	3	100	B−A−2C
2	14	163	25	99	B−A−2C
3	18	43	10	5	B−A−2C
4	9	42	6	21	B−A−2C
5	20	59	4	31	B−A−2C
6	23	49	3	20	B−A−2CまたはA−C
7	15	39	3	18	B−A−2CまたはA+C

*単位はクウォート。

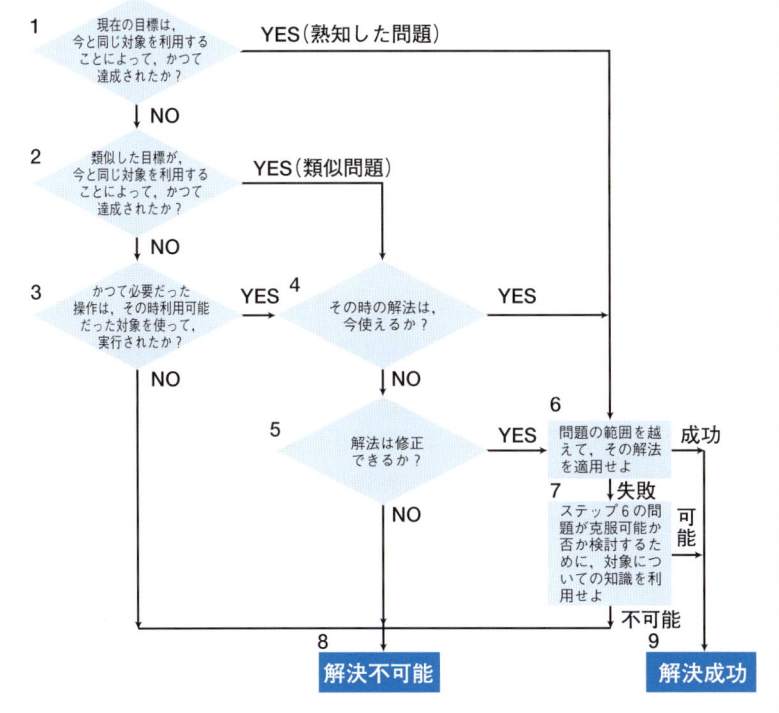

1. 現在の目標は、今と同じ対象を利用することによって、かつて達成されたか？ → YES(熟知した問題)
   ↓ NO
2. 類似した目標が、今と同じ対象を利用することによって、かつて達成されたか？ → YES(類似問題)
   ↓ NO
3. かつて必要だった操作は、その時利用可能だった対象を使って、実行されたか？ → YES
   ↓ NO　　　　　　4. その時の解法は、今使えるか？ → YES
   　　　　　　　　　↓ NO
   　　　　　　　　5. 解法は修正できるか？ → YES
   　　　　　　　　　↓ NO
   6. 問題の範囲を越えて、その解法を適用せよ → 成功
   ↓失敗
   7. ステップ6の問題が克服可能か否か検討するために、対象についての知識を利用せよ → 可能／不可能
   8. 解決不可能
   9. 解決成功

図5.7 問題分析過程のモデル(Weisberg, 1980)
私たちは、問題解決を効率的に行うために、過去の経験を探索する。探索の基本方針は、現在の問題と同じか、あるいは類似した問題を過去に経験したか否かということである。

るような，問題分析の方略がとられたためではないかと予想される。このような問題分析過程については，ワイスバーグ（1980）が，図5.7のようなモデルを提案している。

ところで，ルーチンスの実験群が示したような，ある状況において特定の方法で知覚したり，活動するような準備状態は**構え**（set）とよばれているが（ヘイズ，1978），これには積極的な側面もある。たとえば，バーチ（1945）は，棒を道具として使った経験のないサルは，図5.3のような問題を解決できなかったが，棒を使う経験をもった後は，容易に問題解決が可能であったと報告している。これは，事前の棒の使用によって形成された構えが，問題状況に正の転移をしたことを示すものと考えられる。

5.1.3 問題解決とイメージ

私たちが問題解決を行うとき，視覚**イメージ**を用いているという主観的印象をもつ場合が，少なからずある。たとえば，図案を作成するために，文字や図形を頭の中でさまざまに変形，移動させてみる場合などはその好例であろう。図5.8の**心的回転**課題は，そのようなイメージの操作を実験的に検討するために考案されたものであり，被験者には左右の図形が同じか鏡映像かという判断を，できるだけ正確に速く行うことが要求される。このような課題では，正答に達する反応時間が，左右の図形の角度差にほぼ比例するということが，繰返し確かめられている。この結果は，主観的印象ばかりでなく，実際にイメージの操作が可能であることを示している。このようなイメージの操作によって，問題空間の探索，オペレータの選択，適用がなされ，問題の解決にいたるということは，発明や発見に関する多くの逸話（リード，1993）によっても支持されている。

しかし，いつ，いかなるときでも，それが可能だというわけではない。たとえば図5.9を2，3秒見て覚え，次に目を閉じて，イメージのなかでその図を観察していただきたい。何が見えるだろうか？　これは**曖昧図形**の一種であり，実際に図を見ながらであれば，見え方をウサギとアヒルに意図的に反転させることは容易である。しかしイメージに関しては解釈の変更が起こりにくく，最初の見え方（たとえばウサギ）が別の見え方（アヒ

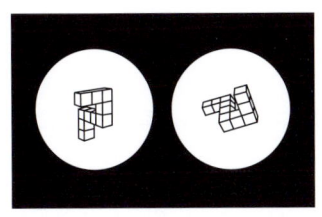

心的回転実験に用いられた図形の例。右の図形を反時計方向に80度回転させると、左の図形と同じになる。

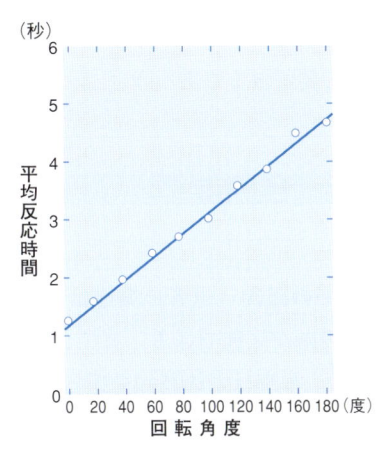

図5.8　心的回転実験(Shepard & Cooper, 1982)

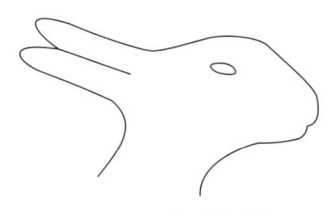

図5.9　曖昧図形の例

ル）に変化した人は，おそらく非常に少ない（チェンバースとライスバーグ，1985）はずである。

　上に述べた2つの実験は，イメージを観察し操作することは可能でも，いったんできあがったイメージの意味の変更は難しいことを示している。別の言い方をすれば，イメージはある程度知覚に類似してはいるものの（心的回転），イメージに対してなされる処理のレベルが異なれば，知覚との類似性よりも，むしろ差異のほうが顕著になる（曖昧図形の反転）ということである。イメージと知覚が働きのうえで同じだということや，脳の同一部位が両者の処理に共有されることに関しては，すでに多くの知見が得られている。今後，両者の違いがどのようなメカニズムで起こるのかという問題も，検討される必要があるであろう。

5.2 推理過程

5.2.1 認知発達と推理

　子どもから大人にかけての認知（思考）発達は連続したものではなく，いくつかの質的に異なる段階が区別できる。ピアジェはこの段階を表5.2のように4つに分けている。推理はこの認知発達と密接な関係にあり，それぞれの段階で特有な様相を呈する。感覚-運動知能の時期の終わりには，ソファの下に消えたボールの行先が正しく予測できるというような低次な推理が発生する。前操作期には，個々の事例から別の個々の事例へ，論理的必然なくして行われる転導推理（transduction）が出現する。この推理は子どもの願望に沿って，しばしば歪められるという特色がある。たとえばピアジェ（1946）の子ジャクリーヌ（J）が2歳10カ月のとき熱をだしてオレンジを求めた。しかし時期が早いのでそれはまだ黄色になっていないとたしなめられた。後になって黄色い薬草茶を見たJは，「お茶はもう黄色になっている。オレンジちょうだい」のような推理をした。また，この時期の子どもは思考が中心化されているために，図5.10のような3つの山を人形が種々の位置から見た図を正しく描いたり選んだりできない。この問題は，10歳ごろになってようやく解決されるようになる。

表5.2 ピアジェの認知発達時期とその特徴

発達時期	特徴
感覚-運動知能 (0～2歳)	新生児は，まず，吸う，握るなどの基本的な動作を訓練によって一定の図式（シェム）にしていく。さらに，見たものを握るといったふうに2つまたはそれ以上のシェムを協応させ，より精緻なものに高めていく。繰り返す反応（循環反応）は，最初自分に対し，次に対象に対して生じ，さらには対象を知るように変化をつけて繰り返す反応が生じる。 最初は，対象が見えなければ消失してしまったようにふるまうが，やがて見えなくても存在するという事実を認めるようになる（物の永続性）。
前操作 (2～7歳)	行動を心の中で行うようになり，何物かを別のもので表現する（表象する）作用が生じてくる。したがって，ごっこ遊びや，物を表す描画，言語，イメージなどの象徴作用が旺盛になってくる。しかし，思考や言語はなお「自己中心的」（社会的相対性を欠いた幼児期特有の傾向）であり，厳密な意味での論理的思考ではない。
具体的操作 (7～12歳)	具体物を中心とした論理的操作が可能になる。もろもろの「保存」（次頁参照）が可能になり，思考は自己中心性を脱し，可逆性を獲得する。こうして，科学的な思考の基礎ができあがるが，抽象的水準での思考はまだ十分に行えない。
形式的操作 (12～14歳までに完成，以後続く)	具体的操作期とは異なり，形式的・抽象的な水準で操作が行われ，論理的命題で定式化できる思考を行う。また，「もし……ならば，……である」といった，仮説を立てて事実を予想することができるようになり，変数を一つ一つ分離して体系的実験が行える。

3つの山の模型

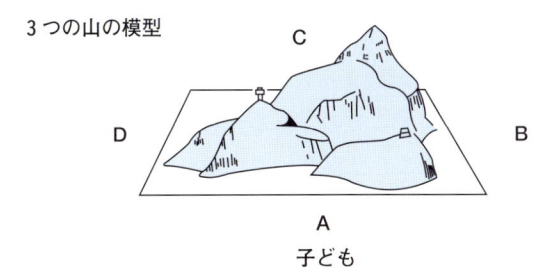

図5.10　3つの山の実験(Piaget & Inhelder, 1948)
上のような3つの山の模型のAに子どもを座らせ，B，C，Dと人形を動かし，そこから見える3つの山の様子を描かせたり，数枚の概略図の内より選択させる。幼児には，人形のほうから見える景色を自分のそれと混同する誤りが多い。

具体的操作期に入ると，**表5.2**に説明されるように思考が**脱中心化**し，**可逆的操作**（元の状態にもどる思考操作）も可能となって知覚的見えに影響された判断が消失する。この様子をピアジェは**図5.11**のような数，量，長さの保存実験で示している。これらの実験では，形状が変化すれば，数量もまた変化するように年少の子どもは考えている。しかし，具体的操作期では，たとえば**図5.11a**ではBをAのように「元にもどせば同じ」，「加えも減じもしなかったから同じ」あるいは，「Bは長いけれどもつまっている」などの論拠を述べ，保存を示す。

　形式的操作期に入ると，具体物や対象物ばかりでなく，抽象化された記号やシンボルに対しても心的操作ができ，さらにここ，いまという束縛を離れて，もしとか仮にという仮説的推理も体系的に可能になる。その結果，大人と同様な科学的思考が実現する。振子の振動数に①糸の長さ，②振子の重さ，③振子が放される高さ，④放されるときの強さのいずれの要因が関与しているかの判断を求められると，この時期の子どもは，体系的実験と推理によって，①のみが決定因であることを特定できる。さらに，順列や組合せの概念が完成することによって，**確率的推理**もできるようになる。

5.2.2　演繹的推理

　一般的法則や原理から出発して，問題解決場面での個々の事柄の真偽について判断を下すような推理法は**演繹的推理**（deductive reasoning）とよばれ，**三段論法的推理**や**条件的推理**などがこれに含まれる。三段論法的推理とは，**表5.3**の5つの問題のように，前提文1と2から論理的に推論して，最後の結論の真偽を判断するものである。各自試みられよ。問題1や2においては結論が真であることは容易に受け入れられよう。しかし，3では誤った結論に到達しがちである。明るい色ではないヘビにも毒ヘビがいることに注意されたい。4では前提1はすべての民主党出身の大統領が偉大であるとは述べていない。ところが，人は自分の意見と一致する結論を重視しがちであるので，民主党員においては結論が真であるとする割合が増しそうである。5においては，ロシアの学生のわずか5分の1が三段論法的推理をしたのみであった。その他の学生は，「私は知らないとか，私は

ⓐ 数 の 保 存

A ○ ○ ○ ○ ○
B ○ ○ ○ ○ ○

A，Bいずれのおはじき
が多いかを判断させる。

ⓑ 量 の 保 存

A，Bの容器に入れられた液体を同じ量とし、Bの内容をB'に移し、AとB'の中味の量は同じかどうか問う。

ⓒ 長 さ の 保 存

A ─────
B ─────

A，Bの棒の長さが等しいか否かを判断させる。長さは等しいが棒の位置がずれているだけである。

図5.11　数，量，長さの保存の有無を調べるための実験方法

前操作期の子どもは，AとB（またはB'）の等しさを否定する。しかし，具体的操作期では，AとB（またはB'）は等しいことを認め，かつその根拠を示すようになる。

表5.3　三段論法的推理の5つの問題例(Feldman, 1996)

1. すべての人は死を免れ得ない，ソクラテスは人である。それゆえ，ソクラテスは死を免れ得ない。
2. すべての人は善良であり，ヒトラーは人である。それゆえ，ヒトラーは善良である。
3. 多くの明るい色のヘビは毒を持っており，銅色の頭のヘビは明るい色ではない。それゆえ，銅色の頭のヘビは毒ヘビではない。
4. 民主党員は偉大な大統領を生み出し，ビル・クリントンは民主党員である。それゆえ，ビル・クリントンは偉大な大統領である。
5. イワンとボリスは常に一緒に食事をし，ボリスは食事中である。イワンは何をしているか？

正答：1は真；2は真；3は偽；4は偽；5は食事中である

彼に会わなかった」とか答えた。おそらく，学校や社会の中でそのような学習をする機会が少ないことによるであろう（フェルドマン，1996）。

　三段論法の前提や結論文に表5.4にあるような「すべての」，「ある」，「ない」の量化子が含まれた場合には，その量化子の意味するものを正しく理解しているかどうかが正しい推論を行うための鍵となる。ナイマークとチャップマン（1975）は，表5.4の4種の文について，その意味するものが図5.12のベン図のいずれに相当するかを被験者に判断させ，発達に伴う正答率の変化を調べた。文型I，OがA，Eに比べて難しい。その理由として，I，Oが全般に狭く解釈されるためと考えられている。すなわち，被験者は最初，2つの部分的重なり（図5.12の4）を「ある」と考え，次に他の適切な下位集合（同2，3）までを考慮し，最後に同一集合（同1）をも考察の対象とすることができるようになるとするものである。7，8学年のI，Oが低いのは，具体的操作期の子どもに特有の，特殊な事例のみを選んで事足れりとする心性のためと考えられている（図5.13）。

5.2.3　帰納的推理

　特殊な事例から出発して，問題解決事態に潜む一般的法則や規則を引きだすような推理は，帰納的推理（inductive reasoning）とよばれる。この型の推理の典型例として，サイモンとコトフスキー（1963）によって研究された表5.5のような系列規則課題があげられる。読者は，各系列の最後にくる文字を推理されたい。

　サイモンとコトフスキーは，こうした文字系列の生成ルールを記述している。彼らによれば，この種の帰納によるルール発見の過程は，次の4つの成分から成り立っているとする。
(1) サイクル——被験者は何文字で1サイクルが構成されているかを決定しなければならない。
(2) 初期値決定——被験者は1サイクルを構成している最初の各文字に注目しなければならない。
(3) アルファベット——被験者はサイクルの中の空白の部分に，どんな文字が現れる可能性があるかを決定しなければならない。

表5.4 量化子をもった4つの文(Neimark & Chapman, 1975)

文　型	英　　文	邦　　訳
A	all A are B.	すべてのAはBである。
E	no A are B.	いかなるAもBではない。
I	some A are B.	あるAはBである。
O	some A are not B.	あるAはBではない。

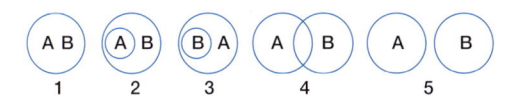

図5.12　集合AとBの可能な関係を例示した5つのベン図

表5.4のA, E, I, Oの4つの命題は, この5つのベン図のいずれかによって表現可能である。ただし, 量化子の働きにより, 1つの命題が2つ以上のベン図に対応することもある(論理学で"ある"というのは, "すべて"も含んでいることに注意)。

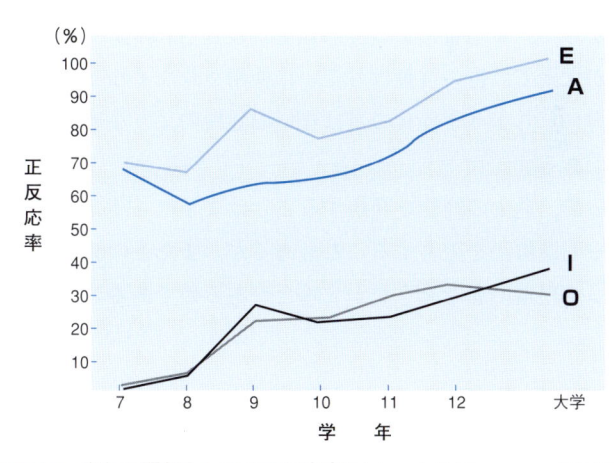

図5.13　学年の関数としての正反応率(Neimark & Chapman, 1975)
表5.4の文に対応したベン図を正しく選択できた割合を示す。大学生においてさえ, I, Oの成績がA, Eにくらべてきわめて悪い。これは, "ある"という量化子の意味の理解が, いかに困難であるかを物語っている。

正答　A＝1, 2；E＝5；I＝1, 2, 3, 4；O＝3, 4, 5

(4) 系列相互作用——被験者は新しいサイクルが現れると，それぞれの文字にどんな操作がほどこされるかを決定しなければならない。

表5.5の下部に，これらの成分の具体的な一例を示した。

さらに帰納的な推理の別の形態として，過去の経験に立脚した**類推**（analogy）によるものがある。著名な物理学者ボーアの原子模型は，大きな物理的単位である太陽系にヒントを得たものであった（大質量の太陽の回りを小質量の惑星が回っているように，原子核の周囲を電子が回っている）。

このような推理の過程が，まったく新しい形態ではなく，過去の経験または知識によることは，推理の独自性を否定するものではない。むしろ独創的な思考の中にも，そうした形態がしばしばみられるのである。たとえば，方言に関する有名な「言語地理学」は，地層の生成と崩壊にヒントを得たばかりか，むしろそれをモデルとして積極的にとり入れていることが注目される。日本語の場合でもそうだが，ある古い言葉が方言として九州や東北地方のような遠い地方に離れて残っている例がある。この説明として，かつてある言葉の一つの地層が地方にまで行き渡っていたが，年代を経るにしたがって，新地層によって旧地層が侵食されるように，中央では新たな言葉が栄えて，古い言葉はしだいに使用されなくなってしまい，遠く離れた地方に，ちょうど侵食の及ばない旧地層のような形で残っているとするものである。

思考にとって，過去の経験を利用することはまさに「諸刃の剣（もろはのつるぎ）」である。それは推理や問題解決を阻害することもあるが，また上の例のように適切な利用によって創造的思考をうながす場合があるのである。

5.3 創造性

5.3.1 創造性の定義

通常の問題解決は，どのような複雑な過程を通っても，結果としては一定の解答に到達する。それは決められたものであるか，すでに過去の歴史によってパターン化された所産に導くものである。しかし思考は，しばし

表5.5　文字系列の完成問題(Simon & Kotovsky, 1963)

1．atbataatbat────
2．aaabbbcccd────
3．wxaxybyzczadab────
4．urtustuttu────

（注）たとえば1.の場合，決定すべき成分は
 (1) サイクル　　　　atb/ata/atb/at─
 (2) 初期値　　　　　a
 (3) アルファベット　最初の2つのスペースは固定されている。
　　　　　　　　　　 第3のスペースは，aかbのどちらかである。
 (4) 系列相互作用　　最初の2つの文字は同じであるが，次の文字
　　　　　　　　　　 は各サイクルでaからb，bからaなどとなる。

表5.6　推理の失敗と文脈

下の2つの問題（有名な「ウェイソンの問題」）を各自解いてみられたい。

【問題1】 4枚のカードの片面には文字，片面には数字が書いてある。「カードの片面に母音が書いてあれば，裏側の数字は偶数である」というルールを確かめるためにはどのカードを裏返せばいいか。

【問題2】 封をした手紙には10リラ余分の切手を貼る必要がある。「もし手紙が密封ならば，50リラ切手を貼る」というルールを確かめるためにはどの手紙を裏返せばいいか。

E　　K　　4　　7

　被験者の多くは，問題上においては，Eと4を裏返してみた。母音Eを裏返すのは適切であるが，偶数4を裏返すのは適切ではない。その裏に母音があろうと子音があろうと，この問題の正偽を判断することはできないからである。Eと7を裏返してみて，7の裏に母音があれば，ただそのこと（否定事例）だけで，命題が偽とされうるのである。
　ジョンソン＝レアードら（1972）の研究では，問題1と2の解決にはまったく同じ推理が必要であるにもかかわらず，問題1でEと7のみを正しく選択した被験者はわずか4％であり，これに対し問題2では，24人中20人が封をした手紙と40リラの切手を裏返すという正しい選択を行った。手紙の切手を貼るという日常的な文脈では，多くの人が正しい推論を行えたのである（Anderson, 1980による）。

ば，いままでなかった新しいパターン，関係性，非凡な観念に導くことがある。既存の知識や社会常識に対して何らかの問題を見出し，それを追究し新たに非凡な解答が与えられるとき，創造的な問題解決が行われたといえる。そこで創造性には，独創的であることが要求される。ただし，社会的・文化的価値という点からみると，小さな日常生活の斬新なアイデアから技術的な革新そして偉大な科学的発見や思想的な転換に至るまでその幅は大きい。しかし，共通していえることは，日常の思考パターンを逸脱・逆転する能力が要求されることであって，そのことはウェルトハイマー（1945）のあげた，若いガウス——後に大数学者になった——の例（表5.7）によってうかがい知ることができよう。

5.3.2 創造の過程

　創造的思考の過程を明らかにするためには，すぐれた学者や芸術家の内省・行跡を分析するのも一つの方法である。ワラス（1926）は，そのような方法により，次の4段階を区別している。

(1) 準備期——まずはじめに，解決すべき問題が設定される時期。何が問題なのかということに関し，するどく感受性を働かせ，資料の収集と方略が試みられる。

(2) 孵化期——準備期での試みが成功しなくて，意識を離れてしまっても完全に問題との絆が切られているのではなく，いわば脳裏にあたためられ，ひらめきをまっている時期。

(3) 啓示期——突然のひらめきとして，「洞察」や「われ発見せり」（アルキメデス）のように，突然解決される。ときとして夢やイメージとして啓示されることがある。

(4) 検証期——得られた直観が客観的に妥当であるかが吟味される時期。

表5.8の数学者ポアンカレの体験は，4つの段階をよく例示している。

5.3.3 創造性の構造と測定

　以上のような，きわめて社会的・文化的価値の高いケースではないが，

表5.7　若いガウスの例(Wertheimer, 1945)

　ガウスが6歳の少年であったとき，先生がクラスの子どもたちに，「君たちのうちで，誰が一番早く，$1+2+\cdots\cdots+9+10$の和を求めることができるか」と尋ねた。他の子どもたちが一生懸命に計算しているとき，ガウスはいち早く手をあげて「できました」と言った。先生は驚きの声を発した。ガウスがどのように答えたかは記録にはない。しかしウェルトハイマーは，彼が，$1+2=3$，$3+3=6$，$6+4=10$……$45+10=55$のようなありきたりの演算ではなく，次に示すような構造を把握したのであろうと述べている。

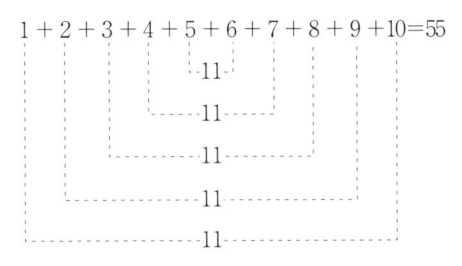

$$1+2+3+4+5+6+7+8+9+10=55$$

（左右の端から順にペアを作ると各ペアが11になる図式）

$$11\times 5=55$$

　この図式で，左右の端から1つずつとって集計すると，どれも11になる。全部でこの組は5個あるから，$11\times 5=55$となる。これを公式に高めるには，なお数的処理が必要だが，若いガウスはすでにその基本的性格を把握していたといえる。

表5.8　創造性の4段階を示すポアンカレの体験

　ポアンカレはフックス関数を2つの級数の商で表そうと苦心していた。そのころ彼は地質調査のため旅行にでかけることになり，数学上の仕事を忘れていた。ところが，クータンスで乗合馬車に乗ろうとステップに足をかけた途端，何の前ぶれもなく解決のアイディアが浮かんだ。カーンの自分の家に帰ってからポアンカレは，そのアイディアについて検証をしたのである。

普通の人たちについて創造的能力を測定し，その構造を明らかにしようとする多くの試みが行われてきた。ここでは，ギルフォード（1956）の分析を中心にみていこう。彼は，50種類にもおよぶ膨大なテストを士官候補生に解かせ，その得点を因子分析して吟味した結果より，思考を**集中的**（convergent）**思考**と**拡散的**（divergent）**思考**に分けている。集中的思考は，いわば思考の筋道が一方向的でチャンネルが決まっているものである。これに反し，拡散的思考では，方向が多角的・多岐的であり，解決法は1つに決まっていない。古い目標・方法にしばられず，広く新しい方途を探索していく特色をもっている。

ギルフォードの考えにもとづけば，創造性は以上の拡散的思考と重なり合うものをもっている。彼はさらに一歩進めて，創造性において大切な次の6つの能力をあげている。（ギルフォードとホェップフェナー，1971）。

(1) 問題に対する感受性——問題を発見する能力。
(2) 流暢性——特定の問題に多くの反応を円滑に出せる能力。
(3) 柔軟性——順応性にとみ，さまざまな角度から考えうる能力。
(4) 独自性——他人の考えとは異なった，非凡な発想を生む能力。
(5) 再定義——特定の物事が，さまざまに使用・機能できることを発見できる能力。
(6) 透徹性——表面だけではなく，その底を読み込む能力。さまざまな意味的変換を行える認知的能力。

このようなギルフォードの研究に刺激され，さまざまな創造性テストが考案されている。図5.14にはその一例が示されている。

創造性といわゆる知能の関係はどうであろうか。何人かの学者は，両者の間に低い相関関係しか見出していない。しかし，問題はいかなる領域の創造性が対象になるかということであろう。一定のテストで両者の間に相関が見出されなかったといっても，知的領域の発明や発見に知能がまったく関与しないとはいいがたい。ギルフォード（1967）は，この両者の事情を図5.15のように表している。したがって，(1) 高知能者が必ずしも高創造者ではなく，(2) あらゆる知能階層に低創造者がいる。(3) 高創造者であるためには，少なくとも平均以上の知能が必要ということであろう。

1．ここに描かれたぬいぐるみのおもちゃのヒツジの絵に，どのように手を加えれば子どもたちがより面白がって遊べるだろうか。他の人が思いつかないようなアイディアを考えよう。アイディアを書き並べなさい。

2．この絵について思いついたできるだけ多くの質問をしなさい。この絵を見ただけではわからないことについても質問してみよう。あなたを困らせたことについても質問してよろしい。

3．下の不完全図形を他の人が思いつかないような何かの絵に仕上げてみよう。できるだけ面白く，またできるだけ話になるようにしなさい。そして，その絵に題名をつけてみよう。

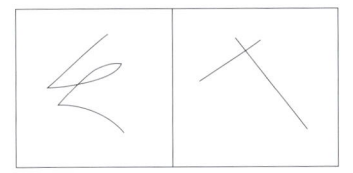

4．ポンコツ車の使いみち，くず車の普通でない用途をできるだけたくさん考えよう。それをリストにして書きなさい。

5．空中を歩いたり，飛行機などに乗らないで飛ぶことができたと想像してみよう。さて，どんな問題が起きてくるか。思いつくことを列挙してみよう。

図5.14 創造性の測定のために用いられる絵や質問項目の例
(Torrance, 1979, 佐藤・中島訳)

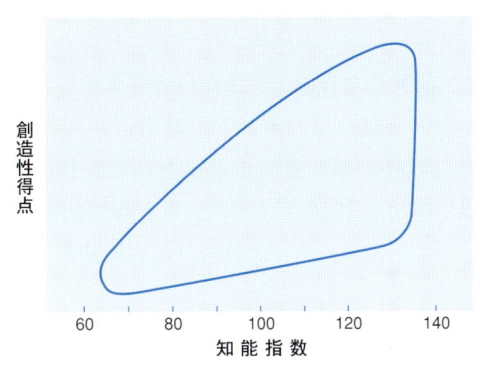

図5.15 知能指数と創造性得点の分布 (Guilford, 1967)

この図で興味深い点は，知能指数が高くなるにつれ，創造性得点の幅が広がっていることである。これは，創造的に高い仕事をするには，少なくとも平均以上の知能が必要であることを示している。

5.4 熟達者の境地

およそ一芸に秀で，一能に長ずるとは，どのような状態なのであろうか。将棋の羽生名人が，人々があっけにとられる中，何十人を相手にして次々と対局していくのをテレビで見たことがある。将棋に限らず，碁やチェスの達人は，それまで打ったパターンが，一見してわかるだけでなく，そこから展開していく数多くの可能な手を，今まで蓄積した経験から把握し，そのうちのもっとも適切な手を見破って，次の手を打っていくのであろう。チェスについての研究によれば，達人は実に5万くらいのパターンに関する情報のかたまりを貯蔵しているという。素人が，その時点までの過去の結果に拘泥することが多いのに比べて，達人は前向きの把握をしているといえよう。いいかえれば，素人が**後ろ向き**（backward）の処理をするのに比べて，達人は**前向き**（forward）の処理をすることが多いのである。

認知心理学の研究において，達人すなわち**熟達者**（expert）と，素人すなわち**初心者**（novice）の境地の違いが，いろいろの角度から検討されてきた。熟達者のことを語るとき，人はよく天才という言葉をもってする。では熟達者は，天賦の才だけの持ち主なのであろうか。確かに，ある種の領域では一定の遺伝的能力が必要であろう。しかし，これまでの研究により，多年にわたっての，たゆまぬ訓練が第一義であるということがわかってきた。たとえば，研究者たちは，音楽から科学までにわたり，俗に天才といわれる人々のことを調べている。その結果，10年以上にわたるたゆまぬ練習の後初めて熟達の域に達することを見出している（**10年法則**）。こうして熟達者は，多くの認知のパターンをもち，問題の**表層**ではなく，**深層**において処理することがわかっている（右の物理学の問題解決例を参照されたい）。

さらに興味あることは，問題解決において熟達者は，問題の要求と自分の才が一致すると，心が落ち着き，喜悦の心境（**浮遊状態** flow state）に達することがわかっている。問題が易しすぎると退屈を感じ，難しすぎると不安になるのである（以上の記述は，アンダーソン，1995，ケロッグ，1995によるところが多い）。

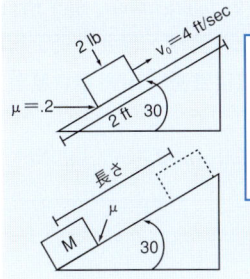

図5.16 初心者が同じグループに入れた問題の例 (Chi et al., 1981)
問題の表層的な特徴にもとづいて分類している。

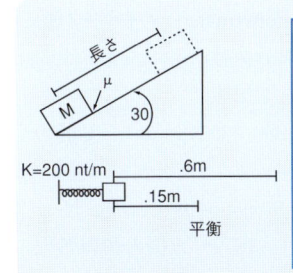

初心者1：「この2つは，斜面上のブロックを取り扱った問題だ」
初心者5：「斜面問題，摩擦係数」
初心者6：「角度をもった斜面上のブロック」

熟達者2：「エネルギーの保存」
熟達者3：「仕事とエネルギーの関係に関する定理。これらは簡単な問題だ」
熟達者4：「これらはエネルギーについて考えれば解ける。エネルギー保存則か，仕事がどこへ消えるかを知る必要がある」

図5.17 熟達者が同じグループに入れた問題の例 (Chi et al., 1981)
原理や法則にもとづいて，より深く問題をとらえている。

表5.9 初心者と熟達者

> 　物理の問題を分類するように求められたとき，物理学の初心者と熟達者では，異なった分類を行う。**図5.16**は初心者による分類の例であり，斜面，ブロックなどのように，目をひく物理的特徴にもとづいて，表層的，皮相的に問題を分類している。
> 　しかし，熟達者は，原理や法則にもとづいて，深く問題をとらえる。
> 　**図5.17**の2つの問題は見かけは異なるが，ともにエネルギー保存の法則を適用して解くことができる。

5　問題解決と推理

参考文献

Anderson, J. R. 1980 *Cognitive psychology and its implications.* San Francisco, Calif.：W.H.Freeman. アンダーソン（著）　富田達彦・増井　透・川崎恵里子・岸　学（訳）　1982　認知心理学概論　誠信書房（1995年に原著第4版が出版されている。）

Anderson, J. R. 1995 *Learning and memory : An integrated approach.* New York：Wiley.

Eysenck, M. W., & Keane,M.T. 2000 *Cognitive psychology : A student's Handbook.* (4 th ed.) Hove：Psychology Press.

Köhler, W. 1924 *Intelligenzprüfungen an Menschenaffen.* (2. Aufl.) Berlin：Springer. ケーラー（著）　宮　孝一（訳）　1962　類人猿の知慧試験　岩波書店

Mayer, R. E. 1977 *Thinking and problem solving : An introduction to human cognition and learning.* Glenview, Ⅲ：Scott, Foresman.　メイヤー（著）　佐古順彦（訳）　1979　新思考心理学入門　サイエンス社

岡野恒也　1978　チンパンジーの知能　ブレーン出版

滝沢武久・山内光哉・落合正行・芳賀　純　1980　ピアジェ——知能の心理学　有斐閣

Rumelhart, D. E. 1977 *Introduction to human information processing.* New York：Wiley.　ルーメルハート（著）　御領　謙（訳）　1979　人間の情報処理　サイエンス社

Torrance, E. P. 1979 *The search for satori and creativity.* Great Neck, N Y：Creative Education Foundation.　トランス（著）　佐藤三郎・中島　保（訳）　1981　創造性修業学——ゆさぶり起こせねむっている創造性——　東京心理

山内光哉（編著）　1981　学習と教授の心理学（第2版）　九州大学出版会

山内光哉（編著）　1983　記憶と思考の発達心理学　金子書房

第6章

概念過程と言語獲得

　本章では，人間がどのように概念や言語を獲得し，用いるかという問題を取り扱う。概念は，思考の基盤であり，言語は，思考を表現し，思考に影響を与え，さらに思考からの影響を受ける。したがって，本章の内容は，人間の思考の問題とも関連することになる。

　最初に取り上げるのは，概念に関する問題である。概念とは何か，概念の構造はどのようなものか，その性質や獲得経路などについて説明する。

　次に，人間の言語獲得についての主要な理論の説明と動物のコミュニケーション・システムの代表としてのチンパンジーへの言語訓練を紹介する。人間の言語の特質は，動物のコミュニケーション・システムとの比較においてより明らかになるからである。

　最後に，言語と思考の関連について，言語相対性仮説やピアジェの認知発達理論，ヴィゴツキーの思考と言語の発達理論などを対比して紹介する。また，言語が他の認知的活動に及ぼす影響についても触れている。

6.1 概念とその形成

6.1.1 概念の構造

　私たちの周囲にあるさまざまな事物や事象は詳細にみていくと，どれもまったく同じものはないし，時間の経過とともに常に変化しているものでもあるが，私たちはそのような変化を常に認識して暮らしているわけではない。さまざまな事物や事象を「異なった」ものとして常に意識して暮らすことは，人間の認知的負担を非常に重いものにするからである。そこで，私たちは，事象や事物の間の共通性や類似性にもとづいて，いくつかの事例をまとめて1つのものとみなし，それに名称をつけて周囲の世界を理解しようとする。このようにまとめることを**カテゴリー化**とよび，カテゴリー化された1つのまとまり（**カテゴリー**）が心の中に浮かんだものを**概念**（concept）とよぶ。諸概念の間には，より包括的な上位概念からより具体的な下位概念に至る**階層的関係**が存在することが知られている（図6.1）。

　概念の構造については，以下のような考え方が提唱されている。

| **定義的特性の集合としての概念の理論** | これは論理学的観点からの概念観である。概念は，それを定義する単数または複数の（諸）特性の集合から成り立っているという考え方である。この考え方によれば，一定の概念の中に含まれるそれぞれの事例は等価なものとみなされる。たとえば，数多くの四角形があるが，「正方形」という概念は，それらの中で，すべての辺の長さが等しいという特性をもった四角形だけを示し，しかもそれは何らのあいまいさのない概念であるに違いない。心理学の概念達成の多くの実験も，そのような概念を同定することを要求するものが多い。

| **プロトタイプ理論** | 日常生活で使用される概念は，上述のように必ずしも境界の明確なものではなく，多かれ少なかれファジーなものである。ロッシュとその同僚らによれば，私たちがそのような

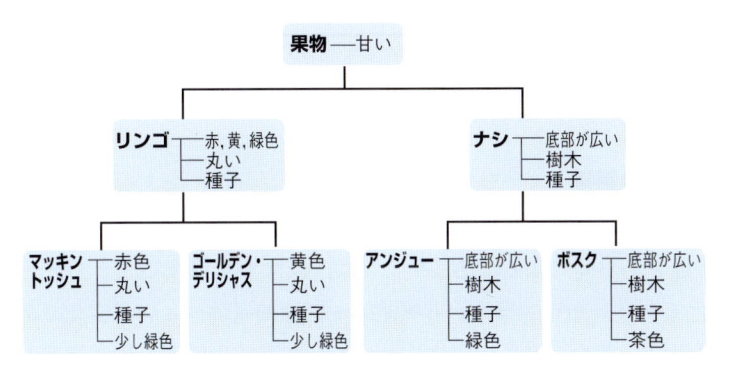

```
                    果物 ── 甘い
                   ／        ＼
              リンゴ ─ 赤,黄,緑色      ナシ ─ 底部が広い
                    ─ 丸い          ─ 樹木
                    ─ 種子          ─ 種子
             ／     ＼            ／      ＼
     マッキン─赤色  ゴールデン・─黄色  アンジュー─底部が広い  ボスク─底部が広い
     トッシュ ─丸い   デリシャス  ─丸い       ─樹木         ─樹木
          ─種子           ─種子         ─種子         ─種子
          ─少し緑色         ─少し緑色        ─緑色          ─茶色
```

図6.1　概念の階層(Atkinson *et al.*, 1996)

ゴチック体は概念，普通字体はそれぞれの概念の属性を示している。太線は各概念間の関係を，細線は概念と属性間の関係を示している。この階層において，同一の対象が異なった水準で同定できることがわかる。つまり，同一の対象が同時に，ゴールデン・デリシャスであり，リンゴであり，果物である。

しかし，1つの水準は他の水準よりも「基本的」であり，優先される。この図の場合，リンゴとナシは基本的水準である。このことは，人が図の内で最初に心に浮かべるものは「リンゴ」であることからもうかがえる。実際，基本的水準はもっともはっきりした水準であることからもわかる。「リンゴ」は，他の種類の果物がもたない，はっきりした特徴をもっている。ところが，「ゴールデン・デリシャスリンゴ」は，「マッキントッシュリンゴ」とほとんど同等の特性しかもたないし，「果物」はほとんど何らの特徴をもたない。それゆえ，基本的な概念とはならない。

表6.1　典型性の実例

実際には，ある人は，		
高い典型性の鳥 ➡	コマドリ	スズメ
低い典型性の鳥 ➡	ペンギン	ダチョウ

というスキーマをもっているので，コマドリやスズメを鳥と分類しやすいが，ペンギンやダチョウはそうではない。

あいまいな概念を考えるとき，ふつうは例——概念を代表する高度に**典型的な**例を考えることになる。そのような例は，**典型**（**プロトタイプ** prototype）とよばれる。たとえば，「鳥」といった場合，「スズメ」を考える人は多いが，ペンギンを考える人はまず少ないであろう（**表6.1**）。

6.1.2 概念の獲得

　子どもが概念をどのように発達させていくかをみてみると，少なくとも3つの特徴をあげることができる。1つは，概念を形成するときの注目属性の変化であり，知覚的属性から機能的・概念的属性へという変化である。第2の特徴は，概念の構造に関するもので，典型的事例から周辺事例という変化である。最後に，子どもは，概念の階層性に関しては，基礎水準の概念を最初に獲得し，その後，上位水準，下位水準の概念を獲得するという順序で発達を進行させていく。ここでいう基礎水準の概念とは，ロッシュら（1976）によれば，対象事物間の識別可能性がもっとも高く，視覚的・運動的な交互作用を通じて最初に学習される概念のことであり，イメージ形成面からはもっとも包括的な概念のことをいう。たとえば，「椅子」や「自動車」などがこれにあたる。上位概念は，この基礎水準の概念をより抽象的にしたもので，下位概念は逆に基礎水準の概念の抽象度を低め，より個別的な事例からなるものである。

知覚的属性から機能的・概念的属性へ　オルヴァーとホーンズビィ（1966）は，6歳から12歳の子どもを対象にして，**図6.2**に示されている，さまざまな事物を言語的および視覚的に一括して提示し，類似したもの同士を自由に分類させる課題を行った。その結果は**図6.3**に示されているが，低年齢児は，リンゴやカボチャを「丸いもの」という**知覚的属性**の共通性にもとづいて分類する傾向があるのに対して，高年齢児は，定規や温度計を「計るもの」という**機能的属性**にもとづいて同一群にまとめる傾向がずっと強いことが明らかになったのである。

　これと同様の結果は，**表6.2**のような3つの刺激を4，5，9歳の子どもに提示した，マークマンら（1981）の研究においても見出されている。た

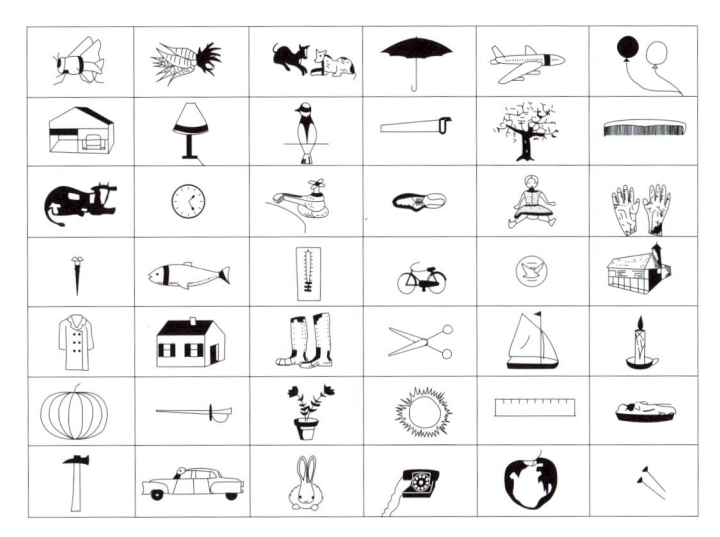

図6.2 分類実験で使われた刺激材料(Olver & Hornsby, 1966)
この図に示されている事物は、いずれも子どもにとってなじみ深いものであり、子どもたちのもつ事物についての知識の差が分類行動に影響を及ぼすことをあまり心配しないでよいように配慮されている。

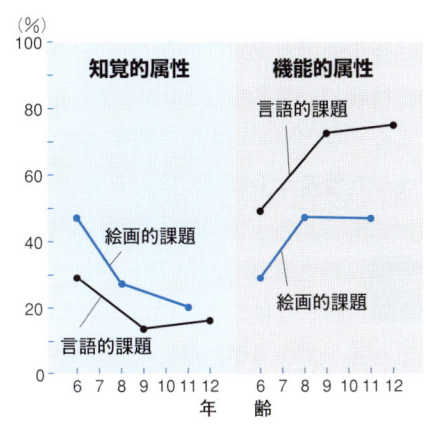

図6.3 各課題での知覚的分類と機能的分類の比率(Olver & Hornsby, 1966)
知覚的属性にもとづく分類は、年齢とともに減少する傾向があり、機能的属性にもとづく分類は、年齢とともに増加する傾向があることが示されている。また、課題によって分類の基準が異なる傾向も認められる。

6 概念過程と言語獲得

とえば，子どもは，帽子（比較刺激）と仲間であるのは黒板（色一致刺激）か，ケーキ（形一致刺激）かという選択を求められたとき，低年齢児は色を基準にして黒板を選択する者が多いが，やがて加齢とともに形の共通性を基準にした選択を行うようになり，さらに「フルート」の仲間は「アコーディオン」か「鉛筆」かと問われた場合に，「フルート」と「鉛筆」の知覚的・形態的類似性にもとづく判断ではなく，「楽器」というカテゴリーにもとづく概念的選択をするように変化をとげていったのである。

典型的事例から周辺的事例へ　子どもはまず**典型的事例**から獲得するようである。ロスナーとヘイズ（1977）は，5歳児と9歳児に対して，動物，家具，衣服，食物という4つのカテゴリーに属すると思われる事例の名称をあげるように求め，さらにその反応の適切性（確かにそのカテゴリーに属しているか）を大学生の評定者に評価させた。その主要な結果は表6.3に示されているが，これからは幼児よりも児童のほうがそれぞれのカテゴリーに属する事例をより多くあげることができるということ，また子どもの反応が少数の類似したものになる傾向や，その反応が適切である程度も幼児より児童のほうが高いということがわかる。さらに，ロスナーとヘイズは，年少児でさえ比較的典型性の高い事例を列挙することを指摘しているが，同時に，概念の過大拡張現象（犬以外の家畜も犬という概念名で表現することなど）や過小拡張現象（概念の適用範囲を過度に限定すること）がみられることも指摘している。

基礎水準の概念から上位・下位概念へ　ロッシュら（1976）は，人がカテゴリー化を行うのは，それによって世界認識の認知的負担を軽減するためであると述べているが，そのことは情報のきめを粗くすることにもなる。したがって，現実の認識を考えると，その両者のもっともよい妥協点を見出すことが重要なことになる。ロッシュら（1976）は，このもっともバランスのよい妥協点が，**基礎水準**の概念であることを指摘し，それが発達的にも最初に獲得されるものであると述べるとともに，3歳児が基礎水準の概念をほぼ同定することができることを見出している。

表6.2 マークマンらの刺激例 (Merkman et al., 1981)

4歳から9歳の子どもに比較刺激と「仲間」であるものを選ばせた。たとえば、「帽子」に対して「黒板」を選択すれば色を基準にカテゴリー化していることになるし、「ケーキ」を選択すれば形を基準にしていることになる。

	色一致刺激	比較刺激	形一致刺激
(1)色・形	黒板	帽子	ケーキ
	傘	タイヤ	ドラム
	色一致刺激	比較刺激	カテゴリー一致刺激
(2)色・カテゴリー	木	蛙	猿
	エンジン	バラ	ヒマワリ
	形一致刺激	比較刺激	カテゴリー一致刺激
(3)形・カテゴリー	蝶ネクタイ	蝶	ハエ
	鉛筆	フルート	アコーディオン

表6.3 幼児と児童のカテゴリー項目産出結果
(Rosner & Hayes, 1977; 本文より田中が作成)

児童はカテゴリーに属する事例を幼児よりも多く口にすることができると同時に、反応の共通性が幼児の場合よりも大きいことが示されている。また、動物カテゴリーの場合を除くと、子どもの反応が大学生の判定者によって適切であると判断される比率は、児童のほうが有意に高い。

指　標	動　物		家　具		衣　服		食　物	
	5歳児	10歳児	5歳児	10歳児	5歳児	10歳児	5歳児	10歳児
平均産出反応数	12.19	24.29	9.22	14.17	9.78	18.31	10.79	26.39
異なる反応の数	220	282	205	227	226	275	265	400
全反応数に対する反応タイプ比	0.25	0.16	0.31	0.22	0.30	0.21	0.34	0.21
平均反応適切度	95.3	96.3	69.5	85.3	90.3	95.7	95.0	97.8

6.1.3　概念学習と仮説検証過程

　人がどのように概念を学習するのかという問題については，**連合学習**と**仮説検証**の両観点からの説明が試みられたが，ブルーナーら（1956）の研究以後，後者が優勢になり，多くの研究が蓄積されていった。

　レヴァイン（1966）は，図6.4に示されているような巧妙な実験法を考案してこの過程を綿密に検討した。彼の方法の特徴は，被験者が概念の学習にあたって仮説を用いるかどうかだけでなく，いつ，どのような仮説を用いるかを被験者の反応パターンから特定できることにある。

　被験者は，2事例ずつ記載されたカードを次々に提示されるが，これらの事例は，色（白，黒），形（T，X），位置（左，右），大きさ（小，大）の4つの属性をもっており，これらの組合せにより，選択可能な単純概念の仮説は8個あることになる。被験者は，実験者が任意に設定した単純概念の正仮説を発見することが課題である。第1試行で事例を選択すると，それに対する正誤のフィードバックが与えられる。たとえば，正仮説が形Tである場合，被験者がそれを選択した場合には「あたり」とフィードバックされるが，形Xを選択したり，ほかの色，位置，大きさの属性を選択したときには，「はずれ」というフィードバックが与えられる。第2試行から第5試行までは課題は第1試行と同じだがフィードバックは与えられない。この第2試行から第5試行の間に被験者が行う選択のパターンを通じて，彼らの採用した仮説が何であるかが判断可能なようになっている。さらに，第1〜第5試行と同じ手続きを反復することによって，仮説が変更された場合には，いつ変更されたかがわかるようになっている。

　図6.5は，被験者の選択反応パターンと採用された仮説の関係を示した一例であるが，この図から，たとえば被験者が右・左・左・右という選択を行った場合には被験者が用いた仮説は「小」であったことがわかる。この図に示されていない選択パターンが出現した場合には，被験者が一定の仮説を用いなかったことになる。

　レヴァインは，この方法によって，被験者が無強化試行の90％以上で仮説を使用していることなどを見出したが，ゴールソンら（1972）はこの方法を2，4，6年生と大学生に適用して**仮説照合**（8つの仮説を一度に1

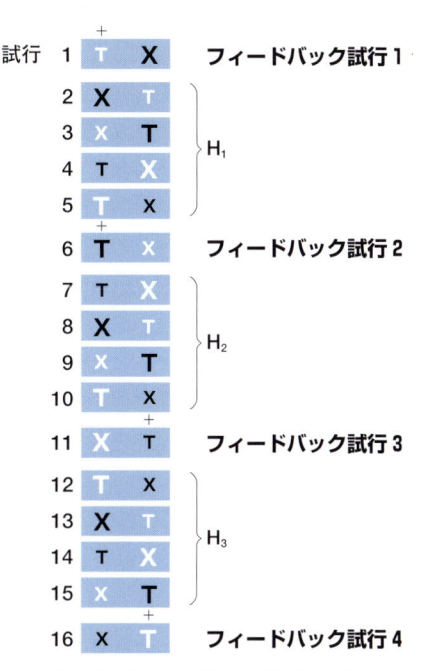

図6.4　無強化試行を含む概念同定課題(Levine, 1966)
第1試行ではフィードバックが与えられるが、続く4試行では与えられない。この無強化試行の間には被験者の仮説は変更されないと仮定されている。この無強化試行における反応のパターンによって被験者の仮説がわかるようになっている。

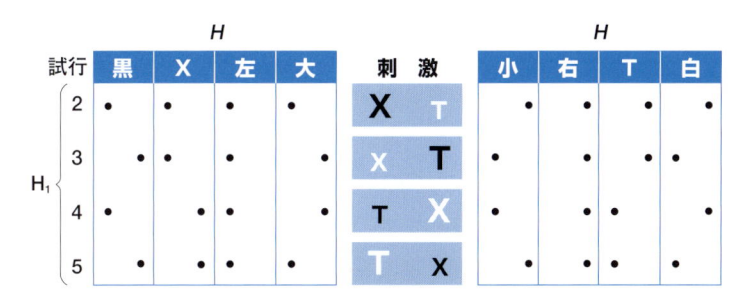

図6.5　最初の無強化試行の間(H_1)の8仮説を示す反応パターン(Levine, 1966)
図は、最初の無強化試行ブロックにおいて被験者が採用する仮説ごとの反応パターンを示している。このような無強化試行のブロックをフィードバック試行をはさんで設置することによって、被験者がいつ仮説を変更したかを知ることができる。

[6]　概念過程と言語獲得

つずつ体系的に検証), **次元照合** (4つの次元について一度に1つずつ検証), **焦点方略** (各フィードバック試行において論理的に誤仮説になるものをすべて破棄する) などを含めた6つの仮説検証のパターンを見出し, 年長になるにつれて焦点方略などのより効率的な仮説検証方略を用いることができるようになるという発達的変化を見出している.

6.2 言語の獲得

6.2.1 動物の言語

　何らかの内容を伝達する能力をもつのは人間だけではないということは以前から知られた事実である. たとえば, フォン・フリッシュ (1974) はミツバチが特有のダンス飛行をし, そのダンスの方向や速度によってエサまでの方向・距離を伝達することができるということを明らかにしている.

　しかし, 人間の言語の特質を考えるうえで参考になるほど高度な「言語」をもつ可能性があるのは現在のところ類人猿だけであり, ガードナー夫妻 (1969) がワショーというチンパンジーに手話によって132語相当の表出語彙を獲得させて以来, いくつかの研究が, 口頭言語以外の手段であれば類人猿がある程度の「言語」表現と理解の能力をもつことを示してきた.

　図6.6は, プリマック夫妻 (1972) がチンパンジーのサラに伝達訓練をした際に用いたプラスチック製のシンボルである. サラは, 130の語彙を獲得するとともに, このプラスチック板を並べて否定文, wh-疑問文, 複文・重文などを表現することを覚えたのである.

　また, 図6.7は, グリーンフィールドとサベジ・ランボー (1993) がピグミー・チンパンジーのカンジに表現手段として与えたレクシグラムで, ボード上の絵が文字の代わりをするものである. この研究において, カンジは, 同意・要求・約束・興奮・選択を表現するときにシンボルを反復使用するとともに, 発話における交代機能などのいくつかの実用的な機能をもっていることを示したのである.

　このように類人猿がかなりの伝達能力を獲得できるということは示されているが, それを言語といえるかどうかに関しては多くの批判が残ってい

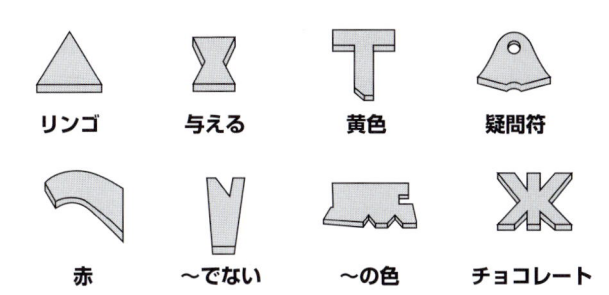

図6.6 サラが言語として用いたプラスチック板(Premack & Premack, 1972)
サラは，このようなプラスチック板を並べて伝達を行った。たとえば図の下の例は，「赤は，チョコレートの色ではない」という意味の文になっている。

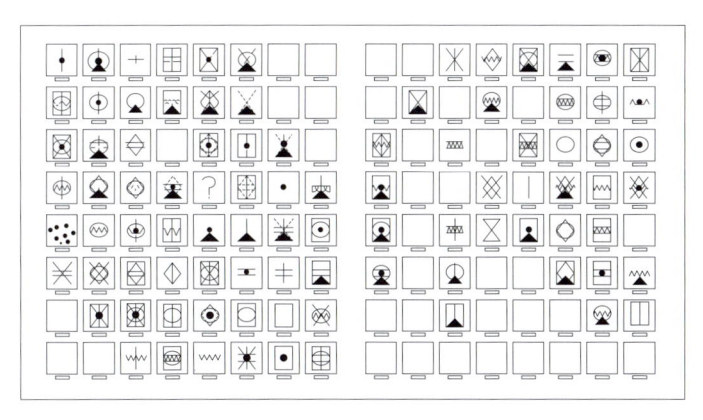

図6.7 チンパンジーの発話手段としてのレクシグラム
(Greenfield & Savage-Rumbaugh, 1993)

チンパンジーのカンジは，この文字の代わりをする絵文字の書かれたキーボードを用いて言語的表現を行った。このキーボードは室内では発声器と連結しており，戸外では，携帯用のボードの上に視覚的シンボルが書かれたものが使われた。
サベジ・ランボーらのグループは，また言語産出だけではなく，言語理解についても研究を行っている。その結果，カンジが"Put the pine needles（松葉）in your ball"と"Can you put the ball on the pine needles?"の間の微妙な判別ができることも示している。

る。テレイスら（1979）は，チンパンジーのニムに手話を訓練し，学習させたが，その発話と人間の子どもの発話を比較したところ，人間の子どもの平均発話長は加齢とともに順調に長くなったのに対して，チンパンジーの発話の長さは一定の水準以上には伸びなかった。また，テレイスらは，ニムの発話がより反復的・模倣的・ステレオタイプ的であるとして，人間の子どもの言語学習とは異なるものであると主張したのである。

6.2.2　人間の言語獲得

　人間の言語獲得の理論については，従来，行動主義的・学習理論的観点からの説明と心理言語学的観点からの説明の2つが対立してきた。

　行動主義的・学習理論的立場からみた言語獲得は，学習対象の複雑さに差はあるが，原理的には特殊なものではなく，他の行動の獲得と同様に強化，模倣，シェイピングなど学習の原理にもとづいて説明されるものである。

　この立場の代表的な理論家であるスキナー（1957）は，言語は自発的な言語反応に対して強化（両親や周囲の人からの賞賛や物理的な報酬）が与えられるというオペラント条件づけによって獲得されると主張した。彼は，すべての言語行動を同一のものとは考えず，その言語反応が生起する状況の種類によってマンド（mand：直接観察可能な刺激とは結びつかないが，話し手の欲求充足に役立つもの。たとえば，命令，願望などの表現）やタクト（tact：特定の対象の命名・記述）などを分類したが，その獲得の原理は同一で，オペラント条件づけであった。図6.8は，「クッキー」という語の獲得をスキナーの考えにもとづいて表したものである。まず，多くの自発的な言語反応の中から「クッキー」にもっとも近いものに対して強化が与えられる。その後，段階的に「クッキー」により近いものだけが強化されていき，最終的に「クッキー」という語を獲得するに至るというもので，この手続きはシェイピング（2.4節参照）とよばれる。

　また，語彙以外の学習についても強化が大きな力を発揮するとともに，模倣も重要な力をもつと考えられている。たとえば，子どもは年長の子どもや周囲の大人の発話を模倣することを通じて文の構成法（統語）を学習

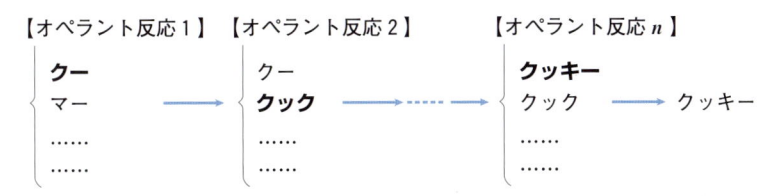

図6.8 スキナーの理論の図式（太字で示された反応に強化が与えられる）
「クッキー」という語の獲得をスキナーの理論にもとづいて模式的に表示したもの。

図6.9 あいまいな文の構造表示(Slobin, 1971, 宮原ら訳)
この文は，異なった構造をもちながらも，見かけ上は同じである。行動主義的な理論では，人間がこの文に2つの構造があるということを学習できるようになることを説明できない。

し，その子どもが正しい統語で発話することに対して発話の受け手である大人がその発話の意味を理解することやそれに応答することが強化として働き，結果として正しい統語的表現の学習を促進すると考えられる。

　このスキナーの考え方に対しては，チョムスキー（1959）によって強い反論が加えられたが，それにはいくつかの論拠がある。その第1の点は，言語の複雑さに関するもので，たとえば図6.9に示された文のように表面的には同じ構造の文でありながら，異なる意味をもつ文の獲得についてスキナーの理論では説明できないというものである。この例からもわかるように，言語の獲得とは，現実に示される文そのものを学習することではなく，その構造の記述を可能にする規則を学習することである。学習するのが，個々の文ではなく，規則であるからこそ人間は今まで聞いたことがない文を理解できたり，新しい無数の文を作ったりできるのだというのがチョムスキーの主張である。さらに，子どもが言語獲得の過程でしばしば示す過規則化の現象（goの過去形としてwentではなく，goedというような現象），わずか4，5年という短い期間で基本的な言語獲得が可能であるということ，そして子どもが耳にする大人の発話がしばしば誤りを含むものであるにもかかわらず子どもは正しい表現を獲得することができるということ，などをスキナーの理論では説明できないという批判も行われた。

　そこで前述のスキナー理論の代替としてチョムスキーが提唱したのが，**生得的言語獲得装置**（LAD）の概念である。これは，言語の学習を促進する生得的な神経系メカニズムであると仮定され，これが，実際に話された言葉を入力として受け取り，処理し，そこから規則を抽出して言語知識（文法的知識）を生み出すものであると主張された（図6.10）。

　この生得的な言語獲得装置の仮定を支持する証拠としては，子どもが短期間に非常に複雑な言語体系を習得できるということのほかに，非常に異なった文化間で言語発達のコースが類似しているという比較文化的研究の結果をあげることができる。表6.4は，各国語の2語発話にみられる文法的共通性を示したものである。用いられる言語は異なっても，表現される意味的関係や統語法には著しい類似性がある（スロービン，1979）。

　しかし，この心理言語学的説明に関しても，言語獲得装置（LAD）に

```
        発話 1 ↘
        発話 2 →   ┌─────────────┐
                   │ 生得的言語獲得装置 │ →  言語規則
        発話 3 →   │    (LAD)     │
                   └─────────────┘
        発話 n ↗
```

図6.10 言語獲得装置(LAD)のモデル

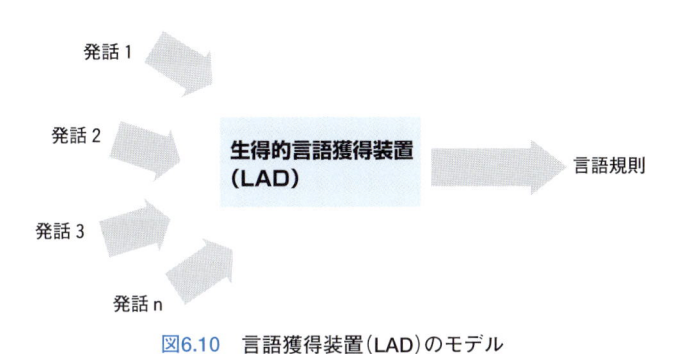

表6.4 各国語の2語発話に表現される意味的関係
(Slobin, 1979; 事例の一部を割愛)

用いられる言語は異なっても，表現される意味的関係の種類や統語法に著しい類似性が認められる。これは，言語獲得の普遍的性質を示している。

発話の機能	英　語	ドイツ語	ロシア語	サモア語
存在, 名称	there book （そこに，本）	buch da （本，そこ）	Tosya tam （Tosya，そこ）	Keith lea （Keith，そこ）
要求, 要望	more milk （もっと，ミルク）	mehr milch （もっと，ミルク）	Yeshchë moloka （もっと，ミルク）	fia moe （眠り，ほしい）
否定	no wet （ぬれる，いや）	nicht blasen （吹く，ない）	vody net （水，いや）	le'ai （食べる，ない）
事象等の記述	Bambi go （バンビ，行く）	puppe kommt （人形，来る）	mama prua （ママ，歩く）	pa'u pepe （落ちる，人形）
所有	my shoe （私の，くつ）	mein ball （私の，ボール）	mami chashka （ママの，コップ）	lole a'u （キャンディ，私の）
修飾, 限定	big boat （大きい，ボート）	armer wauwau （かわいそう，イヌ）	papa bol'shoy （パパ，大きい）	fa'ali'i pepe （わがまま，赤ちゃん）
疑問	where ball （どこ，ボール）	wo ball （どこ，ボール）	gde papa （どこ，パパ）	fea Punafu （どこ，Punafu）

ついての具体的な説明が曖昧すぎる，子どもの言語獲得の速度が生得論者が主張するほど速いとは必ずしもいえない（スノー，1993）などの批判が出され，やがて生得的基盤と経験がともに重要であるとする言語獲得の**相互作用理論**が主張されるに至っている。この相互作用理論には，言語発達をより一般的な認知発達の（重要ではあるが）一つの側面にすぎないという主張に重点をおくもの，また言語の社会的文脈および対人的なコミュニケーション機能に重点をおくものが含まれている。

6.3 言語と思考

6.3.1 言語相対性仮説

言語相対性仮説は，**ウォーフの仮説**ともよばれ，さまざまな言語が固有の表現形式をもち，それがその言語を使用する人々の認識の仕方を規定するという説でウォーフ（1956）によって主張されたものである。

図6.11は，英語とホピ・インディアンの言語では，同一のものを表現するのにどのような違いがあるかを示した例である。英語は，水をwaterという1語で表現するのに対し，ホピ語では，水の状態により図に示された2語が使い分けられる。一方，ホピ語では1語で表現される「飛行機，パイロット，トンボ」は，英語では異なった3語で表現される。ウォーフは，このような例にもとづいて，ホピ語には英語のwaterに完全に対応した語はないので，ホピ・インディアンはwaterに完全に対応した概念はもたないと主張した（「強い型の言語相対性仮説」）。

このような主張に対し，スロービン（1971）は，言語によって色名の数やそれが表す色の範囲の違いの例を引用しながら，「言語は思考や行動の容易さに影響を及ぼすことはあっても，厳密な意味での決定をすることはない」という「弱い型」の言語相対性仮説を支持している。

また，ロッシュ（1973）は，自然概念の研究の過程において，言語の違いが色の概念の学習という認知的課題に影響を及ぼさないことを明らかにしてウォーフ流の言語相対性仮説を支持しない証拠を提出している。彼女は，"mili"（暗い色）と"mola"（明るい色）という2つの色名しかもた

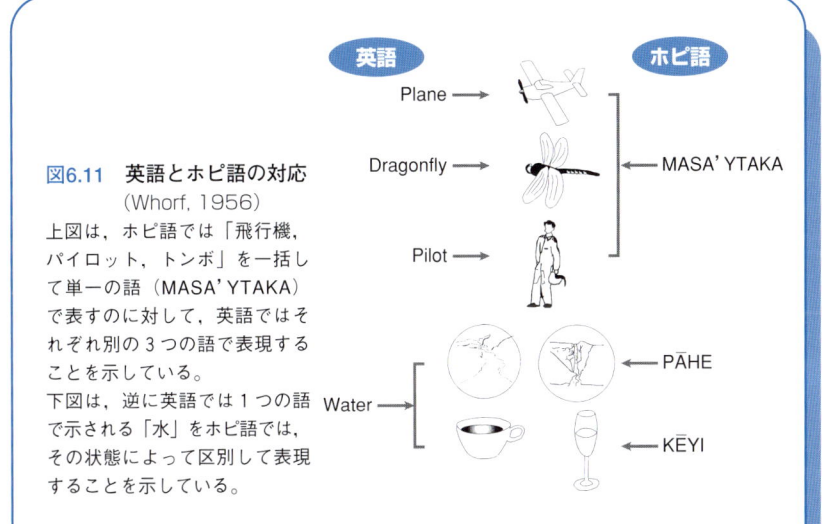

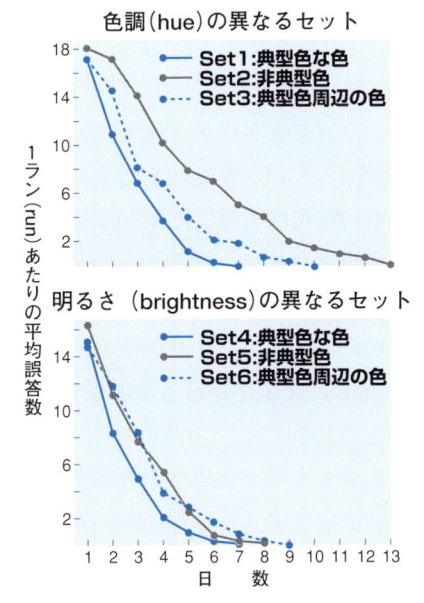

図6.11 英語とホピ語の対応
（Whorf, 1956）

上図は，ホピ語では「飛行機，パイロット，トンボ」を一括して単一の語（MASA'YTAKA）で表すのに対して，英語ではそれぞれ別の3つの語で表現することを示している。

下図は，逆に英語では1つの語で示される「水」をホピ語では，その状態によって区別して表現することを示している。

図6.12 ダニ人被験者の6種類の色名学習のエラー曲線（Rosch, 1973）

基本的色名を2つしかもたないダニ人被験者でも新しい色名をすみやかに学習できた。とくにプロトタイプ色については迅速である。この傾向はアメリカ人と変わらない。

6 概念過程と言語獲得

ないダニ人の被験者に，任意の無意味綴りと知覚した色の対を学習させる課題を行い，新しい色の名称を学習するときのエラーの数を調べた。**図6.12**は，その結果を示したものであるが，本来は2つの色名しか知らないダニ人の被験者も，非常にすみやかに新しい色の名称を学習していることがわかる。とくに，新しい色名と対にされて見せられる色がプロトタイプ色（私たちが色名を提示されたときにまっさきに思い浮かべる典型的な色）であった場合には，学習がもっとも順調であったことがわかる。このパターンは，基本的な色名を11個もっているアメリカ人と基本的に同じものであった。

6.3.2　言語と思考の関係についての諸理論

　言語と思考の間の関係は，長い間，研究者の関心を集めてきた。**表6.5**は，それらをまとめたものである（オクサール，1977）。

　ワトソン（1913）は，「思考過程は，喉頭における運動習慣である」として，話し言葉（speech）と思考を同一のものと考えた。この極端な行動主義的見解は，話すことはできないが，理解したり，ほかの行動を正常に行うことができる人がいるという事実，またスミスら（1947）が行った実験で，クラーレ（一種の筋肉麻痺剤）による筋肉麻痺のもとでも正常な思考が可能であることが見出されたことなどによって，現在では実証的な価値をすでに失っている。

　現在のこの言語と思考の関係についての見解は，思考における言語の重要性をどの程度評価するかによって分けることができる。ヴィゴツキー（1962）やブルーナーら（1966）は，言語の役割を重視する立場であり，ピアジェをはじめとするジュネーヴ学派の研究者はそれほど重視しない。

　ヴィゴツキーは，前言語的思考，前知的発話が存在すると想定し，知的反応のはじまりと言語は独立であると主張しているが，この両者が発達の一定の時点(2歳ごろ)で，統一され，言語が内言として思考の重要な手段になると主張している点で言語の重要性を認めているとみなすことができる。また，ブルーナーは，言語は認知の発達において不可欠の条件であり，言語が子どもの知的な発達を促進し，抽象的思考を可能にすると述べている。

表6.5 言語と思考の関係についての諸理論(Oksaar, 1977, 在間訳)

アプローチ	代表者	テーゼ	説　明	モデル*
行動理論的	ワトソン	同一性テーゼ（機械的）	思考は，言語の派生である。	D ＝ S
発達心理学的	ピアジェ	不一致テーゼ（理想的）	思考と言行為は，まずはじめに互いから独立して発達する。	D／S ‥‥ S↔D　第1段階（自己中心的）　第2段階（社会的）
思考心理学的	ヴィゴツキー	収斂テーゼ（実用的）	思考は内言である，言行為"それ自体"である。これら二者ははじめ別々に発達し，その後交差する。	D╳S ‥‥ S／D　第1段階（自然形式）　第2段階（社会的・歴史的形式）
文化人類学的	サピア	相互依存テーゼ（相対主義的）	言語は思考の"鋳型"である。	S ←‥‥ D
民族社会学的	ウォーフ	言語的決定論（因果論的）	言語が思考を構造化し，規定する。	S ‥‥→ D

*Ⓓ：思考　Ⓢ：言語

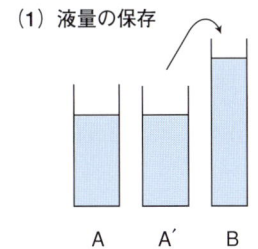

(1) 液量の保存

A　A´　B

(2) 言語項目

玉　　　鉛筆

非保存者の言語表現

小さい玉と大きい玉

それは長く／あれは短い／それは太く／あれは細い｝四部構造

保存者の言語表現

こちらのほうが小さい

それはより長くてより太い／あれはより短くてより細い｝二部構造

図6.13　液量の保存と言語表現の関係についての実験(Sinclair, 1967)
(1)の液量の保存の課題ができる子どもの表現と保存ができない子どもの表現は異なる。保存のできていない子どもに二部構造などの進んだ表現を訓練しても保存が獲得されることは少ないことから言語は操作を改善できないとされる。

6　概念過程と言語獲得

一方，ピアジェとその共同研究者たちは，思考と言語とは別の知的図式から発生するもので，後に言語が思考をサポートする機能はあるにしても，言語を訓練し，その水準を向上させることによって知能をより上位の段階へと進めることはできないと考えている（山内，1983参照）。また，ピアジェ派のサンクレール（1967）は，図6.13の（1）のような液量の保存（5.2節参照）の観念が成立している子どもに，右の玉や鉛筆の対を言葉で述べさせた場合，「……のほうが小さい」といった比較級を使用する場合が多く，また1本の鉛筆のことをまず述べた上で（「それは長くて，太い」），ほかの1本を次に述べるという「二部構造」の表現を行う者が多かったが，非保存者では，比較級を使用する者が少なく，また，1つの次元について述べ，次に別の次元について述べる「四部構造」の表現が多かった。また，非保存者に言語の訓練をしても，必ずしも保存の観念は伸びなかったことから，ピアジェの考えを一部裏づけている。

6.3.3　言語がほかの認知的活動に及ぼす影響

　言語は，さまざまな形でほかの認知的活動に影響する。ここでは，移行学習，問題解決，そしてパーソナリティ判断に及ぼす影響について述べる。
　図6.14は，ケンドラーら（1962）の移行学習課題を示している。逆転移行とは，たとえば，第1学習で「大」が正刺激（強化が与えられる刺激）であったのに，第2学習では「小」が正刺激となるような，同一次元内で正と負の刺激が変化する移行である。非逆転移行は，第1学習と第2学習で，正と負の刺激が異なった次元の間で変化する（たとえば，大→黒）移行である。彼らの研究によれば，5～6歳以下の子どもでは非逆転移行が容易であるが，年齢とともに逆転移行が容易になることが明らかになった。彼らは，この結果を図6.15に示されたような学習形態の相違によって説明した。移行学習においては，S-R型の反応をするならば，非逆転移行のほうがやさしい。これは，逆転移行では，対A，Bともに反応をまったく変えなければならないが，非逆転移行では対Aの黒・大はそのままでよいからである。それに対し，媒介型の反応をするならば，逆転移行のほうがやさしい。こちらのほうは，大きさの媒介次元はそのままで，大を小に

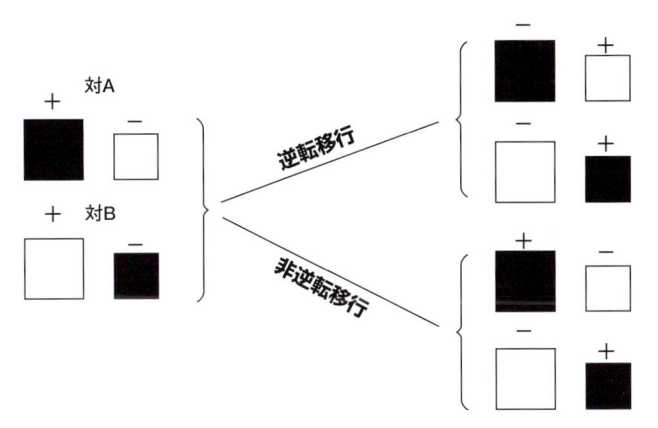

図6.14　移行学習の種類（＋は正反応，－は誤反応）(Kendler & Kendler, 1962)
逆転移行とは，第1学習と第2学習で正刺激と負刺激が同一次元内で変化する移行である。図の場合，第1学習では「大」が正で，第2学習では「小」が正になっている。非逆転移行は，第1学習で「大」が正であるのに第2学習では「黒」が正であるような移行のことである。

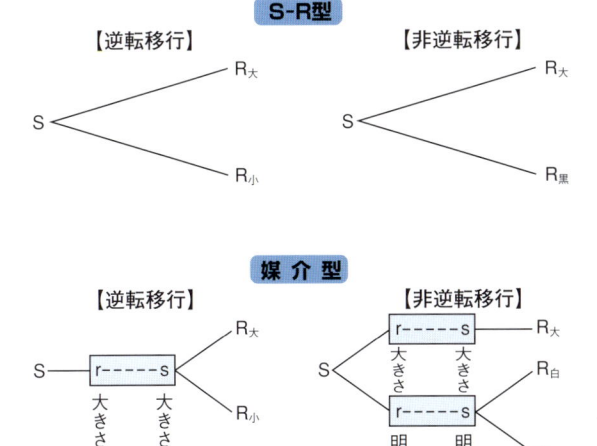

図6.15　移行学習で予想される2つの学習形態(Kendler & Kendler, 1962)
S-R型の学習形態の場合には，逆転移行では対Aも対Bも反応を変えなければならないが，非逆転移行では対Aは変える必要がない。媒介型の場合，逆転移行では「大きさ」の媒介次元をそのまま使えるが，非逆転移行では媒介次元を「大きさ」から「明暗」に変えなければならない。

6　概念過程と言語獲得

変えればよいが，非逆転移行は，大きさを明暗の次元に変えなければならないので，より難しいといえる。

　以上のことから，年齢とともに逆転移行が容易になるという事実は，年少児はS-R型の反応様式をとるが，年長になるにつれて言語を媒介として用いた反応様式をとるようになることを示すといえる。

　図6.16は，グラックスバーグとダンクス（1967）が用いた問題解決課題であり，必要な電線の長さが足りないという条件のもとで完全な電気回路を作成することを求める課題である。この問題の解決方法については，図にあるネジ回しの金属部分が電線の代用になることに気づけばよいのであるが，この正答を得ることができるのは大学生の場合でも20％以下である。それは，ネジ回し本来の機能にこだわるという機能的固着のためであるが，それを回避するためには，識別的な言語的命名をすることが有効であることが知られている。つまり，ネジ回しの柄の部分と金属部分に別々の名称を与えて，それらを概念的に分離するとこの問題の正答率は向上する。また，道具の名称が非通常的機能（この場合，電線の代用）と音韻的な関連がある場合にも，機能的固着は生じにくくなる。たとえば，レンチよりもプライヤーのほうが，電線（ワイヤー）との音の類似性によって両者の関連性を感じさせ，その結果として，プライヤーを電線の代用にすることに気づきやすくなるという効果があるのである。

　他人に対する印象や記憶も言語による影響を受けることがあることを示したのはホフマンら（1986）である。表6.6は，英語と中国語を両方使える被験者が，対象になる他者のパーソナリティ記述を読む課題を行った5日後にその他者に対する印象の評定，属性記述の自由想起，再認，推論を求められた結果の一部である。すべての教示と課題の遂行中に用いる言語が，英語または中国語のどちらかに決められた条件で上記の課題を行ったのであるが，用いられた言語の相違がパーソナリティの印象と記憶に対して影響を及ぼしていることがわかる。これは，言語相対性仮説とも関連した問題であるが，言語は認知や思考を決定するほどの影響力はないにしても，場合によっては認知の過程あるいはその結果に一定の影響を及ぼしうるものであることを示したものであるといえよう。

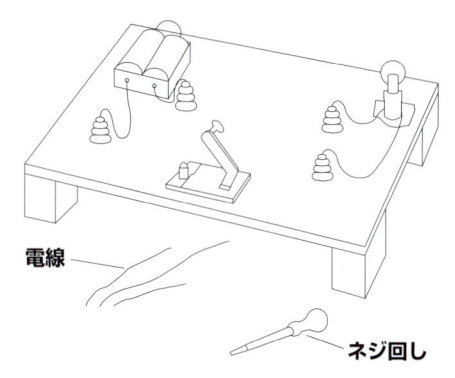

図6.16　問題解決としての回路完成問題(Glucksberg & Danks, 1967)
図の回路は，電線の長さが不足しているために完全に連結することができない。このとき，ネジ回しの金属部分を電線の代用にすることを思いつけば回路を完成することができるが，機能的固着がそれを妨害する。

表6.6　対人印象の自由記述におけるシェマ一貫の平均項目数
(Hoffman et al., 1986)

シェマ一貫の項目とは，対象人物のパーソナリティ記述には直接表現されていないが，その人物像が依拠しているパーソナリティ・シェマには含まれている属性に言及している項目のことである。これが英語で課題を遂行するか，あるいは中国語で遂行するかによって異なることが示されている。

処理に使用した言語	群	シェマの言語	
		英語	中国語
英　語	E－E	1.50	0.38
	CE－E	0.92	0.38
中国語	CE－C	0.67	1.33

＊E－Eは英語だけの話者
＊CE－Eは中国語と英語の両言語話者で英語を課題遂行中に用いる群
＊CE－Cは中国語と英語の両言語話者で課題遂行中は中国語を用いる群

6.4 言葉と脳

言葉と脳の関係については，ずっと以前から気づかれ，研究されていた。初期の研究は解剖学的なものであった。たとえば，脳内に障害があって手術を受けたところ，一定の言語障害が現れたとか，失語症の患者の死後，脳を調べてみたところ，特定の部位に障害がみられたといったものである。

従来の著名な研究は，いくつかの脳の部位が，すくなくとも一定の言語障害の一翼を担っているということを確認している。なかでも，発見した研究者の名前を冠した，ブローカ領野とウェルニッケ領野は，言葉に関するよく知られた領野である。それらは，右利きの人ではほとんどの場合左脳半球に位置している（0.4節，p.11の図0.6に概念的に示してある）。

前頭葉のブローカ領野が損傷されると，一般的には，言葉の意味はわかるが，外言としてそれを構成し，しゃべることが難しくなる。他方，そのことが発見された後で，同じ左半球の側頭葉の耳側にあるウェルニッケ領野に損傷があると，発話はできるのだが，言葉の意味がわからないという障害が出てくることがわかった。図6.17に，知能の障害の判定の一つとしてよく使用される図に対する，ブローカ失語症とウェルニッケ失語症それぞれの患者の発話の実例を示した。

もちろん，読む，書く，理解するといった言葉の活動のすべてが，以上の2つの領野だけで支配されているわけではない。脳のいくつかの部分がどのように言語活動に影響し，反響しあって行われるかということは，最近の認知神経科学によって次第に精密に解明されつつある。脳科学の急速な技術的進歩にもよるところが大きい。ちなみに，図6.18はPETによって得られた，どの言語活動に伴って脳のどの部分が活性化されるかということを如実に示すデータである。

すなわち，(a) ただ言葉を見ているときは，後頭葉の視覚野が，(b) 言葉を聞いているときは，側頭葉の聴覚を司る所やウェルニッケ領野が，(c) 言葉を話しているときは，前頭葉の運動領野が，(d) 動詞を生成するなど，言葉を考えて話しているときは，とりわけブローカ領野をはじめとして，他の分野が活性化していることがわかる。

ブローカ失語症	ウェルニッケ失語症
クッツキーの箱……落ちかかる 椅子……水……空っぽ。	えっと，これは……お母さんがこちらにいて，ここから，自分を良くしようと思って働いているんだけど，2人の子どもはほかのところを見ている。彼らの1つのタイルが，彼女の時間がここに入りこむ。……（後略）

図6.17　2種類の失語症患者の典型的な言語反応
　　　　（Gallatly, A., & Zarte, O., 1998, Mind & Brain, p.60より作成）

(a) 言葉を見ているとき　　(b) 言葉を聞いているとき

(c) 話しているとき　　(d) 言葉を考えて話しているとき

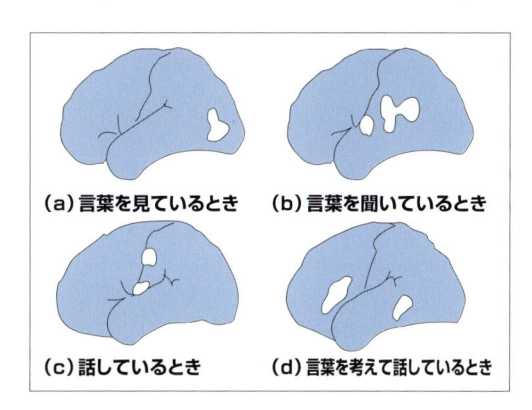

図6.18　さまざまな言語活動に伴い活性化する脳の部位
　　　　（Posner & Raichle, 1994, p.115より作成した概念図）
　　　　脳の図中の白い部分がとくに活性化していることを示す。

6　概念過程と言語獲得

参考文献

Anderson, J. R.　1995　*Learning and memory: An integrated approach.*　New York：Wiley.

Brown, R.　1973　*A first language: The early stages.*　Cambridge：Harvard University Press.

Glucksberg, S., & Danks, J.H.　1973　*Experimental psycholinguistics : An introduction.*　Hillsdale, N.J.：Erlbaum.

Hill, G.　1998　*Advanced psychology through diagrams.*　Oxford：Oxford University Press.

Owens, R.E., Jr.　1996　*Language development: An introduction* (4th ed.).　Needham Heights, MA：Allyn & Bacon.

Sinclair, H.　1967　*Acquisition du langage et développement de la pansée.*　Paris：Dunod.　サンクレール（著）　山内光哉（訳）　1978　ことばの獲得と思考の発達　誠信書房

Slobin, D.I.　1985　*A cross linguistic study of language acquisition.*　Hillsdale, NJ：Erlbaum.

Weiten, W.　1997　*Psychology : Theme & variations, briefer version* (3rd ed.)　Pacific Grove, CA：Brooks/Cole.

山内光哉（編著）　1983　記憶と思考の発達心理学　金子書房

第7章

記憶と忘却

　記憶とは一体どういうことなのか。記憶はどのようなメカニズムをもっているのだろうか。外界から受け取った情報をどのように処理し，保持し，検索し（思い出し）ていくのだろうか。記憶として貯蔵された情報や知識は，時間的経過とともに程度の差こそあれ忘却されていくが，忘却の原因はどんなものだろうか。実際には，記憶を手にとって調べることは不可能であるから，多くの実験を重ねることによって記憶の理論やモデルを仮定し，記憶の本態にせまろうと記憶研究家たちは試みてきた。一方，情報理論やコンピュータ・モデルの著しい発展に伴って，情報処理の用語や概念が利用され，人間の記憶の理解に役立てようとされてきた。さらにごく最近の認知神経科学の進歩により，人の脳の中で生じている記憶の様子がわかるようになってきた。

　本章では，記憶の考え方，記憶の研究法，記憶の理論，リハーサルの機能，顕在記憶と潜在記憶，記憶と脳との関係，ワーキング・メモリ，展望的記憶，フラッシュバルブ記憶，自伝的記憶，忘却の原因，記憶術の手法など，記憶の過程についてとりあげる。また，記憶術家の所作について簡単に説明する。

7.1 記憶とは何か

人間の記憶に関する研究は，心理学における中心的でもっとも重要な領域の一つである。私たちの過去の経験は一定の痕跡として残されて保たれ，そして必要に応じて想起され，意識の対象となる。そこで「記憶」は，人が過去に経験したことを一定の時間的経過後の行動の中で保持し，また再現する精神活動であると一般的に定義されてきた。また，記憶の心理学では，次の3つの過程を総称して記憶とよぶ。その第1は，情報を刻みこみ覚えこむ過程で，記銘（memorization）ないしは符号化（encoding）である。第2は，記銘した情報を失わないように貯蔵（storage）ないしは，保持（retention）しておく過程。第3は，保持していた情報を必要なときに記憶貯蔵庫から取り出す検索（retrieval）の過程である。

7.2 記憶概念の変遷

記憶の概念は，この20年の間に大きく変貌してきている。たとえば，1975年の『精神医学事典』（弘文堂）には「記憶は……刺激，情報，経験を記銘し，後のある時に再生，再認，追想という形で反応する」と定義されている。ところが，1993年のそれでは「記憶は，過去の影響が何らかの形で残存していること」となっている。旧版では，意識的な記銘—再生（再認）という考え方から，新版ではより大きな枠組みで記憶がとらえられるようになってきた。

今日では，記憶とは過去に獲得された情報の利用を可能にする精神機能を包括する概念であるといえる。このように記憶概念の拡大をもたらした大きな要因の1つは，ここ最近の潜在記憶に関する研究の進歩であろう（詳しくは，太田（1999）が「心理学評論」で「特集：潜在記憶」を編集している）。

従来の記憶実験で測定している記憶は，意識的想起や学習によるものである。神経心理学的領域でも，学習記銘検査のほとんどはこの顕在記憶の課題であり，健忘症ではその障害が症状の中核となる（三村，1998）。

ボックス　記憶研究の2つの方法

図7.1　エビングハウス
(Ebbinghaus, H., 1850-1909)

　人間の記憶研究は約100年前（エビングハウス，1885）に始まった。それ以来なされた研究の進歩は真に著しいものであるが，最近10年の発展はとくに著しい。新しい方法，新しい問題，新しい考え方は加速的に進歩している。とくに記憶研究の2つの異なった方法は有効なものである。タルヴィング（1998）は，**認知論的方法**と**認知神経科学的方法**の2つを区分している（表7.1）。前者は後者よりもその範囲がいささか狭い。一方，後者は前者を包含しており，前者をかなり凌駕しているとしている。

　認知論的方法は，記憶の諸現象からより一般的な理論的説明へと"**ボトム─アップ**（**データ駆動型処理**ともいう）"に見ていく。認知論的の伝統の研究者は，動物や脳損傷患者の研究にあまり関心を払わないし，脳過程とあまり関係づけようとはしてきていない。一方，認知神経科学は，"**トップ─ダウン**（**概念駆動型処理**ともいう）"的に見ていき，脳と心の関係を解明しようと目指しているといえよう。

表7.1　記憶研究の2つの方法(Tulving, 1998)

認知論的アプローチ	認知神経科学的アプローチ
心理学的	生理学的
ボトム─アップ	トップ─ダウン
認識論的	存在論的
モデル：原因	組織的：分類
説明的（explanatory）	記述的（descriptive）
予測（predictions）	非予測（no predictions）
人間の成人	"高等"動物
記憶課題	記憶システム
心理主義的（mentalistic）	還元主義（reductionistic）
認知過程	脳/心関係
行動	脳損傷：神経地図

[7]　記憶と忘却

エビングハウス以来，記憶研究のほとんどは過去の体験の再生や再認など，再現意識を伴った記憶を対象にしてきた。このような顕在記憶に対して，1970年代以降の研究では，再現意識を伴わない潜在記憶が大きくクローズアップされてきた。

私たちの日常生活では「覚えよう」「思い出そう」としなくても，過去の体験が行動に影響していることは非常に多い。このような潜在記憶は顕在記憶とは質的に異なり，一般に健忘症であっても障害をうけないことが知られている。これらの意識下の記憶や自動的な情報処理を記憶の研究領域に組み入れることは，従来の言語学習の時代から記憶概念を拡大することを意味し，より全人的な記憶の心理学に近づいたといえよう。

7.3 記憶研究の材料と方法

記憶の研究は，心理学の領域で最初に実験的手法が用いられた分野の一つである。1880年代にドイツの心理学者エビングハウス（1850-1909）は節約法とよばれる方法を用いて，記憶の諸過程を測定したり，記憶を支配している法則を調べる諸実験を最初に行った（表7.2）。彼（1885）は，純粋記憶，すなわち思考活動とは独立な記憶過程を研究するために，連想を引き起こしにくい無意味綴り（たとえば，WUX, CAZ, BIJ, ZOL, など）を学習材料として実験し，図7.2に示すような忘却過程を示した。

学習材料の種類や内容によって保持の程度は異なってくるが，一般に有意材料や体制化された材料の保持率は時間が経過しても比較的高いことが知られている。ここでバーリックら（1975）による長期間の保持を調べた研究を紹介しよう。彼らは高校時代のアルバムの中から当時のクラスメートの写真を提示し，その名前と顔を再生，再認させた。被験者は，高校卒業後，短い期間で3カ月，長い期間で48年間を経過した人である。したがって，被験者の年齢は17〜74歳にわたる。被験者（卒業生）にアルバムの中から10人の級友の写真を示し，各人の名前を再生するように求める。あるいは再認検査では，まず5枚の写真を示し，そのうちから1枚の級友の写真を選ばせ，その後にその友人を5つの名前（このうち4つの名前は，

表7.2　節約法とは

　一度学習させた内容を，一定時間経過した後に，ふたたび学習させてどの程度早く学習できるかをテストする方法。保持の程度を示す測度として，節約得点，または節約率を求める。原学習と，保持を調べる再学習の時点で測定された得点の各々を，下記の手続きによって比較する。たとえば，原学習で10回の試行数を要し，1日後では5回で基準に達したとすれば，節約得点は，10－5＝5（回）となる。また，節約率は次式で示されうる。

$$節約率 = \frac{原学習に要した回数（時間）-再学習に要した回数（時間）}{原学習に要した回数（時間）} \times 100$$

$$節約率 = \frac{10-5}{10} \times 100 = （50\%）$$

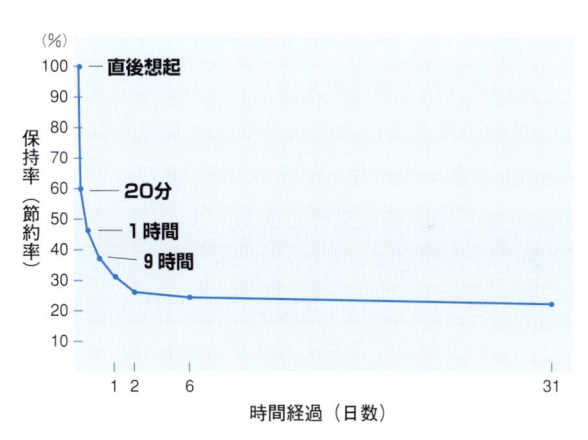

図7.2　エビングハウスの忘却曲線
(Ebbinghaus, 1885)

エビングハウスは，1系列13個からなる無意味綴りリストを覚え，ある一定時間経過後にどれくらい思い出せるかを自分で測定した。20分後に58％を，1時間後に44％を，1日後には26％を，31日後に21％の保持率を示すことができた。保持量（節約率）は学習後1日で急速に減少するが，それ以後の忘却はそれほど急ではなく，いわゆる負の加速度曲線を示している。この曲線は機械的記録を含む多くの研究結果に認められる典型的なものである。

級友の名前ではない）の中から選択させることであった。約半世紀経過した後でも，級友の名前や写真を75％の正確さで再認はできるが，名前の再生は20％台に落ちてしまう（図7.3）。

7.3.1 保持の測定法

保持の程度が測定される方法によっても異なってくることは，前述のバーリックらの研究からも知ることができる。先行経験を意識的に回想する顕在記憶と意識的に回想しない潜在記憶において現在使用されている代表的な測定方法を説明する。

顕在記憶のテスト　顕在記憶のテストには，再生法，再認法，手がかり再生法の3つがある。

再生（想起recall）法　文字や図形を見せておいて，その後でどんなものがあったかを書かせたり，あるいは答えさせたりするやり方である。さらに再生法は，自由再生法と順序再生法に分けられる。前者は，特別の条件をつけないで思い出すままに自由に再生させるやり方である。後者は，提示された順序通りに思い出させるやり方である。

再認（recognition）法　前に見せた図形，または文字を示して，それが前にみたものか否かを判定させるやり方である。通常，学習段階で提示したいくつかの材料の中に，これと類似した別の新しい材料を混ぜて，以前のものと新しいものとを当てさせる方法がとられる。

手がかり再生（cued recall）法　文字を見せておいて，その後で手がかりを与えて思い出させるやり方である。たとえば，学習段階で「犬」を提示し，テスト時に動物という手がかり（動物─？）を与えて「犬」を思い出させる方法である。

潜在記憶のテスト　潜在記憶のテストには，単語断片完成課題，単語語幹完成課題，知覚的同定課題の3つがある（ここではプライミングのテストを表7.3に示す）。

単語断片完成課題（word fragement completion task）　先行刺激を提

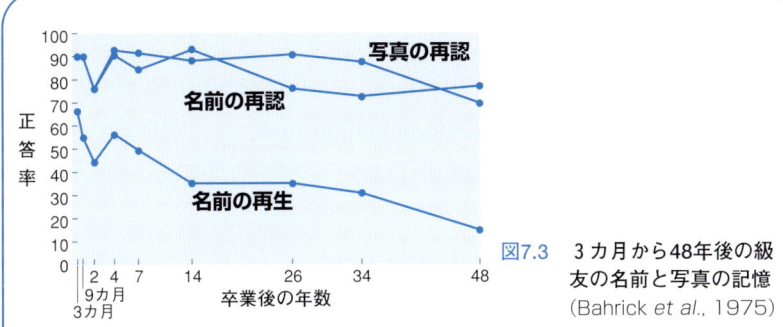

図7.3 3カ月から48年後の級友の名前と写真の記憶
(Bahrick et al., 1975)

卒業アルバムの写真を用いて、高校卒業後3カ月目の人から48年経過した被験者を対象に、同級生の名前の再生、名前の再認、そして写真を用いた再認テストの結果。名前であれ顔写真であれ、再認率は48年後でも約75％を示している。一方、正再生率はかなり低下しており、約20％になっている。

表7.3 プライミング実験の一例

ステージ1は学習項目の提示、ステージ2は単語完成のプライミングテスト、ステージ3は普通の再認テストである。学習項目の提示の際は、実験の意図を伏せていわゆる偶発学習の形をとり、後続の検査でも被験者には記憶の実験であることを気づかせないようにする。

	例
ステージ1（学習）	
学習する語の提示	ほうれんそう しんりがく
ステージ2（単語完成課題のプライミングテスト）	
前に提示した語（旧項目）と提示しなかった語（新項目）の断片項目を提示して、思いつく単語を完成させる。 そして、（完成した旧項目数）－（完成した新項目数）＝プライミングの量とする。	ほ□れ□そ□ □んか□せ□ □ん□が□ □どう□ゃ，等 答 ┤ほうれんそう（旧項目） 　　しんかんせん（新項目） 　　しんりがく（旧項目） 　　じどうしゃ（新項目），等
ステージ3（再認テスト）	
旧項目と新項目を提示して、旧項目を再認させる。	ほうれんそう キャベツ しんりがく ろんりがく

7 記憶と忘却

示し（学習段階で，「ほうれんそう」を提示し），後続刺激を処理（テスト段階で，「ほ□れ□そ□」を示し，「ほうれんそう」を完成）させる課題である。

単語語幹完成課題（word stem completion task）　学習段階で「ほうれんそう」を提示し，テスト段階で「ほう□□□□」を示し，「ほうれんそう」を完成させる課題である。

知覚的同定課題（word identification task）　学習段階で「ほうれんそう」を提示した後に，テスト段階で「ほうれんそう」を通常タキストスコープなどで短時間（約40ミリ秒，$\frac{40}{1000}$秒間）提示して，それ（ほうれんそう）を言わせる知覚的同定課題である。

7.3.2　学習材料

記憶研究において，用いられている標準化された尺度には，表7.4（荒木，1982）に示す通り連想価，有意味度，イメージ価，カテゴリー語，出現度数などがある。わが国で用いられている利用可能な材料を一部示しておく。

7.4　記憶の理論と記憶の分類

まず，記憶研究の領域では行動主義の考え方から，内的過程を重視する"認知論"的方向へ変化した。情報理論やコンピュータ・モデルの著しい発展に伴って，情報処理の用語や概念（たとえば，符号化，解読，処理，貯蔵，検索など）を利用し，人間の記憶過程を構成している要素やプロセスを推定し，記憶モデルを仮定するようになった。さらに，顕在記憶と潜在記憶の区分により，長期記憶の分類がなされるようになってきた。

7.4.1　記憶の二過程説

1965年以来，何人かの理論家たちは記憶の二過程理論ともよばれるモデルを立てるようになった（ウォーとノーマン，1965；アトキンソンとシフリン，1968）。すでに古典とされているその考えによれば，貯蔵機制

表7.4 記憶研究において用いられる材料 (荒木, 1982)

記憶の対象		
1.有意味材料	具体的なものから抽象的なものがある。	単語・文章, 絵図形数字, 記号, 動作。
2.無意味材料	幾何学図形や人造語。	

標準化された言語尺度		
1.連想価	Glaze（1928）は無意味綴りについて有意味な連想を測定し，連想価と名づけた。連想価は通常連想を生じた被験者の百分率で示す（Noble, 1961）。わが国では梅本（1955），秋田（1964）などがある。	
2.有意味度	一定時間内（15〜20秒）に被験者の行った平均連想数をいう（Noble, 1952）。賀集と久保（1954）によるF価がある。	
3.イメージ価	一定時間内に表像される心像の平均数で表されたり，評定価によって示される。Pavioら（1968）は925個の英国名詞について，具体性，イメージ価を示した。	
4.カテゴリー語	カテゴリーに属する事例を制限連想させたもの。Bousfield & Whitmarsh（1957）による43カテゴリー表がある。わが国では大学生についての秋田（1968）や小川（1972）によるカテゴリー表や小学生についての荒木（1981）による40カテゴリー表がある。	
5.出現度数	ある語が，さまざまな文献の中でどれだけ現れるかという度数を示すもの。Thorndike & Lorge（1944）の教師のための基本語彙30,000語や坂本（1958）の教育基本語彙がある。	

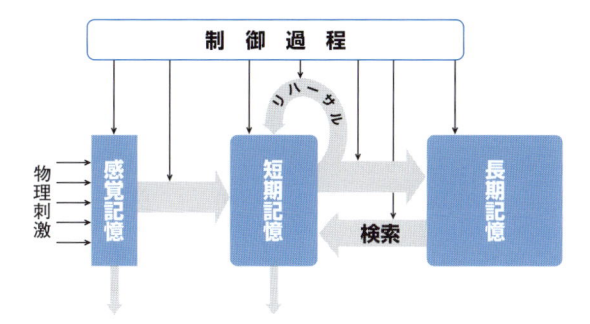

図7.4 記憶系における情報処理モデル

このモデルの中には，3つの構造的要素（感覚記憶，短期記憶，長期記憶）と制御過程が含まれている。まず，外部からの情報は最初に感覚記憶に入力される。ここで処理された一部の情報が短期記憶に送られてくる。短期貯蔵庫でリハーサルや符号化を受けた情報が長期記憶へ転送される。

7 記憶と忘却

がごく短い時間に限られた**短期記憶**（short-term memory, STM）と幾度もリハーサルや注意を受けた長い記憶の**長期記憶**（long-term memory, LTM）を区別している。一般的に考えられている記憶モデルを図7.4に示す。このモデルの中には3つの構造的要因（感覚記憶，STM，LTM）と**制御過程**（control processes）が含まれている。まず，外部からの情報は感覚登録器に入る。ここは情報が最初に貯えられる場所，すなわち**感覚貯蔵庫**（sensory store）ともよばれる。感覚貯蔵庫は比較的多くの入力情報を保持することができるが，これらの情報は他の記憶系に送るような処理（たとえば，注意を向けること）がなされないかぎり，ごく短い時間で消滅してしまう。視覚的感覚記憶では1秒以下，聴覚的感覚記憶では4〜5秒以下とされている。何らかの処理を受けた一部の情報のみがSTMに送られてくる。STMに情報が保存されるための一つの方法はリハーサルすることである。リハーサルとは，情報に注意を向け何度も何度も反復して唱えることである。だが，STMの許容量は限られており，ミラー（1956）によれば，7±2，すなわち5〜9チャンク（情報のかたまり）の範囲である。新しい項目が入ってくると，この容量の限度のために前の項目はどうしても出ていかなければならなくなる。被験者がその情報を後で必要だと考えるならば，その情報をSTMにとどめ置き，リハーサルを繰り返したり，必要があれば再符号（recoding）してLTMに転送することになる。

7.4.2 神経心理学的な分類

　貯蔵時間が短期記憶の容量を超えるものを，すべて長期記憶としてまとめる立場は，記憶障害の臨床からはむしろなじみにくいとされている（三村，1998）。健忘症の患者は，数分後には想起できても，1時間後には想起できないことが多いという。

　神経心理学の立場からは，記憶をその記銘から再生や再認までの保持時間の長さにしたがって，**短期記憶・近時記憶・遠隔記憶**の3つに区別する（図7.5）。即時記憶は短期記憶にほぼ相当し，近時記憶と遠隔記憶は長期記憶に属する。近時記憶は数分から数時間，数日くらいの間隔をもって想起する記憶で，もっとも急速に忘却が起こる部分の記憶をさす。それ以上

図7.5 時間の長さで分けられる3つの記憶：短期記憶・近時記憶・遠隔記憶
（岩田，1998を改変）

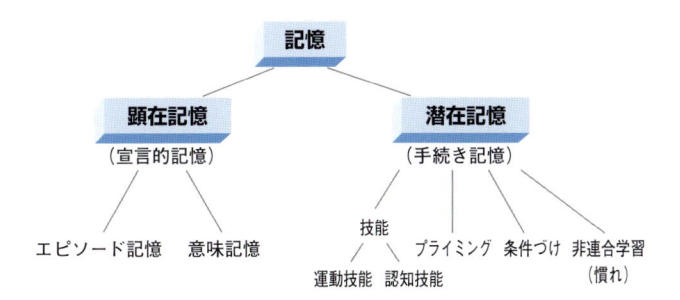

図7.6 スクワイア（1987）による記憶の分類(Atkinson *et al*., 1996を一部改変)
ただし，意味記憶は潜在的に検索されるとする考え方もある
（Schacter & Tulving, 1994）。

の数週から何十年にもわたる記憶を遠隔記憶とよぶ。近時記憶と遠隔記憶の時間的区別は研究者によってかなり幅が異なり，厳密なものではない。

7.4.3　長期記憶の多様性

　長期記憶に含まれている情報は，その内容によりいくつかに分類できる。図7.6に，よく引用されるスクワイア（1987）による記憶の区分を示す。記憶はまず，何らかの形で言葉やイメージで表すことができる宣言的記憶（顕在記憶）と，それができない非宣言的記憶（潜在記憶）とに分けられる。

　宣言的記憶にはエピソード記憶と意味記憶とが含まれる。エピソード記憶とは自分がいつ，どこで，何をしたかという時間・空間的に定位された生活史や社会事象の記憶である。一方，意味記憶は，単語・数字・概念・事実など社会全般に通用する記憶で，客観的・理性的な知識の記憶に相当する（なお，意味記憶は，8.1節でより詳しく説明する）。

　宣言的記憶，ことにエピソード記憶は意識的に学習，想起される記憶であり，顕在記憶としてとられることができる（タルヴィングら，1994，表7.5）。これに対して手続き記憶は体験の反復により，何らかの知識が獲得されるが，その知識を自分自身でもうまく説明できない。これには技能，プライミング，条件づけ，非連合学習（慣れ，習慣）などが含まれるが，知識を持っていることに自ら意識的に気づくことはなく，またその知識に意図的・自覚的にアクセスすることもできない。その意味で潜在記憶と考えられている。

7.4.4　処理水準説

　クレークとロックハート（1972）による"情報の処理水準"説はアトキンソンらの多段階貯蔵機構の考え方と異なっている。記憶の形成は，入力刺激に対する被験者による知覚的・認知的な分析の性質に依存するというものである。入力情報は処理の浅いレベルから深いレベルとさまざまな段階まで処理されるが，分析のレベルが深いほど精緻化される程度が深くなり，より良い記憶となる。いま，処理水準と精緻化の程度と記憶との関係

表7.5 タルヴィングによる記憶システムと検索意識の対応
(Schacter & Tulving, 1994を一部修正)

記憶システム	別の用語	サブシステム	検索
エピソード記憶 (episodic memory)	自伝的*個人的記憶 (autobiographical personal memory)		顕在的 (explicit)
一時記憶 (primary memory)	作動記憶 (working memory)	視覚（visual） 聴覚（auditory）	顕在的 (explicit)
意味記憶 (semantic memory)	知識システム (knowledge system) カテゴリー記憶 (categorical memory)	空間的（spatial） 関連性（relational）	潜在的 (implicit)
PRS （知覚表象システム； perceptual representation system**）	知覚プライミング (perceptual priming) 非宣言的 (non-declarative)	視覚単語形態 (visual word form) 聴覚単語形態 (auditory word form) 構造記述 (structural description)	潜在的 (implicit)
手続き記憶 (procedural memory)	スキル学習 (skill learning) 非宣言的 (non-declarative)	運動技能（motor skills） 認知技能（cognitive skills） 単純な条件付け (simple conditioning)	潜在的 (implicit)

*自伝的記憶については，7.8節参照のこと．
**PRSは，記憶のシステム説において想起意識を伴わない記憶である潜在記憶の基礎にあると考えられているシステムである．

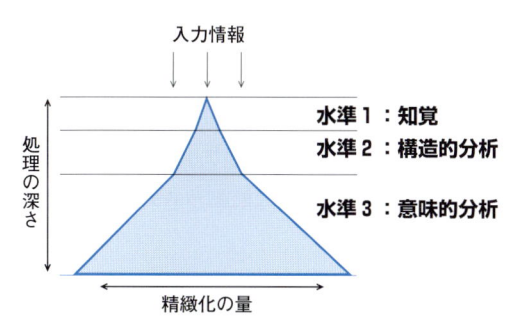

図7.7 処理の水準，情報の精緻化および記憶との関係を要約した図
(Morgan et al., 1979)

保持される情報量は青い部分で表されている．処理水準のもっとも浅い水準1では，精緻化の量がもっとも少なく，記憶量はもっとも低い．水準2の構造的分析の段階になって，精緻化の量も記憶量も増加してくる．水準3の意味的分析段階で記憶量がもっとも高くなってくる．

を具体的に図示すれば，図7.7のようになる。最初の処理水準は情報の単純な知覚であり，これは情報を認知したそのままの状態といってもよい。より深い水準では，情報の構造的特性が分析される。もっと深い水準になると，情報の意味が分析される。記憶として保持される量（青い部分）は処理の水準と情報が精緻化される程度に依存していることが読みとれる。もっとも良い記憶は意味的水準まで処理される場合であり，ここでは精緻化の量は最大である。

　ここで，クレークとタルヴィング（1975）（図7.8，図7.9）が処理の深さと記憶の保持量との関係を検討した実験を説明する。偶発学習の図式をとり，被験者には"この実験は知覚と反応の速さを調べるものである"と教示する。学習材料として普通名詞が用いられ，各試行に1個の名詞がタキストスコープで200ミリ（0.2）秒間提示される。被験者にその単語に対する処理水準を決定させるための方向づけの質問課題を，単語を提示する前に与える。表7.6に示すように，活字的処理，音韻的処理，文章処理のいずれかであり，ランダムに与えられる。文章処理を例にとってみると，まず"その単語は次の文章「彼は街で――に会った」に挿入できますか"と質問し，その1秒後に"友人friend"を提示する。被験者はただちに"Yes"の反応キーを押すことになる。"曇りcloud"が提示されたときは，いうまでもなく"No"の反応キーを押すことになる。単語の提示から被験者が反応するまでの潜時は，被験者がその単語を処理するのに要した時間として記録される。このような手続きで，60個の学習材料を提示したあと，単語の保持テストが課される。図7.10に示す通り，処理の深さが増すにつれて，処理時間，再認率，再生率がそれぞれ増加しているのが認められる。

　さらに，ロジャースら（1977）は，"次に出される形容詞はあなたの性格に当てはまるかどうか判断して下さい"という自我関与の方向づけ課題が文章処理のような意味的水準よりも高い保持を示すことを見出している。

7.4.5　記憶情報の制御

　記憶という営みを行う際には，単純に入力情報を記銘し，保持し，検索

図7.8 クレーク（Craik, F. I. M.）トロント大学教授。

図7.9 タルヴィング（Tulving, E.）トロント大学名誉教授，ロットマン研究所の中心的研究員。

表7.6 処理水準の違いと反応（Craik & Tulving, 1975）

処理水準	質問	答え Yes	答え No
活　字	その単語は大文字で書かれているか	TABLE	table
音　韻	その単語はweightと韻をふむか	crate	market
文　章	その単語は次の文章に挿入できるか："彼は街で──に会った"	friend（友人）	cloud（曇り）

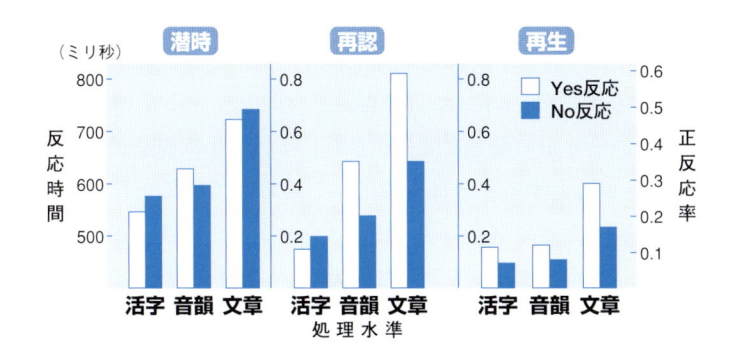

図7.10 処理水準と反応潜時，再認，再生との関係
（Kintsch, 1977, Craik & Tulving, 1975の実験1と2にもとづく）
処理水準が活字→音韻→文章処理へと深くなるほど，情報処理に要する時間（潜時）も増加しており，同時に，再認と想起における正反応率が次第に上昇している。

7 記憶と忘却

するのではない。私たちは入力情報の流れを方向づけたり、記銘行動を効果的にするためにリハーサル、再符号化、体制化などの記銘方略を能動的に使用している。このような働きはまた、より早くより正確な検索も促進するものである。

　いま一つリハーサルの働きを検討してみよう。電話帳で読みとったばかりの番号をダイヤルするとき、番号を"661-2411, 661-2411, ……"と復唱している限り忘れることは少ない。何回も反復している間に完全に記憶してしまうことを私たちは体験的に知っている。これは電話番号という情報をSTMからLTMへ転送し、LTMに定着させた結果だと考えられる。このように、リハーサルは2つの機能、①リハーサルをしている間は、情報をSTMに保持しておく**維持機能**（maintenance）と、②リハーサルを受けた情報をSTMからLTMへ**転送する**（transfer）**機能**、をもっている。ランダス（1971）の実験は、リハーサルの機能を明確に示してくれた。1系列、たとえば15個の項目からなるリストを、1項目につき5秒間ずつ提示していく。被験者は必ず声に出してリハーサルしながら学習することが課せられるが、自由にリハーサルしてよい。この発声リハーサルはテープレコーダーに記録しておく。それぞれの位置項目がうけたリハーサルの平均回数を計算し、その項目の再生率との関係を示したのが図7.11である。この結果はLTMからの出力とみなされている系列位置の前部および中部くらいにおいて、リハーサル回数と再生率との間に正の関係が存在することを示している。だが、STMからの再生を反映している系列の終末部位の再生率はリハーサルの量とは関係がない。リハーサルの量が増加するほど、LTMの量が増大することは一般的に認められている。しかし、その後の研究（クレークとワトキンス、1973、ウッドワードら、1973）をもとにして、リハーサルのタイプを次の2種類に分けられるようになってきた。その一つは、**維持的リハーサル**、**1次的リハーサル**、**タイプⅠのリハーサル**などとよばれているもので、学習項目の意味をあまり考えないで項目の音韻そのものを単純に反復するやり方である。このタイプのリハーサルは情報の処理水準が浅く、リハーサルの量や時間を増加させてもLTMの形成とは結びつきにくい。もう一つのリハーサルは、**構成的・精緻的リハー**

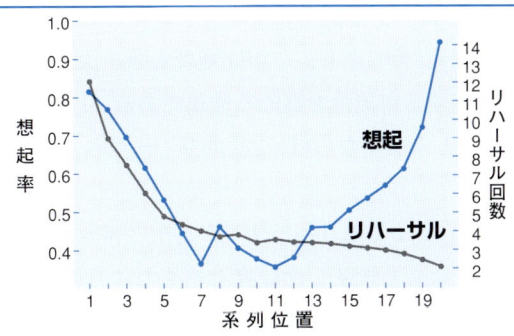

図7.11 リハーサル回数と想起率との関係を示す系列位置曲線(Rundus, 1971)
LTMからの出力であると仮定されている系列の初頭部および中央部においては、リハーサル回数と正想起率との間に明白な正の関係性があることを示している。一方、STMからの出力とみなされる終末部位では、リハーサル回数の影響は認められない。

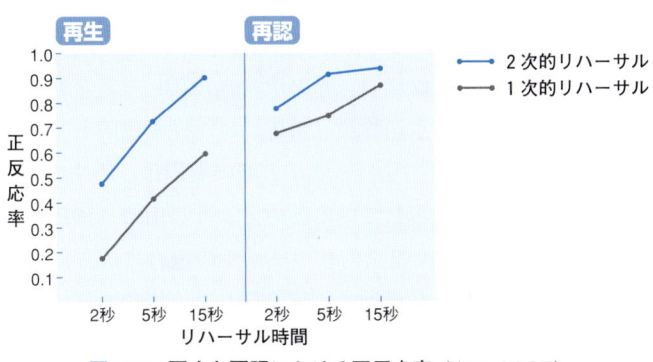

図7.12 再生と再認における正反応率(山口, 1997)

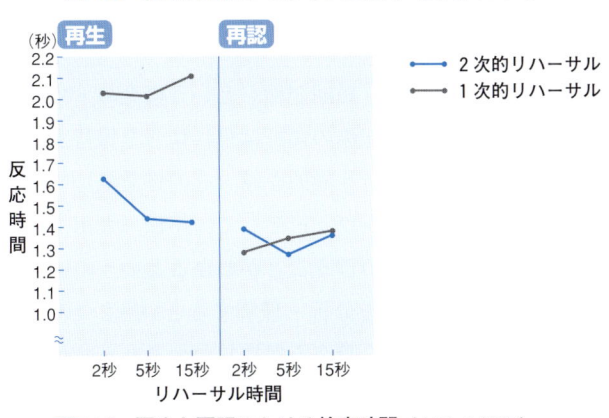

図7.13 再生と再認における検索時間(山口, 1997)

7 記憶と忘却

サル，2次的リハーサル，タイプⅡのリハーサルなどとよばれ，情報の意味を考えたり，イメージ化したり，いわば処理水準を深くすることによって情報をLTMへ転送する可能性を高める種類である．1次的リハーサルを受動的な復唱過程だとみなすならば，2次的リハーサルは能動的なものといえる．

いま，山口（1997）による両リハーサルが再生と再認における正反応率と検索時間に及ぼす効果を検証した研究を紹介しよう．学習材料として，20個の単語－数字対（たとえば，鯛－15，竹－13など）からなる対連合課題が用いられた．その結果，再生と再認において2次的リハーサル群が1次的リハーサル群よりも有意に高い正反応率を示した（図7.12）．さらに再生において2次的リハーサル群が，1次的リハーサル群より有意に短い検索時間を示している（図7.13）．ただし，再認課題では両リハーサル条件の反応潜時に差は認められない．キンチュ（1970）やアンダーソンとバウワー（1972）の再生の二重過程説（再生には①探索段階と②決定段階があるという考え）に立てば，リハーサル方略の要因は，再生の第1段階の項目の探索時間に差をもたらしているといえよう．山口（1977）は，この結果から，符号化水準の高い2次的リハーサルの場合には，長期貯蔵庫内のターゲット項目への接近が相対的に早く行われ，探索過程に要する時間が1次的リハーサルの場合よりも短くなったものと考察している．

7.4.6 作動記憶

先に情報を一時的に保持する「短期記憶」という概念の下での記憶をみてきたが，近年になって，この記憶の領野は単に情報を保持するだけではなく，推理・理解・分析なども行う知的な場（心の作業場）ではないかと考えられるようになってきた（レヴューとして，小松・太田，1999）．

たとえば，会話において相手の言うことがわかるというのは，直前に話された内容を保持しつつ，内容を分析・理解するという2つの働きが必要である．また，暗算を行うには，数字を保持しつつそれらに長期記憶から取り出してきた四則演算法を使って行うことが要求される．つまり，これら両者の場合，いずれも保持だけではなく，並行して適切な知的活動を行

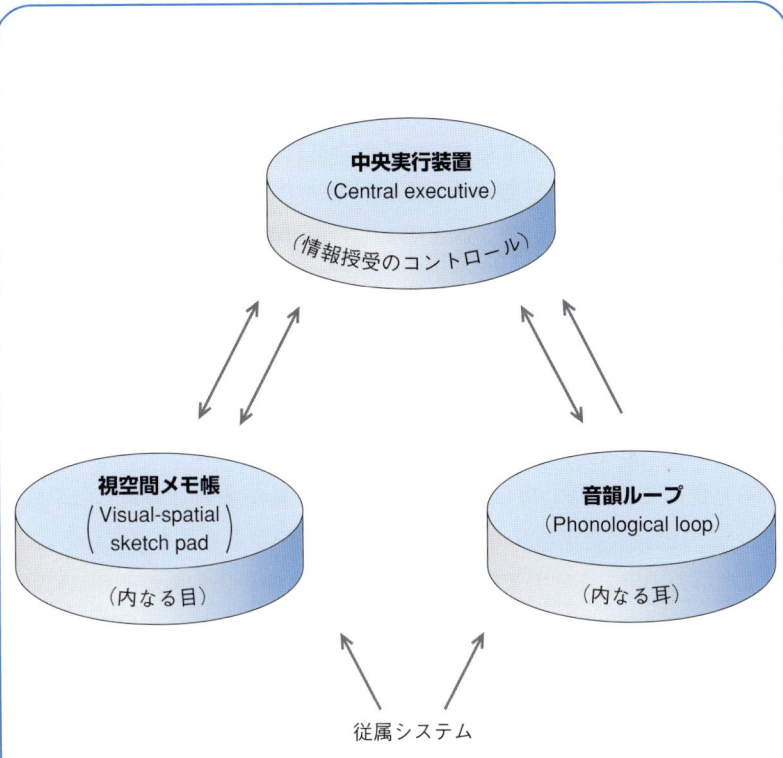

図7.14 バッドレーの考えにもとづき，作動記憶のモデルを図示したもの
作動記憶は視覚的メモのようなイメージと音韻的ループと，それらをコントロールするシステム（中央実行系）より形成されているというモデルで解釈されている。なお，中央実行装置について異論もあり，今後の研究の余地があるとされている。

電車に乗り遅れたので，母に車で送ってもらった。
彼はぶっきらぼうだが，根はいいやつだ。
公園で昼寝をしていたら，大きな蜂に刺された。
その子どもは目を丸くして，わからないという表情をした。

図7.15 苧阪による読みの範囲記憶テスト課題（苧阪, 1998）

うことが必要である。そこで，短期記憶ではなく，「**作動記憶**」（「**作業記憶**」とも訳す，working memory）という概念が記憶の理論家の間で使われ，それに関する実験が数多く行われるようになってきた（たとえば，バッドレー，1986）し，作動記憶についての細部機構（システム）も理論化されるようになってきた。彼は作動記憶は単一ではなく，少なくとも3つの異なる成分から構成されていると唱えている（**図7.14**）。

　ここでは，作動記憶の検査の一つ，**読みの範囲記憶テスト**（reading span test，略してRST）について見てみよう。わが国では苧阪らのグループが，日本語版のテストを開発している（**図7.15**）。このテストによれば，たとえば4つの文があり，それを音読させつつ，同時に文中に線が引いてある語を覚えさせた後で，それらの語を思い出させるというものである。多く覚えていればいるほど，作動記憶の容量が多いといえる（苧阪，1998）。この成績と文章理解力には有意な正の相関があるとされている。

　いま理解力のテストとして前方照応テスト（文中の代名詞がそれに先行するどの名詞にあたるかを判定させるテスト）得点との関係の例をあげれば，RSTとそのテストの間には$r = 0.8$の高い相関があるとされている（並木，1999）。

7.5 フラッシュバルブ記憶

　私たちは日常生活において，非常にショッキングな出来事のニュースなどを聞いたり見たりすると，長い間はっきり覚えていることがある（**図7.16**）。ブラウンとクリフ（1977）は，この記憶が普通の記憶とは異なる特殊な記憶であると考え，**フラッシュバルブ記憶**（flashbulb memory）とよんだ。ブラウンらは，この記憶は事件などを経験したときに瞬間的に焼き付けられるもので，特殊な神経メカニズムによると考えた。

　ブラウンらは暗殺などの不意の出来事の記憶について調査を行い，このような記憶の特殊性を示している。対象となった事件にはケネディ大統領の暗殺に代表されるものや，キング牧師その他の黒人運動の指導者の暗殺などが含まれていた。被験者には，その事件を知ったときの状況を覚えて

図7.16　阪神・淡路大震災で根こそぎ倒れたビル
（写真提供：毎日新聞社）
1995年1月17日未明に起こった阪神・淡路大震災の記憶は，私たちの心に未だに鮮明に残っている。

表7.7　フラッシュバルブ記憶(山口, 1999)
69人の大学生の被験者を対象に調べた結果*。

阪神淡路大震災	36	皇太子・雅子さんの御結婚	4
オウム地下鉄サリン事件	35	安室奈美恵結婚	4
ダイアナ元妃の事故死	20	バルセロナ五輪	4
和歌山カレー毒物混入事件	20	尾崎　豊死去	3
神戸小学生殺害事件	17	アイルトン・セナの死	3
宮崎　勤が幼女連続殺害で逮捕	16	松田聖子の離婚・再婚	3
元X－Japan hideの死	12	ペルー大使館人質事件	2
長野冬期オリンピック	10	貴明・保奈美電撃結婚	2
イラクがクウェートへの侵略	9	寅（渥美　清）さんの死	2
昭和天皇死去	6	ベルリンの壁崩壊	2
雲仙普賢岳の噴火	6	中国・天安門事件	2
サッカー・ワールドカップにまつわる試合	5		

*（2002年に，もし同様の調査が行われるならば，おそらく米国の「世界貿易センタービル」へのテロ事件が上位にくるであろう。）

いるかどうかを最初に聞かれる。そして事件を覚えている場合には，その事件について自由記述を行った。

ケネディ暗殺の自由記述を分析すると，半分以上の記述において，①そのニュースを聞いたときに自分がいた「場所」，②ニュースにより中断された「そのとき進行していたこと」，③「ニュースの情報源」，④ニュースを聞いたときの「他人に対する影響」，⑤「自分に対する影響」，⑥事件の「余波」の6項目について記憶していた（詳しくは，篠原，1998）。その他の事件についてもこの6項目のカテゴリーは，フラッシュバルブ記憶の標準的なものとみなされた。

フラッシュバルブ記憶が普通の記憶とは異なる特殊な記憶であるのかどうかについては，異論もある。ナイサー（1982）は，特殊な記憶であるという考え方に疑問を呈している。彼はいくつかの疑問点を指摘しているが，その一つはフラッシュバルブ記憶というものが必ずしも正確でないということである。フラッシュバルブ記憶が特殊な記憶であるかどうかは，結論が出ているわけではない。しかしながら，強力な印象を持つ出来事の記憶は，時間が経過してもあまり変容しない傾向があるとはいえよう。

いま大学1年生と2年生（18～20歳）を対象に，フラッシュバルブ記憶について調査した結果（山口，1999，未発表）を示そう。表7.7に示すものは69人の回答中にもっとも多い順に並べた出来事を示している。

7.6 記憶と脳との関係

近年の記憶研究は，認知神経科学的研究，**PET**（positron emission tomography；陽電子放射撮影法）や**fMRI**（functional magnetic resonance image；機能的磁気共鳴映像法）のような方法による脳地図診断法から多くのことが明らかにされてきている。PETやfMRIの技術の進歩に伴い，生体のまま脳の機能を調べることが可能となり，顕在記憶と潜在記憶は脳のどこがどういうようにかかわっているかが解明されつつある。PETは記憶過程を特定するだけではなく，理論的な議論を仲裁するために使用されるようになってきた。PET研究は，記憶の符号化と検索過程

HERAモデル

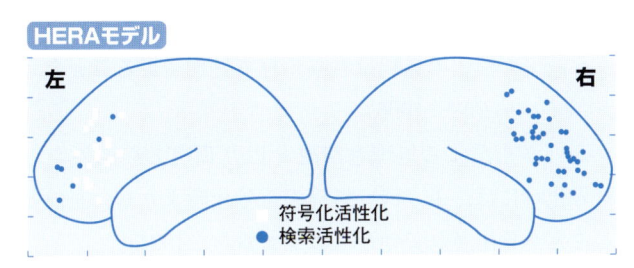

左　　　　　　　　　　　右

符号化活性化
● 検索活性化

図7.17　HERAモデルの全体図(Nyberg *et al.*, 1996; Tulving, 1998)
結果のデータは，エピソード記憶の符号化と検索のPET研究の異なる25論文から得られたもの。各点は，符号化−検索（符号化時での脳血流量から検索時での脳血流量を引いたもの），または検索−符号化の減法分析の結果を示している。符号化と検索の活性化領域のピークは，脳の左と右側側頭葉表層を反映している。

表7.8　短期記憶から長期記憶への転送障害

よく年寄りが，一度質問して答えても，数分後に何度も聞くという現象をよく見聞きするであろう。このことは，記憶を司る大切な部分，とりわけ海馬とその周辺に障害が起こっていることが想定される。

また，よく例に出されるのが，米国の神経学者ミルナーら（1968年）が，報告したてんかんの患者HMの事例である。この患者は重いてんかんの障害のために海馬とその周辺の部分を切除されていた。

HMは，この手術を受けて以降，新しく物を覚えようとしても片端から忘れてしまうという「前向性健忘」(anterograde amnesia) という症状を呈していることがわかった。すなわち，術後数年後のことはどれも覚えていないのだった。しかし，術前の昔の出来事（長期記憶）は，損なわれずに残っていたのだった。彼にとっては，新しいことは，常に新鮮な体験であったであろう。短期から長期への転送機能が不可能だった。

7　記憶と忘却

を特定する広範囲な大脳皮質と大脳皮質下の回路の存在を指摘するようになってきた。タルヴィング（1996）らの**HERAモデル**（hemispheric encoding / retrieval asymmetry；**記憶の符号化・検索の半球非対称性モデル**）によれば，エピソード記憶の符号化の過程は左脳半球で処理されるが，エピソード記憶の検索の過程は右脳半球で処理されることを示している（図7.17，ニイバーグら，1996）。

さらに，クレークらによる処理水準説とPET研究との関係から，処理のより深い符号化時には，より浅い処理の符号化時よりも，左前頭葉がより活性化することが見出されている（カプュルら，1994）。

7.7 展望的記憶

いままで述べた記憶は，過去に関する記憶であったが，これから行う記憶，いわば未来の記憶も，記憶研究の対象になってきた。過去の記憶を**回想的記憶**（retrospective memory），未来に展開するいまから行うことの記憶を**展望的記憶**（prospective memory）とよばれるようになった。

何日何時に病院に行く，いつ電話をかける，会合の約束をする，などの日常生活でいつも起こっていることの記憶は，生活にとって欠かすことのできない記憶であろう（レヴューとしては，梅田・小谷津，1998；小松・太田，1999参照）。この記憶の研究には，実際に覚えたことを行ったか，忘れないために何をしたか（モニタリングまたはメタ認知機能）といったことも含まれている。

展望的記憶は加齢（aging）による記憶障害との関係で注目を集めてきた（小松・太田，1999）。クレーク（1986）による加齢理論（表7.9）では，高齢者は**自己始動型**（self-initiated activity）検索を実行するのにとくに困難を示すと唱えられている。検索手がかりのような**環境支援**（environmental support）がない条件では，環境支援が豊富な場合に比べ，加齢による記憶障害が出現しやすいとする。

環境支援の度合いを基準とした場合，プライミングのような潜在記憶検査は支援がもっとも豊富であり，加齢の影響を受けにくい。顕在記憶検査

表7.9 加齢と記憶課題における処理の関係の仮説 (Craik, 1986)
展望的記憶は自己始動型の処理をもっとも必要とするが，環境支援型処理は最少になる。加齢とともに展望的記憶はもっとも劣ってくると考えられている。

記憶課題	環境支援	自己始動活動	加齢に伴う減少
展望的記憶 **自由再生** **手がかり再生** **再認** **再学習** **手続き記憶** **（プライミング課題）**	最　小 ↓ 最　大	最　大 ↑ 最　小	加齢による障害が生じる ↑ 加齢による差なし

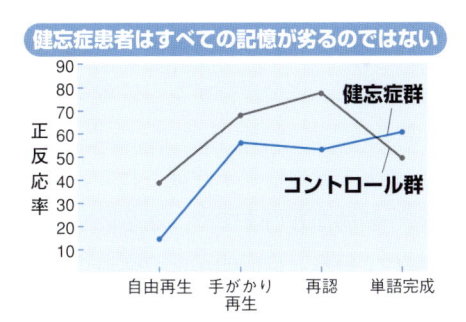

健忘症患者はすべての記憶が劣るのではない

図7.18 自由再生，手がかり再生，再認記憶，単語完成テストにおける健忘症患者と正常者の成績 (Graf et al., 1984)
単語完成（プライミング）テストでは健忘症群と正常者間に差は認められないが，ほかの3つの顕在記憶テストでは，両群間に差が認められる（Eysenck & Keane, 1995より）。

では，再認，手がかり再生，自由再生の順で環境支援が低下していく。展望的記憶検査は，顕在記憶検査の中で環境支援がもっとも乏しいとされる自由再生に比べても，より自己始動型検索に依存すると位置づけられ，それゆえに加齢による記憶障害がもっとも出現しやすいとクレークは予測した。

　しかしながら，これには異論がないわけではない。たとえば，何日，何時に電話をかけるといった日常事態の展望的記憶についての，若年者と高齢者のうっかりした物忘れについて，質問紙法を用いて調べた結果では，若年者のほうが高齢者よりも，うっかりした物忘れが多かった。高齢者はこうした場合，意図的に日記をつけるとか，忘備のためのリストを作るとかという所作を怠らなかったのである（メイヤー，1990，また同様の傾向については，梅田と小谷津，1998参照）。

7.8 自伝的記憶

　自伝的記憶（autobiographical memory）は私たちの個人的経験の記憶である。自伝的記憶は，経験した「時」や「場所」，実際に経験したという自覚，そして時には経験時の感情を含むものである。自伝的記憶は個人の自己概念をつくり，自我同一性を維持するのに重要な役割を果たすものとされている。

　自伝的記憶の中には莫大な量の情報が貯蔵されていて，そこには高度に特殊なものから非常に一般的なものまでや，ささいな出来事から非常に重要なものまでが貯えられている。自伝的記憶の構造を理解することは，個人的情報の検索パターンの観察を推理することでもある。コーンウェイとルービン（1993）は，自伝的記憶の階層モデルを提唱している。このモデルでは，自伝的記憶は3つの階層構造から成立しているとされる（表7.10）。

　従来，自伝的記憶は，エピソード記憶と同義のものとされてきた（タルヴィング，1983）。しかし，近年，厳密な形ではないが，両概念の使い分けが進んでいる。その理由の第1点は，エピソード記憶という概念には，

表7.10　自伝的記憶の３つの階層モデル

　一番上位の水準の記憶は生涯時期（lifetime periods）で，次の水準は一般事象（general events）であり，そしてさらに事象固有知識（event-specific knowledge）の水準から構成されているとされる。

　生涯時期とは，たとえば誰かと一緒に生活していたこととかある特定の会社で働いていたことなど，もっとも一般的，抽象的，包括的タイプの記憶で，時間的には数年間の幅をもつものと定義される。この記憶はテーマごとに構造化されている記憶である。

　一般事象とは，たとえばカナダに旅行に行ったことなど，数日から数カ月の範囲で繰り返されたり，継続していた記憶の水準に対応している。

　事象固有知識は，一般事象と関係しているが，数秒から数時間の範囲で完結するイメージ，感情，そして詳細な出来事に対応している。たとえば，実験室の中で単語リストを学習し，その後で学習リストを再生するという経験は，事象固有知識の水準の記憶を検査していることになる。

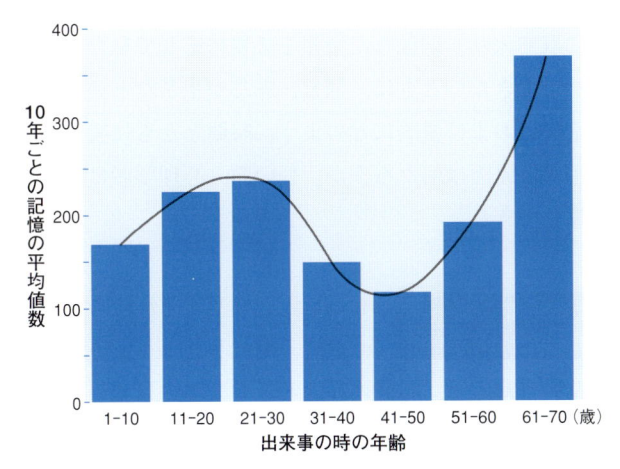

図7.19　出来事の生じた10年間の関数としての過去の出来事の記憶
　　　　（Rubin et al., 1986を改変）
この曲線は，３次の関数があてはまるように思われる。

７　記憶と忘却　　**227**

事象間の時間的広がりの違いという視点が欠けていたことである。第2点は，記憶研究の実験図式に違いがある。エピソード記憶が単語リストなどを記銘材料とした実験場面での学習材料を指すのに対し，自伝的記憶は，日常場面の中での経験を検査する際に使用されることが多い。つまり，「生態学的妥当性」を指向した研究文脈の中で自伝的記憶という概念が使われてきた（小松・太田，1999）。

　研究方法としては，被験者に何らかの単語（手がかり語）を提示して，被験者にその単語から過去の出来事を思い出してもらうやり方である。そして，その時期を推定してもらうのである。たとえば，「野球」という単語を見て，「ダイエー・ホークスが日本一になった。たしか，1999年の11月だった」などの記憶を報告してもらう。このような手続きで，70歳代の人を対象に実験した研究を示したのが図7.19である。

7.9　忘却の原因

　長期記憶に取り入れ，貯蔵した情報を必要に応じて私たちが正しく取り出し（検索）ができないときに，通常，忘却が生じたといえる。記憶された情報は，量的および質的にどのように時間とともに変化するのだろうか。忘却が生じる原因は何だろうか。長い間，心理学者は忘却の原因を探って研究を重ねてきた。

不使用による減衰（decay through disuse）説　ものを覚えると，それにより脳の中に一種の記憶「痕跡」（trace）が残るが，その記憶を使用しないでおくと，時間の経過とともに消失してしまうという考え方である。ちょうど，かつては正確に覚えていた自宅の電話番号も，引っ越しのために数カ月あるいは数年も使用しないでいると，もはや思い出すことはできない。この痕跡の減衰は符号化の失敗とか検索手がかりの欠落によるものではなく，あくまでその情報の不使用によるとされる。この見解は一見もっともらしく思えるが，次のような反証がある。ジェンキンズとダレンバック（1924）は，2人の大学生に10個の無意味綴りを全部暗唱

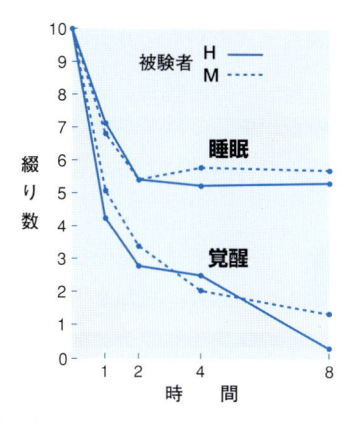

図7.20 睡眠時と覚醒時の保持曲線(Jenkins & Dallenbach, 1924)

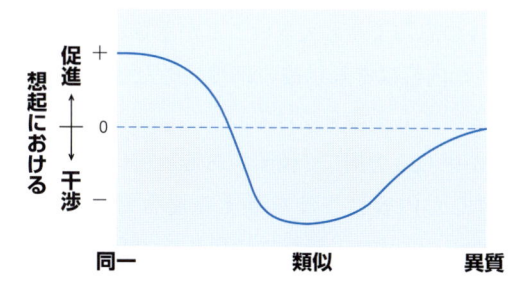

図7.21 原学習の前，後に使用される材料の種類によって影響を受ける記憶

　原学習と挿入学習とが同一のときは，原学習の想起率は最大である。類似性が減少するにつれて，干渉の程度が大きくなり，想起率が低下していく。原学習と挿入学習が異質なものに近づくにつれて，ふたたび想起率は上昇する。もし金属の名称を覚えてその後に石の名称を覚えるならば，すぐ次に数学の公理を覚える場合よりも干渉は大きい。

　しかし，両者の学習がどの程度，徹底的に教えられるか，意味的に関連づけられるかによっても異なってくる。2つの課題の構造が十分把握されて差異に気づかせるならば，干渉は少なくなる。学習場面では，教材を徹底的に覚えさせることも重要であるが，同一性と差異性を指摘して，学習者に意味的関連の文脈を知らせることも必要である。

できるまで記憶させ，一定時間眠らせた場合と起きていた場合の保持の程度を比較した（図7.20）。この結果から，起きていた場合が睡眠の場合よりも忘却が著しいことが読みとれる。もし減衰がその情報の不使用のみによるとしたら，減衰そのものは時間の経過とともに生じるのだから，睡眠群と覚醒群の間に忘却量の差が生じるはずがない。忘却は単に減衰だけで生じるのではなく，学習後の精神活動によっても影響を受ける。

干渉（interference）説

干渉説では，記憶痕跡は永続的であると仮定しており，忘却を引き起こすのは単なる時間の経過ではなく，記銘してから想起するまでの間になされる活動によるという考え方である。つまり，記銘後になされたさまざまな精神活動の干渉によって妨害され，そのため忘却が起きるというのである。この干渉の存在を裏づける実験が，先ほどのジェンキンスとダレンバックによるものである。この研究の一層の発展として，夢を見ながら眠った後の忘却は，夢を見ないで眠った後の忘却よりも大きいことが示されている（ヤロウシュら，1971）。記憶した内容はそれ以後の精神活動だけではなく，それ以前になされた活動によっても干渉を受ける。

このように干渉が生じる方向に2種類がある。前に学習した内容が，その後の新しく学習した内容に干渉を与える場合を，**順向干渉（抑制）**（proactive interference：PI），新たに学習した内容がそれ以前の学習に干渉を生じさせる場合を**逆向干渉（抑制）**（retroactive interference：RI）とよぶ。順向干渉と逆向干渉を検証する場合の実験図式を表7.11に示す。ここで，もし実験群がAの想起テストにおいて統制群よりも成績が悪ければ，それはBの干渉（あるいは抑制）によると考えられる。干渉の程度は，材料Aと材料Bとの類似性の程度に依存することが知られている（図7.21）。一般に両者がある程度類似しているほど，干渉量は大きい。それは，想起（検索）にさいして両材料がお互いに反応競合（response competition）を起こすからだとされている。

表7.11　順向干渉と逆向干渉に関する実験的手続き
順向・逆向干渉のいずれの場合にも実験群が統制群よりも干渉を受ける程度が大きい。

順向干渉

	段階1	段階2	段階3（テスト）
実験群	Bの学習	Aの学習	Aの想起
統制群	統制的休止	Aの学習	Aの想起

逆向干渉

	段階1	段階2	段階3（テスト）
実験群	Aの学習	Bの学習	Aの想起
統制群	Aの学習	統制的休止	Aの想起

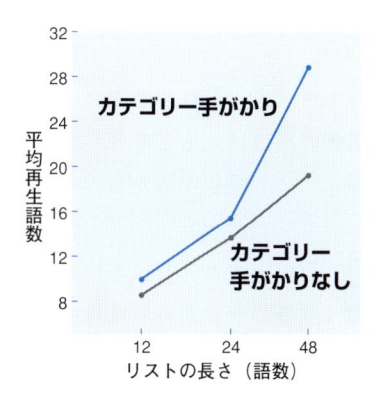

図7.22　リストの長さ（語数）と検索手がかりの有無が再生量におよぼす効果
(Tulving & Pearlstone, 1966)

想起（テスト）時にカテゴリー名を与えられた手がかり群は、手がかりを与えられない群よりも有意に多くの再生量を示している。とくに、リストの語数が多い48語の場合にこの傾向が著しい。

検索失敗（retrieval failure）説

忘却は目的としている情報の検索に失敗したからだとする考え方である。情報はあくまで記憶に貯蔵されてはいるが，それを検索するのにふさわしい手がかりが欠けているから生じるのである。したがって，もし適切な検索手がかりがあれば，求めている情報をうまく検索できることになる。タルヴィングとパールストン（1966）は検索失敗説を支持する結果を示している。この実験では，まずカテゴリー名のリスト（たとえば，乗り物，家具，動物）を被験者に提示し，その後に各カテゴリー名に続いてそのカテゴリーに属する下位項目（具体的には，電車，椅子，犬など）を1つ以上示す。被験者にはカテゴリー名ではなく，各下位項目を覚えるように教示しておく。テスト段階では，被験者の半分にはカテゴリー名が全部書かれている表を渡し，残りの被験者にはカテゴリー表を与えないで，思い出せるだけの単語を書かせた。結果（図7.22）に示す通り，カテゴリー表を与えられた群は与えられなかった群より多い再生量を示している。48項目（4項目×12カテゴリー）のリストを用いたとき，カテゴリー名を手がかりとして与えられた群は約30個，与えられなかった群は約20個の正反応を示している。さらに引き続いて後者の群にカテゴリー表を与えてみると，約28個を想起した。この8個の回復は，もともと被験者の記憶の中にあったものであり，手がかり提示により接近できたものである。

抑圧（repression）説

思い出すと非常に不快になるような記憶内容は，意識の世界から無意識の世界へと抑圧され，ふたたび思い出されにくいことをフロイトは忘却の理論で説明している。情報は記憶として残ってはいるのであり，完全に失われているのではなく，あくまでも情緒的に不快な体験を本人の心の中で抹殺しようとして，"過去"を抑圧する積極的な過程が働くことが忘却の原因となる。それは，まったく心のストレスによるものといえる。表7.12に日常生活における精神病理の一例を示した。

表7.12 フロイトの「日常生活の精神病理」の例 (Freud, 1901, 懸田ら訳)

「Y氏はある女性に思いを寄せていたが，その女性は，やがてX氏と結婚した。Y氏とX氏とは古くからの知り合いであり，仕事のうえでも交渉があった。ところが，それ以来Y氏はX氏の名前をよく度忘れするようになり，手紙を出すときなどは，わざわざその名前をほかの人に聞かねばならないことさえあった。」

この例の場合には，幸運なライバルに対する憎悪の感情（動機）が度忘れを生じさせたものである。つまり，Y氏はX氏をまったく無視しようとして，いわば，「あの男のことなど思い出してもいけない」という動機が働いている。

表7.13 幼年時代の回想

作家三島由紀夫は，その『仮面の告白』のなかにおいて，自分は産湯を使われた時のことを覚えているといっている。そのようなことは神経生理の発達の点からも不可能であろう。

幼児期の回想について，ワルドフォーゲル（Waldfogel, 1948）はアメリカの大学生124名について細心な研究を行っている（Hunter, 1964による）。彼らは，できるだけ正確に最初の8年間に起こったことを回想して書き留めるよう求められた。結果は，表に示すようになった。最初の3年間は非常にまれで，もっとも早い経験の平均年齢は，4歳あたりにあることがわかる。ほかの研究者も，大体3〜4歳にもっとも早い回想を記録している。回想経験は，年を追うごとに増加していることを表は示している。

最初の8年間に回想できた出来事の平均値 (Waldfogel, 1948)

	出来事の生じた年齢（年間）						
	0〜1	1〜2	2〜3	3〜4	4〜5	5〜6	6〜7	7〜8
出来事の平均値	0.0	0.1	0.7	2.8	6.8	11.3	14.0	16.5

もっとも，こういった初期の記憶は，後の生活史のなかにおいて，さまざまな変容をこうむっている可能性があるので，全部が全部確かだといいきれない。大人についての多くの「証言」の研究でも，被験者が確かだと信じている内容ですら，事実上歪曲や付加が行われていることを示しているくらいである（山内，1998による）。

7.10 記憶術の解剖

人は誰しも，いったん覚えこんだものは長く留めておきたいと望んでいる。この記憶に対する切なる希望は，時代や洋の東西を問わず皆共通したものである。記憶をよくしようとする工夫は，すでにギリシャ時代から試みられてきた。現代でも記憶術なる本が書かれている。この記憶術の技法は，現代の記憶心理学の観点に立てばそれなりに理にかなったものである。記憶術でよく使用されている方法は，イメージ，関係づけ，カテゴリー化などの方略の積極的な使用である。結局のところ，記憶術は符号化をよりよくするために種々の方略を使用することであると考えてよい。

7.10.1 体制化と記憶

バウワーとクラーク（1969）は，表7.14の左欄に示すような1系列10個の単語を覚えさせるときに，単語そのものをただ単に覚える群（統制群）と，各単語に関する物語を作成して覚える群（実験群）の両方の成績を比較している。学習材料は，全部でこのような12系列のリストを両群に同じ時間与えて覚えさせた後，各リストの最初の単語だけを提示し，他の単語の想起を求めた。その結果，物語作成群はほとんど完全に近い成績を示していたが，ただ覚えただけの統制群の正反応率は約20％であった。学習リストの関係づけがより良い符号化として働き，記憶を促進させたものと考えられる。

記憶すべき学習材料をばらばらに覚えるのではなく，材料間に何らかのまとまりをつけて覚えること，すなわち記憶の体制化を利用することは記憶の促進に役立つことはよく知られている。

バウワーら（1969）は，記憶に及ぼす体制化の役割についていくつかの実験を行っている。その一実験では，たとえば図7.23のように4水準に論理的に意味のあるように階層化された材料が，体制化群に示され再生させられた。他方，ランダム群には，階層状にはなっているものの，論理的ではなくランダムに配置された材料が提示され再生させられた。各試行での再生成績は，図7.24に示されている。材料を構造化して示された体制化

表7.14 語のリストを覚えるのに，物語を作る実験（一被験者の例）
(Bower & Clark, 1969)

語のリスト	物語の例
1. 夕食　6. がたがた 2. 先生　7. 港 3. 勇気　8. 芸術家 4. 洪水　9. 城 5. 樽　　10. 船	ある夜夕食のときに，私は先生を連れてくる勇気があった。その日は洪水だった。そして，雨樽はがたがたいうに違いなかった。しかし，港には一そうの船があり，この芸術家を私の城に運んだのだった。

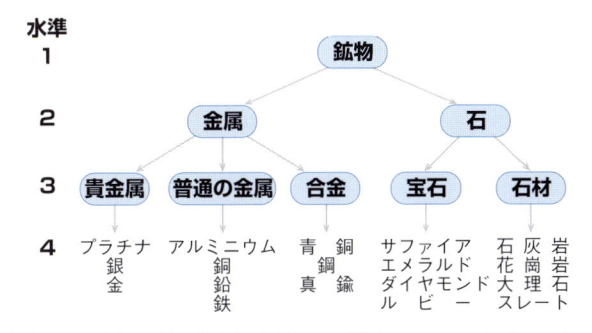

水準
1　　　　　　　　鉱物
2　　　　　金属　　　　　　石
3　　貴金属　普通の金属　合金　宝石　石材
4　プラチナ　アルミニウム　青銅　サファイア　石灰岩
　　銀　　　　銅　　　　　　銅　エメラルド　花崗岩
　　金　　　　鉛　　　　　　真鍮　ダイヤモンド　大理石
　　　　　　　鉄　　　　　　　　ルビー　　　スレート

図7.23　カテゴリー化された材料の学習(Bower et al., 1969)

体制化提示群は，このように論理的に体制化した材料（一組平均28語の4組，全部で112語）を学習し，ランダム提示群は，階層的に見えるが，論理的ではなく，そのような語がランダムになっている組を学習した。そして，再生成績が比べられた。

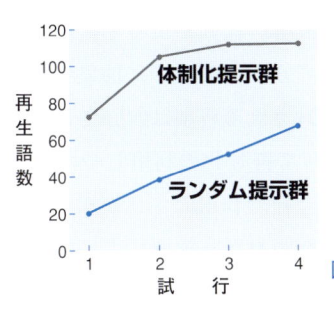

図7.24　体制化提示群とランダム提示群（4試行の再生試行の）の再生語数の比較

体制化提示群はランダム提示群より約2倍の再生数を示している。このように，体制化構造を使って単語を符号化（記銘）し，検索（想起）時にこの構造を使用すれば，単語を検索する可能性が大幅に増加するものといえよう。実験群が統制群を成績において大きく凌駕していることに注目される。

群は，ランダムに提示された群よりもはるかに良く記憶できたのである。この体制化提示群では各カテゴリーごとにまとまって再生されており，再生順位が上位概念から下位概念へと順次出力されていた。それは，リストの構造規則を，再生するときの検索プランとして使用したことによるものと考えられる。

7.10.2 イメージと記憶

　記憶術において視覚心像（イメージ）はしばしば利用されている。西欧ではその歴史は長く，近世のみならず古代にまでさかのぼる。たとえば，図7.25は中世の僧侶が祈りの言葉や教典を覚えるのに使用した方法である。絵には僧院内の物が書いてある。中段の物は図書館の道具である。手や十字架は，続き具合の手がかりとなる。僧侶は覚えるべき項目をこのような物に心的に結びつけておき，思い出すときに心の中で僧院を歩き回りながら心像化してその対象と結合していた言葉を取り出していた。もともと僧院の内部で日常生活しているために，その全体を心像化するのは容易に可能である。

　記憶における心像の役割についての研究を進めた人は多いが，とくにペービィオ（1971）の研究が代表的なものであろう。ペービィオは，情報処理の仕方に「言語的」な符号化と，「心像的」な符号化があることを指摘した（二重符号化仮説　dual-coding hypothesis）。絵画によって提示した材料は，心像的にも言語的にも処理される。だが，言葉とくに抽象的な語は言語的にはよく処理されるが，心像的に処理される程度は弱いとされている。表7.15に示す通り，刺激の違いによって符号化の利用しやすさは異なっている。＋の符号が多いほど，その符号化の利用のされやすさの程度が高いと仮定されている。ペービィオは，記憶材料を絵画によって提示したほうが言語によって提示するよりも記憶が良い事実を，この二重符号化仮説で説明している。

　また，すぐれた記憶術家に関する研究報告もある。ロシアの心理学者ルリヤ（1968）は，Sという記憶の天才について述べている（p.239参照）。

　学習材料そのものが意味を十分にもつ場合には，比較的覚えやすくその

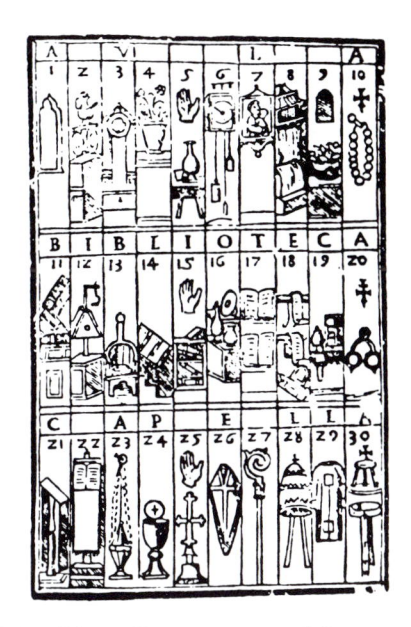

図7.25　中世の僧侶が記憶のために用いた方策（Yeates, 1966）
僧侶は，記憶すべきことを僧院内の物に１つずつ結びつけていく。思い出すときには，イメージの中で僧院の中を歩き回りながら僧院の物と結合している内容を取り出していった。このような試みは，すでに古代から行われており，興味のある読者は，中世史家イェーツによって数多く紹介されているので（訳本あり），参照されたい。

表7.15　刺激の型としての心像的および言語的符号化の利用しやすさの程度
　　　　（Pavio, 1971）

刺激の型	使用される符号化系	
	心像的	言語的
絵　　画	+++	++
具 体 語	+	+++
抽 象 語	−	+++

[7] 記憶と忘却　　**237**

保持の程度も高い。だが，意味性が低い材料の場合でも，学習者が自ら何らかの意味を見出すような工夫をすれば，それは有意味学習となる。ロウとアトキンソン（1975）は，外国語の単語の学習を促進させる方法としてキーワード法を考案している。スペイン語の学習，たとえば，スペイン語のPATOは英語のDUCK（あひる）の意味で，"pot-o"と発音する。ここでスペイン語のPATOと発音が類似している英語の単語pot（つぼ）がキーワード語として利用される。次に，キーワード「POT　つぼ」をもとの英語「DUCK　あひる」と結びつけたイメージ，すなわち「つぼを頭にかぶっているアヒルの姿」を頭の中で作らせる。想起時には，まずPOTを検索し，それからPOTをかぶっているアヒルのイメージを思い出せばよいことになる。ローとアトキンソンは，このようなキーワード法が外国語の学習をかなり促進させることを報告している。

7.10.3　記憶術家の事跡

　短時間の間に，次から次へと与えられる数や文字を覚え，かつただちに何十のそれらを何十年の間忘れないでいるといった人のことを見聞すると驚くであろう。

　これらの人の短期記憶の容量をしらべてみると，普通の人のそれよりも多少大きくはあるが，何倍も大きいわけではない。結局，問題なのは，記憶「術」であり，右ページのＳのように並外れたイメージ能力を使用したり，前節で述べたように文章化，概念化して知的枠組みの中に体制化するにすぎないということに帰する。

　わが国では，1920年代に東北大学の薄田　司によって研究されたある記憶術家のことが著名である（相良，1950による）。具体的には，数字に3，4つぐらいの呼び方をきめておく。たとえば，1は，イ，ヒ，ピ，ビ，3はサ，ザ，ミなど。そして，たとえば8，7，9，7，5，0，6，1，8，4が与えられると，ただちに「ヤナギ，ナツ，トリイ，ハス」となり，それは公園の風景として貯蔵され，再生にあたっては，その逆にイメージから逆に数字を思い出したのだった。さらにまた，英国の天才的数学者，エイトケン（Aitken, A.C.）のような右のボックスに記した事柄に注目される。

ボックス　記憶術家の栄光と悲惨

　ルリヤ（ロシアの著名な心理学者）が30年にわたって追跡研究したSの驚くべき記憶能力と彼の人格については，すでに一書として公刊されている（邦訳は，天野（訳）「偉大な記憶力の物語」）。彼の基本的な記憶力は，強力なイメージの能力に依存するものであった。そのイメージ能力は，すでに子ども時代に発揮されている。数字を覚える場合も，それを人の姿に直して覚えるという方法もとっている。一定の数列を覚えてしまうと，それを何十年でも覚えており，忘れるのに苦労するほどであった。忘れるために，イメージの紙の上に書いてある数字を「焼いてしまう」ということすらしたが，それでも焼かれた紙の上にまだ数字が残って見えるのだった（！）。

　このようなエピソードを，読者は非常にうらやましく思うかもしれない。しかし，その彼にも，認知生活の上で思わぬアキレス腱があった。ルリヤが指摘しているように，彼の精神生活には，抽象的思考の障害があった。たとえば，彼は「無」ということばを聞いても，それは抽象的な無とは了解されず，水蒸気の雲のようなものが「見える」のだった。また，下のような数字は，一定のルールで並んでいるがゆえに，小学生でも覚えるのは容易である。しかし，彼はこれをイメージで覚えようとするので，かえって覚えるのに時間を要した。このことから，彼には成熟した認知能力である論理的思考が欠如しているとルリヤは指摘している。

1	2	3
2	3	4
3	4	5
4	5	6

　こうしたSの事例は，私たちに，イメージだけに頼る記憶方略の問題性を教えてくれている。イメージによる方略も重要であり有効ではあろう。しかし，それよりも大切なことは，できるだけ意味的・論理的に関連した図式を使用することである。

　実際，左ページで述べたエイトケンは，たとえば，1961年を聞くと，これが37×53であり，また44^2+5^2，などとすぐに変換できたのだった。また，彼は文学・音楽にも通じていた。π（円周率）の最初の1,000桁を，バッハのフーガに託して覚える，古典語の詩を，任意の行からすらすら述べられるのだった（！）。つまり，Sとちがって彼が活用したのは，「知」の体系であったといえよう。もちろん，彼の場合は，Sのような知の障害はは現れなかった。なぜなら，記憶のために使用したのが知の枠組みだからである。ちなみに，彼はあくまで数学者であり，記憶術家とは自称していない。

参考文献

Anderson, J. R. 1995 *Cognitive psychology and its implications*, (4th ed.) New York：Freeman and Company.

Baddeley, A. D. 1999 *Essentials of human memory*. Hove, UK：Psychology Press.

Conway, M. A. Grathercole, S. E., & Cornoloi, C. 1998 *Theories of memory Vol.II*. Hove, UK：Psychology Press.

Eysenck, M. W., & Keane, M. T. 1995 *Cognitive psychology : A student's Handbook*. (3rd ed) Hove, UK：Lawrence Erlbaum.

岩田　誠（監修）　1998　図解雑学　脳のしくみ　ナツメ社

Klatzky, R. L. 1980 *Human memory : Structures and processes*. (2nd ed.) New York：W. H. Freeman. クラッキー（著）　箱田裕司・中溝幸夫（訳）　1982　記憶のしくみ　上・下　サイエンス社

小谷津孝明（編著）　1982　現代基礎心理学　4　記憶　東京大学出版会

Loftus, G. R., & Loftus, E. F. 1976 *Human memory : The processing of information*. Hillsdale, N. J.：Erlbaum. ロフタス・ロフタス（著）　大村彰道（訳）　1980　人間の記憶──認知心理学入門　東京大学出版会

太田信夫（編著）　1999　特集：潜在記憶　心理学評論, Vol, 42　No.2, 105-259.

太田信夫・多鹿秀継（編著）　2000　記憶研究の最前線　北大路書房

篠原彰一　1998　学習心理学への招待　サイエンス社

梅本堯夫（監修）・川口　潤（編）　1999　現代の認知研究［21世紀に向けて］培風館

高野陽太郎（編）　1995　認知心理学　2　記憶　東京大学出版会

Tulving, E. (Ed.) 1999 *Memory consciousness, and the brain : The Tallinn Conference*. Psychology Press：Taylor & Francis Group.

山口快生　1997　記憶のリハーサル機構　九州大学出版会

山内光哉（編著）　1981　学習と教授の心理学（第2版）九州大学出版会

第8章

有意味材料の記憶と表象

　前の章では，主として単純な材料を対象に，記憶の基礎過程について述べた。この章では，主に言語的材料に関する意味記憶の構造を中心に，それが長期記憶の中でどういった仕組みをもっているかということを述べる。

　まず第1に，長期記憶の二分法，エピソード記憶と意味記憶——タルヴィングによる分類——をとりあげ，獲得の日時・空間が特定可能な記憶としてのエピソード記憶と，人の中に定着し，それを貯蔵した時空も必ずしも特定できないような概念やルールに関する意味記憶を区別し説明する。この意味記憶については，そのさまざまなモデルが開発されて，その実在性についての実験が行われている。その典型的な数例について吟味したい。

　私たちは，与えられた材料をそのまま記銘し検索するのではない。記憶の過程においては，情報は，たとえ中心的・全体的な意味は残しつつも形態や文法的範疇は特定できなくなることが多い。このことはすでに古く，バートレットが指摘していることだが，文（章）を中心としたそれ以降の研究をみていくことにする。

　とくに文（章）については，1970年代から今日に至るまで，次第に精緻な理論が展開されてきたことに注目される。それらの代表的なモデルと実験について説明する。

8.1 意味記憶

8.1.1 エピソード記憶と意味記憶

　記憶の研究が，少なくともその初期においては，無意味綴りのように，できるだけ日常生活の「しがらみ」を除いた材料を使用する傾向にあったことは，すでに前章から察知できるであろう。語といった単位も使用されたこともあったが，それも語のもつ意味の単位を数量化して，その効果を測定するといった試みが主であって，生きたままの意味や，意味のおりなす表象の世界までせまろうとする記憶研究は少なかった。しかし今日，材料はむしろ日常生活の文やそのほかの意味のあるものが中心となり，したがって，意味表象の世界が，個人においてどのように記憶されているかということが次第にクローズ・アップされてくるようになった。この点において，次のタルヴィング（1962）による，**エピソード記憶**（episodic memory）と**意味記憶**（semantic memory）の区別（表8.1）は興味深い。

　タルヴィングによれば，エピソード記憶は，時間的・空間的にそれがいつ起こったかということを特定できる事象に関係する記憶なのである。したがって，個人的記憶のようなものは，エピソード記憶に分類される。一方，意味記憶は，一般的な事実・語・概念などの意味に関する記憶である（表8.2）。これらの意味がいつ入力してきたかということを特定することはできにくい。

　いま，エピソード記憶についての2，3の例をあげれば，次のようである。
　(1) 私は，去年1年間をパリの14区ですごした。
　(2) 私の英語の教師は，美しいヒゲをたくわえている。
　(3) 昨日の実験で，私は"橋"という言葉を覚えさせられた。

　たいていの学習実験は，エピソード記憶に関するもので，この(3)の場合の"橋"もまた，普遍的な意味をテストされているのではなく，時間・空間的にそこにあった橋という言葉に関して調べているにすぎない。これに反して，意味記憶として貯蔵されている記憶は，獲得に関しては必ずしも時空が特定できない普遍的意味をもっている。次例が，そのいくつかで

表8.1 タルヴィングによるエピソード記憶と意味記憶の区別*
(Nelson & Brown, 1978)

	エピソード記憶	意味記憶
貯蔵された情報の性質	時間的にはっきりしたエピソードまたは出来事、およびそれらの出来事間の時間―空間関係についての情報を受け貯蔵する。	意味記憶は、言葉の使用に必要な記憶である。
自叙伝的対認知的指示	エピソード記憶貯蔵の既存の内容に、自叙伝的に関与するということで常に貯蔵されている。(上点、ネルソンら)	内的信号を認知的に指示するもの。
検索の条件と帰結	検索は、エピソード記憶への特定の型の入力として役立つ。そして、エピソード記憶の貯蔵の内容を変化させる。	系から情報が検索されても、その内容は不変である。
干渉へのかかりやすさ	変化しやすく、また情報が失われやすい。	不本意に変容されにくく、情報は失われにくい。
相互依存性	時として、意味記憶の情報によって強く影響されることがある。――だが、エピソード系は、意味記憶と比較的独立して作用することが可能である。	情報の記録と維持において、エピソード系とは、きわめて独立したものであろう。

＊ すべての記入は、Tulving(1962)、p.385-386から直接引用されたもの。

表8.2 意味記憶にまつわる論争

　意味記憶は、1970年代から今日に至るまで大きな論争の的になっているばかりではなく、今日においても体制化された知識を示すように重要な役割を演じている。エピソード記憶と意味記憶は、陳述記憶の分類論としては一応受け入れることができよう。しかし、多くの批判がある。たとえば、意味記憶は人生の早い時期に獲得された記憶にすぎないのではないかといった批判がある。タルヴィングの理論にはそのような発生論が欠如しているのではないかといった意見もある。

　学者によっては、エピソード・意味の二分論を全面的に否定し、または無視する者もいる。

　また、アイゼンク(2000)は、この二分論を一応受け入れつつも、「エピソード・意味記憶は、相互にいちじるしく依存しあっている」(p.324)と評価している(上点は筆者による)。

ある。
(1) 3 + 3 = 6
(2) 4つの空間方位は，東西南北である。
(3) たいていの人は，耳をもっている。

これらの情報では，それが獲得された時空は必ずしも特定化することができないであろう。タルヴィングは，記憶課題によってはこの2種類の系の間に相互作用があるとするものの，それらは独立に機能し，また，符号化・貯蔵・検索の諸過程において相互に違いがあることを想定している。しかし，こういった点においては，異論もないわけではないが（表8.2），この二分法には発見的価値のあること，とりわけ，意味記憶の研究への1つの重要な示唆を与えていることは認めなければなるまい。

8.1.2 意味記憶からの検索

意味記憶は，どのような構造をもっているであろうか。そこには，情報がバラバラに入っているのではなく，おそらく一定の体制化された構造をなしていることが予想される。実際，いくつかの実験はそのことを示している。

弓野（1977）は，大学生にたいして，一定のカテゴリー（たとえば，花の名称）に入る項目を自由連想法を用いて想起させてみた。その後，どういった手がかりにもとづいて思い出したかを報告させた。たとえば，ある被験者の場合，表8.3のように産出していたが，それらの手がかりとして，たとえば，チューリップ，バラ，バイオレットは，春の花として連続想起していることがわかった。「ヒナゲシ・百日草」＝歌　の場合も同様であり，このように上位概念による体制化がうかがわれる。さらに弓野は，こうしたカテゴリー間の上位概念内項目間の産出時間は，ほかの孤立した項目間のそれよりも短いこと，また，上位概念内項目数は，初期において大きいことを見出した（図8.1a, b）。

梅本ら（1981）もまた，記憶に蓄えられた知識が，表象内で一定の序列をなしていることを，五十音，いろは，アルファベット，地理的・歴史的知識について吟味している。たとえば，日本の2つの都市の名を提示し

表8.3 自由産出の場合の項目と被験者の同定の例（弓野, 1977）

チューリップ, バラ, バイオレット, ハス, カーネーション,
春の花
ヒナゲシ, 百日草, ラン, サルビア
歌

【手がかりの実例】
春の花, ヒルガオ科, アヤメ科, 春の七草, 50音順, 日本的な花, 紫色の花, 薄い花びら, 同類, 家に咲いている, 小さな花, 華やかな花, ペーパーフラワーのテキストより, 今絵に画いている, 名前の感じの似ている, 花の本より, 先日花屋でみた, 春の田んぼを想い出して, 映画より, 祖母の家の庭でみた, 母が造る造花, 華道, 歌, テレビ, 昔みた, 似たような花, 秋の七草, 外国産, 水に関連して, 庭によく植えた花, 野の花, 白い花, 青い小さな花, 春通学路でみた, 小学校低学年の記憶から, 形が似ている, 大きな花, 小学校の花壇, 中学時代に住んでいた景色の中から, 童話の中から, 理科の教材, 2つセットで花びんにさしている, 花言葉, 諺, 歌謡曲.

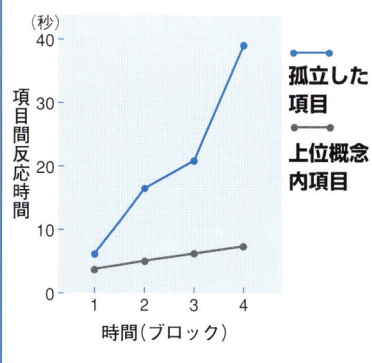

図8.1a 上位概念（手がかり）内の項目の項目間反応時間と孤立した項目間の反応時間（弓野, 1977）
手がかりによって想起された項目のほうが, 孤立して想起された項目よりも速く産出されることを示している。

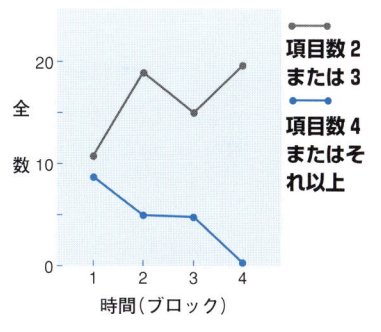

図8.1b 上位概念（手がかり）内項目数の時間ブロック毎の変化（弓野, 1977）
時間経過とともに上位概念（手がかり）内の項目数は少なくなっている。

[8] 有意味材料の記憶と表象

「どちらが東に（または西に）あるか」を判断して対応するキーを押させた。一般的に，その結果は心理的距離の近いほど判断時間が長くなり，遠いものほど短くなった。南北についても同様の傾向であった（図8.2a）。このことから，地理の知識構造は，心的地図の上に都市名が位置しているようになっているのではないかと梅本は考えた。地理的な空間知識だけではなく，歴史のような時間知識においても，空間的な場合と同様に，比較対象の距離に反比例して時間が長くなっている（図8.2b）。

8.1.3 意味記憶のモデル

以上に述べた実験からもうかがえるように，意味記憶に蓄えられている知識は，一定の規則をもって心の中に配列されていると予想されよう。そのために，長期記憶の構造をより精密にモデル化しようという試みがいくつか現れてきた。その1つは，コリンズとキリアン（1972）の階層モデルである。図8.3aに示すように，コリンズらにおいては，語彙は意味的ネットワークをなし，概念を示す結節（node）とそこから出るラベルを示す矢印で示されている。このモデルを実際に，真偽法で検証している。たとえば，被験者は「カナリヤは飛べる」という文を聞いたら，できるだけ速くその真偽を判断し，「はい」か「いいえ」で回答しなければならい。図8.3bには，4つの文についての判断時間が掲げられている。このモデルによれば，上位の属性の判断は，下位のそれよりも長い反応時間が予想されるが，このデータはそのことを裏づけている。ただし，概念の大小によっても，判断時間が異なるなどの批判も提出されているので，まったく問題がないわけではない。

そこで，コリンズとロフタス（1975）は，階層的なモデルではなく，図8.4のような「ブドウ」状に体制化されたモデルを提唱した。このモデルによれば，1つの概念が活性化されるとそれに近い概念も活性化され，それゆえこれらの諸概念は容易に可動性を増してくるとする。この図の場合では，「赤」という概念が活性化すれば「リンゴ」「火」「黄色」のような近接した概念もまた活性化され，このことから，これら「前活性化」された概念は，容易に可動するようになるか，もしくはより速く想起できるよ

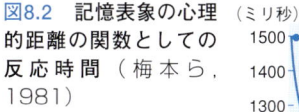

図8.2 記憶表象の心理的距離の関数としての反応時間（梅本ら，1981）
たとえば，都市の南北については，「旭川」と「金沢」のどちらが南か北か，時代の新旧については，たとえば，「飛鳥」と「平安」のどちらが旧い時代であったかを判断させて反応時間を求めたもので，心理的距離の近いものほど反応時間は長い。

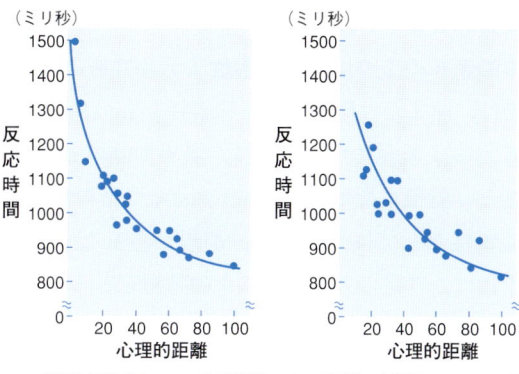

a：都市の南北についての判断　　b：時代の新旧についての判断

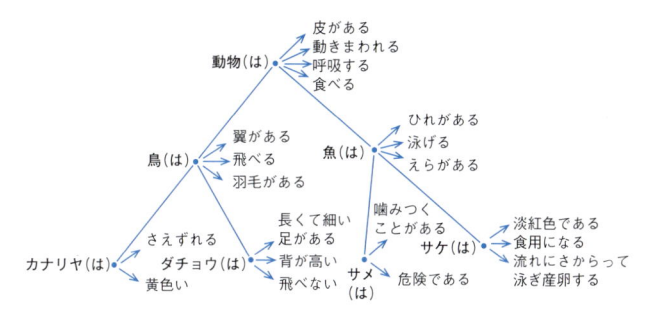

図8.3a　3水準の階層をなす記憶構造の例(Collins & Quillian, 1972)
この階層モデルでは，各概念は結節にあり，そこから矢印で属性が示されている。また，下位の概念は，上位の概念に入れこ状に含まれている。

図8.3b　記憶構造の水準数の関数としての反応時間(Collins & Quillian, 1972)
図8.3aにもとづいて，検証実験を行った結果を示している。「カナリヤは黄色い」は1段階の判断でよいが，「カナリヤは飛べる」は2段階，「カナリヤは皮がある」は3段階に昇って判断しなければならないので時間を要するとされる。

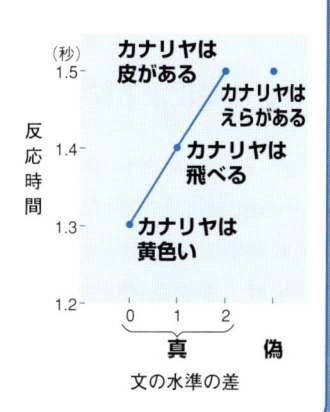

8　有意味材料の記憶と表象

うになるとするものである．このコリンズとキリアンのモデルは，意味記憶の**概念的表象モデル**とよばれる．

　別のモデルの1つは，**意味素性モデル**である（スミス，1978）．このモデルでは，語または概念は，意味素性をもつリストとして記憶に表象されると考える．スミスらによれば，各々の語はそれを定義する（defining）諸素性と，特徴となる（characteristic）諸素性からなる．たとえば，鳥の定義素性としては，生き物，羽根があるなどをあげることができるが，特徴素性は，特定の大きさ，ほかの動物をとらえて食べるなどがあげられる．このモデルもまた，特定の文の検証時間を説明しうる．たとえば，「コマドリは鳥である」という命題の真偽の検証にさいしては，最初，主語名詞と述語名詞のすべての素性が比較され，両者の素性全体が非常に似ているので（上の文例のような場合）「はい」，きわめて異なっていれば（たとえば，「鉛筆は鳥である」）「いいえ」の反応が生じる．ところが，類似性が中間の場合（たとえば，「ニワトリは鳥である」など），第2の過程に進んでいき，そこで，主語・述語両者の定義的素性が取り出されて比較される．そのうえでこの素性が一致すれば真，そうでなければ偽と判断される．したがって，これらの中間の場合2段階の処理を経るので，時間を要する（図8.5）．スミス（1978）は，このことを証拠だてる実験を行っている．

　別の意味記憶モデルもあるが，以上代表的な例をあげてみた．

8.2 命題による記憶表象の構造モデル

　それでは，記憶においては，意味はどのように構造化されて表象（representation）されているのであろうか．さまざまな記憶課題についてのより精緻で大規模なモデルが，何人かの学者たちによって提唱されている．それらを完全に理解するには，人工知能に関する知識を必要とするが，その基本的な考え方がわかりやすい，アンダーソン（1976）とその同僚たちによって考案された初期の**HAM**（Human Associative Memory）について述べよう．HAMは，表象の原初的単位として**命題**を選んだ．

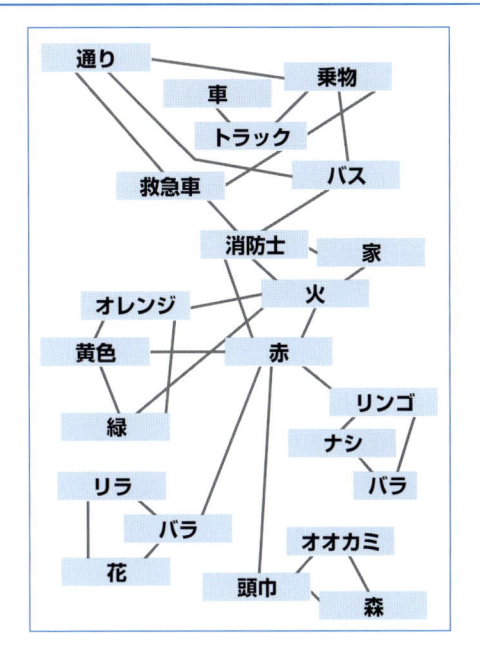

図8.4 コリンズとロフタスの意味記憶の概念的表象モデル
（Collins & Loftus, 1975による）
近い距離にある概念が活性化されやすいとされる。

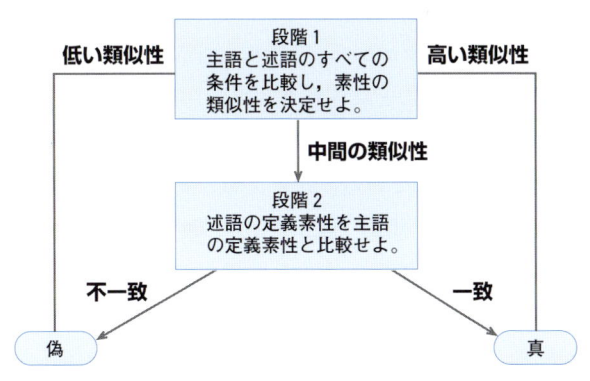

図8.5 意味素性モデルによる文の真偽の検証過程（Smith, 1978）
このモデルでは，主語と述語が，高い類似度と低い類似度をもっているときには，すべての素性が比較されるために検証は速く行われる。しかし，類似度が中間の場合には，主・述語の定義素性がさらに取り出されて比較されるために検証時間はより長くなると仮定されている。

[8] 有意味材料の記憶と表象

命題は世界についての1つの陳述——抽象的な陳述である。したがってたとえ命題が,「日は西に沈む」といった言語表現をとったにしても, ただちに語そのものからなっていると考えてはならない。ここで命題といわれるものは, 意味なのである。命題が抽象的であるということは, 心理学的な表象の世界を記述するうえに有用である。それは, 言語的刺激も絵画的な刺激もともに, 共通の諸命題として表現することができるからである（ただし, これら2つの刺激が共通の形式として表現できるかどうかは, 学者によって意見が分かれている）。

　まずHAMが, 簡単な事実をどのように解析して表現するかをみてみよう。「地球は円い」という陳述の例が, 図8.6の (a) に, 主部(S)と述部(P)として示されている。図の頂上にある結節は事実の結節である。そうした陳述はまた, 図8.6の (b) のようにほかの叙述の中に埋め込むことができる。(b) は,「地球は円い」ということは,「すばらしいことだ」を表している。主部と述部の区別は重要であり, 話題（主部）についてコメント（述部）を導入するものである。HAMはまた, 関係(R)や対象(O)をも記述できる。いま「イヌはネズミより大きい」という叙述を表したものが, 図8.6の (c) である。さらに, 時間(T)や場所(L)をも含む, やや複雑な事例は, 図8.6の (d) に示されている（この例に現れているように, HAMは, タルヴィングのいう,「意味」記憶だけではなく, エピソード的な記憶も表示できることに注意されたい）。

　アンダーソンらは, このように表象を表すモデルだけで終わらず, 実際の文についての実験を行っている。たとえば, ある実験では被験者は72文を学習した。どの文も, 場所（図8.7 (a) での公園）, 行為者（警官）, 動詞（発砲）, 対象（デモ隊）の4つの要素が含まれていた。被験者は, これら4つの要素が思い出せるかどうかが,「増加手がかり法」でテストされた。この方法は, これらの文中4つの要素のまず1つが与えられ, ほかの要素を思い出すかどうかがテストされる。次に, 先に示された1つを含めて2つの要素が示され, 想起テストが行われる。次に3つの要素について, 同様なテストが行われた。たとえば, 第2のテストでは,「……で, 警官が……に発砲した」のたぐいの手がかりが与えられるわけである。

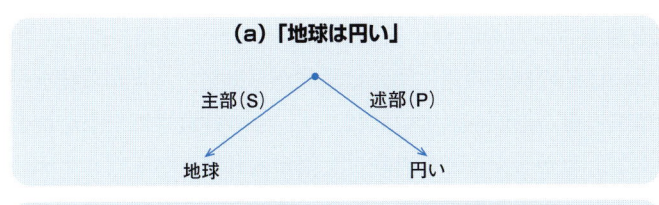

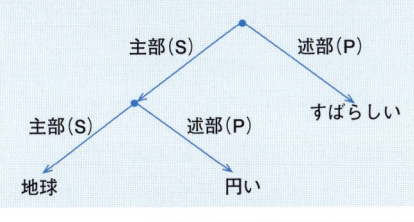

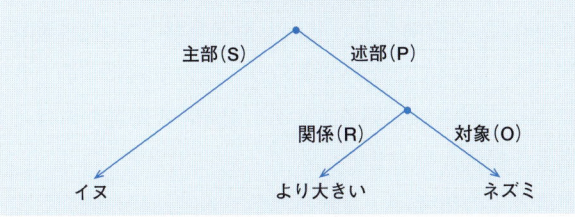

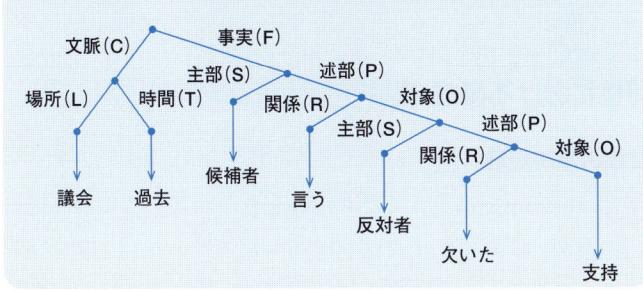

図8.6 さまざまな記述についてのHAMによる表現

(a) は主部と述部より成るもの、(b) は単純な命題が埋め込まれているもの、(c) は関係や対象をもつ構造を例示している。また (d) は、文脈は場所と時間に分かれ、事実は、2つの主述を埋め込みとしてもつ構造となっている。そして、各述部の結節は、関係と対象に枝分かれしているという、より複雑な表現をとっている（命題 (d) は、Hulse et al., 1980）。

たとえば，情報は図8.7の（a）のように貯蔵されているものとしよう。この情報を検索するためには，被験者は与えられた終末の語（たとえば，公園，あるいはそのほかの語）または語群から出発し，下から枝をたどっていく。確実に樹が形成されていれば，すべての貯蔵された語を検索できるわけである。しかし，どこかの枝に欠損があれば，必ずしもすべての語が想起されるとはかぎらない。たとえば，被験者は「公園」が与えられたが，「警官」だけしか想起できなかったとしよう。なぜ，ほかの2語，つまり「デモ隊」や「発砲した」を想起できなかったか。たとえば，図8.7の（b）のように，述部が欠損しているという場合が想定できよう。もしそれだけの原因であれば，「公園」と「発砲した」を与えてみれば，このことがわかるであろう。この場合，「警官」と「デモ隊」は，両者とも想起されるはずである。しかし，今度は（c）のように関係と対象の2つの結合が欠損していれば，「公園」と「発砲した」を与えても，「警官」は想起できても「デモ隊」は出てこないであろう。この予言に矛盾したデータもほかの著者によって示されているものの，HAMの著者たちはこれに合致するデータを多く提供している。

　このような記憶表象の研究は，言語心理学や人工知能の研究と結びついて，その後も内外において推進されてきた。

8.3　記憶における構成

8.3.1　文章の意味変容

　記憶の研究は，かつては覚えてどれだけ忘れるかという量的研究に重きが置かれていたが，これはすでに前章で述べたエビングハウス（1885）の伝統を受け継いだものといえよう。理論的には，連合理論によって長い間支配されていた。このことは，ややもすれば，1932年に行われた，英国の心理学者，バートレットの研究を影のうすいものにしたことは否めない。しかし，今日の記憶研究のもろもろの知見に照らしてみれば，彼の研究は，その材料（文），発想（スキーマ，内容の変容）という点で，すぐれて今日的であり，また実際，今日の有意味材料の記憶研究の原点となったとい

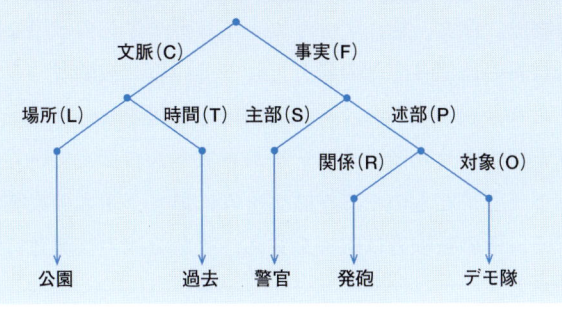

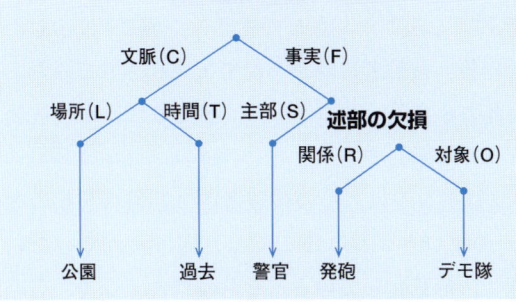

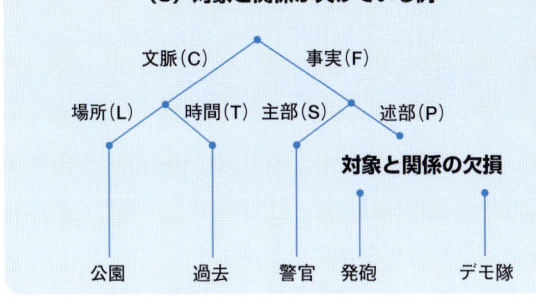

図8.7　HAMの入力概況図と一部が欠如している例（Houston, 1981）
HAMのモデルでは，心的表象は，言語学のモデルにみられるような「樹状図」によって表される。たとえば，(b)のように知識が貯蔵されていれば，「公園」と「発砲した」が手がかりとして与えられた場合，「デモ隊」と「警官」は想起されよう。しかし(c)の場合，「デモ隊」は想起されないであろう。

ても過言ではあるまい。

　バートレットは，その『記憶――実験・社会心理学の一研究』（1932）の中で，短い物語，韻文，絵，アメリカ・インディアンの伝説などを材料として，意味材料の記憶と忘却の研究を行っている。被験者はこれらの短い材料を与えられ，読んでのち，一定期間後，想起させられる。ほかの場合では，文章を記憶させた後，それを次から次へ人に伝えていく方法をとっている。ちょうど子どものやる電話ゲームに似て，1人の被験者がほかの被験者に伝え，その被験者は内容を覚え，それを次の被験者に伝えるといった方法である。

　いま，すでによく知られた，彼の実験材料の一つ，「幽霊たちの戦争」の実験プロトコルをあげてみよう。もとの物語は，表8.4に示したものだが，これを覚えさせた後，被験者に時をへだてて想起させてみた。例として表8.5にある被験者の8日後のプロトコル，表8.6にほかの被験者の2年6カ月後のプロトコルを示してある。

　表8.5の8日後のプロトコルは，その被験者の2回目の想起のものだが，1回目（20時間後）のプロトコル（ここでは，掲げられていない）をみても，原文よりも短く，形式化している。そればかりでなく，省略や変容も生じていた。また，「カヌー」が「ボート」になるといった類似語の入れ替えも行われていた。この表に示されている2回目では，もっと短くなり，カラマといった固有名詞も欠け，1回目には落ちていた「殺されたら」といったいいわけもまた入ってきている。

　表8.6のプロトコルでは，長期にわたる記憶の変化がよくわかる。物語の大筋は残っているものの，細部はほとんど抜け落ち，著しく形骸化している。物語にはないが，被験者が考えたとおぼしきテーマが入ってきている。たとえば，明け方に人が死ぬというのは，よく物語に出るテーマだが，実際そこに現れている。おそらくは，この人の既有の一般知識などが集まって，特殊な部分が欠落したところに補充が生じたのであろう。

　バートレットは，この種の情報変容の型を，次のように分類している。

省略：特殊なことは脱落する傾向がある。また，被験者にとって非論理

図8.8　F.C.バートレット卿
（1886－1969）

表8.4　バートレットの用いた文章「幽霊たちの戦争」(Bartlett, 1932)

　ある夜のこと，エグラックから来た2人の若者が，アザラシ狩りのために河をくだってきた。そこにいるとき，霧も立ちこめ静かになってきた。すると，鬨の声が聞こえてきたので，「軍団だろう」と考えた。かれらは岸辺に逃げ丸太のかげに隠れた。すると，カヌーがやってきて，カイをこぐあわただしい音が聞こえてきた。一艘のカヌーが，かれらの所にやってくるのが見えた。そのカヌーには5人の男が乗っていて，次のように言った。
　「何を考えているんだい。われわれは君たちをつれて行きたいんだ。われわれは，あいつらと戦うために河をのぼっているんだ」
　「矢は持っていないよ」と1人の若者が言った。
　「矢はカヌーの中にあるさ」と彼らは言った。
　「おれは一緒に行かない。殺されるかもしれない。おれの身内の者たちは，おれがどこにいるのか，わかりゃしないしね。だが君は」と，他の男に向かって彼は言った。「かれらと一緒に行っていい」
　こうして，若者の1人は行ったが，他の1人は家に帰った。
　そこで，戦士たちは河をさかのぼり，カラマの対岸の町に向かった。そうして，かれらは戦い始め，多くの者が殺された。しかし，ほどなく若者は，戦士の1人が次のように言うのを聞いた。
　「急いで，家に帰ろう。あのインディアンは撃たれた」そこで彼は考えた。「あっ，かれらは幽霊なのだ」かれは痛みを感じなかったけれども，他の戦士たちは，かれが撃たれていると言った。
　こうして，カヌーはエグラックに戻ってきて，この若者は岸にあがって家に行き，火を起こした。そしてかれはみんなに話して聞かせて言った。「いいかい，おれは幽霊について，戦いに行ったんだ。仲間も大勢殺され，おれたちを襲った者も大勢殺された。かれらは，おれが撃たれていると言ったが，おれは痛みを感じなかったんだ」
　かれは，すべてを話し終えると，静かになった。太陽が昇ったとき，彼は倒れた。何か黒いものが口から出てきた。顔はひきつっていた。人々は跳びあがって叫んだ。
　かれは死んでいた。

[8]　有意味材料の記憶と表象

的なものや，期待にそむくものも落ちる。
合理化：つじつまの合わぬ文を説明するために，別の情報が加えられる。
テーマの有力化：あるテーマが優位になり，ほかの特徴はこのテーマに関係づけられる。
情報の変容：あまり知らない言葉は，なじみ深い言葉に変わる。
続き具合の変化：あることが物語の前にほかのことが後になってくる。
被験者の態度による変化：被験者が物語に，どういった態度をとるかも変容に関係する。

こうした分析の結果，バートレットは，**スキーマ**（schema）という概念を提唱した。スキーマとは，彼によれば，過去の経験と反応を積極的に再体制化する枠組みを表している。この考え方は，今日の意味材料の記憶情報処理の心理学に生きていて，きわめて現代的な発想であると評価されえよう。

この種の実験で，変容と歪曲は，一体いつ生じるのかが問題となろう。それは，材料が示されたとき生じるのか，あるいは想起するとき生じるのであろうか。歪曲が，すでに入力時に生じるという証拠は，次のカーマイケルら（1932）の古典的な実験が示している。彼は，物理的に同一の図形（図8.9の中央）を示した場合でも，それらの入力時に，別々のラベリングを手がかりとして与えることにより，再生された図が異なることを示した。たとえば，眼鏡とも亜鈴ともみえる同一の図に，そのような語の手がかりを与えることによって，再生図形は当の手がかりの影響を受け，眼鏡のように再生されることもあったし，他方，亜鈴のように再生されることもあったのである（図8.9の左右）。しかし，変容すべてを，入力時か想起時のどちらかに限定してしまうのは，極端であり，実際は両者の場合にも生じるという可能性は否定できないものがある（たとえば，ヒューストン，1981参照）。

8.3.2　意味の表層と深層

最近になって，被験者は散文の中から，形態にはあまり注意せず，その

表8.5　「幽霊たちの戦争」の8日後の想起プロトコル(Bartlett, 1932)

　エデュラックから2人の若者が，狩りに行った。かれらが狩りにたずさわっていたとき，遠くで騒音が聞こえた。「この音は，鬨の声のようだな」と1人が言った。「戦いが始まっているようだ」ほどなく，何人かの戦士があらわれ，河上の遠征に加わるよう誘った。
　若者の1人は，家族のきずなのあることを理由に，辞退した。「殺されたら，帰れないので」と言った。そうして，帰宅した。だがもう1人の男は，この戦団に加わり，みんなはカヌーで河をさかのぼって行った。岸辺にあがると，敵があらわれ，戦いを交えるために追いついてきた。すぐに誰かがケガをし，戦団は，かれらが幽霊を相手に戦っていることを発見した。若い男と，かれにつきそった男は，ボートに帰り，それぞれの家に帰った。
　翌日のあけぼのに，友人たちにかれは冒険を話して聞かせていた。突然，何か黒い物がかれの口から出て，叫び声をあげて倒れた。友人たちはかれのそばに寄ったが，すでに死んでいることを発見した。

表8.6　「幽霊たちの戦争」の2年6カ月後の想起プロトコル(Bartlett, 1932)

　ある戦士たちが，幽霊に対する戦争を遂行するために行った。かれらは一日中戦って，そのメンバーの1人が傷ついた。
　かれらは夕方，傷ついた戦友を運んで家に帰った。日も暮れかかる頃，病状にわかにあらたまり，村人たちはかれのまわりに集まってきた。明け方，かれはため息をついた。すると何か黒い物が口から出てきた。かれは死んでいた。

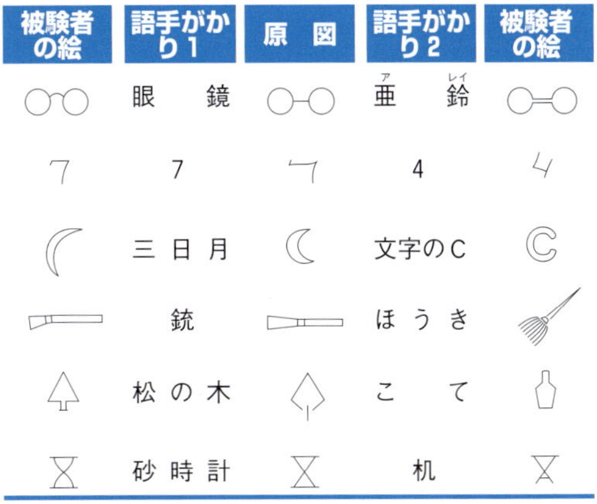

被験者の絵	語手がかり1	原図	語手がかり2	被験者の絵
○○	眼　　鏡	○─○	亜　　鈴	○━○
7	7	7	4	4
☾	三日月	☾	文字のC	C
銃の絵	銃	銃の絵	ほうき	ほうきの絵
△	松の木	△	こて	こての絵
⧗	砂時計	⧗	机	⧗

図8.9　視覚的に提示された図の言語的レッテルによる記憶変容
(Carmichael et al., 1932)

中央が，覚えるために示された原図，それぞれ左右の異なった言葉により，被験者の記憶が変容されている例。

[8] 有意味材料の記憶と表象

意味を抽出し，想起や再認においては，その答も推理・構成するというバートレットの考えが，より精密に実験されるようになった。実際，そのことは，文や文章の記憶と理解にたえず起こってくるのである。ブランスフォードら（1972）の古典的ともいえる研究は，推理による記憶情報処理の過程をよく表している。

その1つの実験では，被験者は次の文をまず，覚えさせられる。

(1) 3匹のカメが流木の上で休んでおり，1匹の魚がそれ（it）の下を泳いでいる。

この文章を理解すれば，魚が流木の下を泳いでいれば，当然カメの下を泳いでいることになる。問題はその推理が記憶の中に組み込まれているかどうかである。そこで，被験者に次の文を提示し，それが前にあったものかどうかを問う。

(2) 3匹のカメが流木の上で休んでおり，1匹の魚がそれら（them）の下を泳いでいる。

この文(2)は，文(1)の当然の帰結と考えられる。実際，被験者は，この2つの文のどちらをみたのか，区別がつかなかったのである。

この実験は，推理による記憶の再構成が生じるということを示しているが，実際上その文の意味内容の本筋は変わっているものではない。

またザックス（1967）は，時間の経過とともに文の表層形態の記憶は変化しても，深層の意味は一貫して保持されることを示している。彼の実験では，表8.7に示すような文章を聞き理解するよう求められた。文章中には，ザックスが「基礎文」とよぶ文を含んでいる。（たとえば，下線の部分）。テスト文は，この文章中の基礎文にもとづいており，テストは，それぞれ，0，80，160音節後に行われた。テスト文は，基礎文と同一のもの，意味そのものが変化しているもの，意味はそのままで態が変化しているもの，形式が変化しているものの4文について行われた。具体的には，次のような文の再認が文章中のそれぞれの位置で行われたのである。

(1) 同一："He sent a letter about it to Galileo, the great Italian scientist."

表8.7　文の意味記憶に使用されたテキストの一例(Sachs, 1967)

> 被験者は，次の文章を読む。下線の文を読んだ直後（0音節），80音節後，160音節後に，本文の中にそれが言葉通りに書かれてあったかを答えさせる。
>
> 　望遠鏡について面白い話がある。オランダで，リッパーシェイという1人の眼鏡作りがいた。ある日のこと，彼の子どもたちが，何枚かのレンズで遊んでいた。子どもたちは，2枚のレンズが約1フィート離れると，物が非常に近く見えることを発見した。リッパーシェイは実験をはじめ，彼の「小望遠鏡」は多くの注目を集めた。彼はそれについての手紙を，ガリレオ，偉大なイタリアの科学者に送った。（ここで0音節のテスト）ガリレオはただちに，この発見が重要であることを悟り，自分自身で作り始めた。彼は古いオルガンパイプを使用し，一方は凸レンズ，他方は凹レンズをつけた。はじめて晴れた日，彼は望遠鏡を空に向けた。彼が驚いたことには，何もない空間がきらきら輝く星でいっぱいになっていたのである！（ここで80音節のテスト）彼は毎夜，高い塔に登り，彼の望遠鏡で空を眺めつくした。ある夜，彼は木星を見た。そして驚いたことには，その星とともに，3つの輝く星，2つは東，1つは西にある星を発見したのである。しかし，次の夜には，それらはみんな西にあった。数夜経ると，4つの小さな星があった。（ここで160音節のテスト）

表8.8　証言における記憶情報の統合

> 　ロフタスとパルマー（1974）によって行われた次の実験は，時間とともに記憶情報がいかに統合されていくかということを示している。被験者にまず，自動車事故の映画を見せ，スピードについて質問した。1つは「車が激突したとき，どのくらいのスピードで走っていましたか」であり，ほかの1つは，「車がぶつかったとき，どのくらいのスピードで走っていましたか」である。最初の激突という動詞を使った聞き方のほうが，より速いスピードで走っていたと回答した。これはただ，使用した動詞によって反応が速いほうに歪曲されてしまっただけなのだろうか。それとも，動詞によって記憶表象が変わってしまったのだろうか。
> 　実験者たちはふたたび1週間後に，たとえば「ガラスが割れるのを見ましたか」という質問を行った。ガラスが割れることは，スピードが速いという知識と一致する。実際に見た映画には，ガラスが割れるシーンは映っていない。「ぶつかった」よりも「激突した」の質問をされた被験者のほうが，相対的に「はい」と答える傾向が強かった。著者たちは，元の情報が事後のこのような言語情報によって補充されて記憶の統合が生じたと解釈している。

（彼はそれについての手紙を，ガリレオ，偉大なイタリアの科学者に送った。）……基礎文と同じ。

(2) 意味の変容："Galileo, the great Italian scientist, sent him a letter about it."（ガリレオ，偉大なイタリアの科学者は，それについての手紙を彼に送った。）

(3) 能動態から受動態への変容："A letter about it was sent to Galileo, the great Italian scientist."（それらについての手紙は，ガリレオ，偉大なイタリアの科学者に送られた。）

(4) 形式の変容："He sent Galileo, the great Italian scientist, a letter about it."（彼はガリレオ，偉大なイタリアの科学者に，それについての手紙を送った。）

それぞれの文が読まれるまでに挿入された音節数の関数としての，これらの文の正答率は，図8.10に示してある。直後では(1)の同一文が「はい」と答えられると同様に，ほかの文は「いいえ」と答えられて正答はいずれも変わらないが，80と160音節になると，意味の同一でない(2)の文は正しく再認されているものの，ほかの意味が同一のものはおしなべて正答率は等しくなっている。こうして，文法的形式やほかの非意味的特色のような表層形態は，短期記憶には保持されても，長期記憶には保持されにくく，深層の意味表象が長期記憶に保持されるものと解することができよう。

キーナンとキンチュ（1974）のテキストの検証実験についても，この種の意味の統合が行われることを示している。この実験では，大学生の1群は，1つの命題をはっきり記した文章（表8.9の顕在文）を示され，ほかの群はその命題を内々に含んでいるか表には現れていない文章（潜在文）を示される。直後と20分後に，その命題（「ガスは爆発を起こした」）が，前に読んだ物語に照らして"真"か"偽"か判断させられる。同様な実験は，絵についても行われた（バジェット，1975）。

その1つの実験では，長髪をした若者が理髪店に入り，髪を刈らせ，角刈にして出てくる場面を何枚かの絵で示す。顕在的な場面では，髪を刈らせている絵はあるが，潜在的な場面ではその絵は省略されている。この絵の場合の実験では，検証のために，髪を刈らせる絵を示し，テキストの場

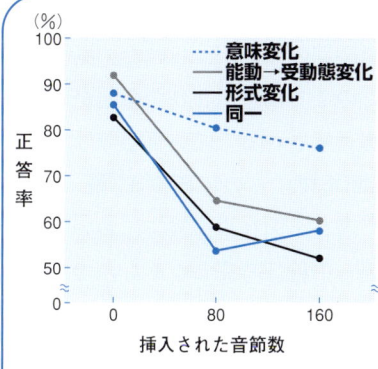

図8.10 文章の終末から再認までに挿入された音節数の関数としての4つの文の正再認率（Sachs, 1976）
同一文は，「同じ」と判断されれば正答，そのほかの文は「ちがう」と判断されれば正答となることに注意。

表8.9 顕在文と潜在文とそれらに対応するテキスト文（Keenan & Kintsch, 1974）
顕在文と潜在文の差異は，後者が「ガスは爆発を起こし」を含んでいないことである。しかし，実際には記述されていなくても，この情報は潜在的に含まれていることは，文の前後関係から推察されるであろう。

入　力

【顕在文】
「5番街のある家の暖房装置にガスもれがひろがった。ガスは爆発を起こし，その家を破壊し，火を発して近隣の数戸の家に損害を与えた。」

【潜在文】
「5番街のある家の暖房装置にガスもれがひろがった。爆発はその家を破壊し，火を発して近隣の数戸の家に損害を与えた。」

遅滞−0〜20分　　検証のためのテスト
「ガスは爆発を起こした」

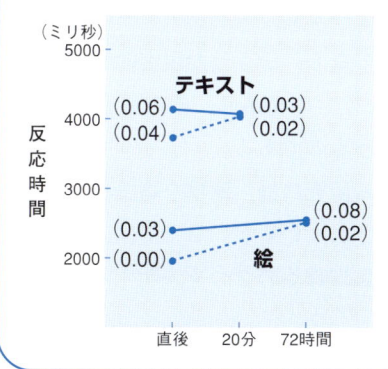

図8.11 テキストと絵の場合の反応時間（Keenan & Kintsch, 1974 およびBaggett, 1975）
テキストの場合でも，絵を用いた場合でも，時間が経過するにつれて，顕在項目の有無に関係なく，被験者は，同じ表象で反応することが，この図から推察される（実線は潜在文，点線は顕在文，カッコ内の数字は誤反応率）。

合と同様にその真偽が問われ判断時間を測定する。図8.11に示すように，テキストと絵の場合，ともに，同様な判断時間の傾向がえられた。直後では，顕在事態が速く判断されているが，このことは提示された命題がそのまま，まだ残っていてただちに検証されると解される。潜在事態では，テスト命題（または絵）を解釈するのに時間を要するのであろう。しかし，時間が経てば，文字通りの記憶はうすれ，潜在・顕在事態双方において同一の意味表象が形成されているために，同一の検証時間となるものであろう。こうした文章やそのほかの材料についての実験は，ほかにも行われ，長期記憶に保存される深層的な意味の重要性を明らかにしている。

8.4 テキストの処理

　チョムスキーの巧妙な言語のモデル（6.2.2参照）は，文を中心として，それを交換し，生成するルールを明らかにしようとした野心的な試みであったが，さらに複雑な材料についての記憶と理解を心理学者たちは同様な手法で研究しようと試みてきた。ここでは，テキスト，物語，散文，談話（discourse）といった複雑な材料についての認知心理学の最近の研究の動きをみていきたい。一般には，テキストという言葉で代表させる。

　認知心理学の領域で，なぜこうした分析しにくい複雑な材料が取り扱われるようになったかということには，それなりの理由がある。実際，無意味材料や語といったものより，文章のような複雑な材料の処理の場合，被験者は独自の符号化ストラテジーを駆使しやすく，ストラテジーの諸々の様相が現れやすいのである。そればかりでなく，こうした現実的な文脈をもった材料こそ，日常生活において出会うものであり，その研究成果は，現実の教育場面へも応用のきくものたりうるのである。

　テキストについての理解と記憶に関する研究には，簡単な物語を中心としたものが多い。多くの分析方法が開発されているが，ここでは，ソーンダイクの物語文法とキンチュのテキスト処理理論の2つを説明する。

ボックス　スキーマ理論の現代版──スクリプト

　バートレットによって提唱されたスキーマの考え方は，現代のテキストの心理学によってより精緻な形に完成されることになった。本文に示されたもの以外にも，次のスクリプトの考えがある。シャンクとアベルソン（1977）は，日常活動についての私たちの活動をスクリプトと記述している。以下は，バウワーら（1979）による，シャンクとアベルソン（1977）のスクリプトの1つ「レストランに行く」の短縮版である。
　スクリプトは，1つ1つの知識の主要内容を表現したものであり，いつ，どのようにして，この知識の単位が応用されるかというルールを含んでいる。

▶場面1　店に入る
客はレストランに入る
客はテーブルをさがす
客は座る場所を決める
客はテーブルに就く
客は座る

▶場面2　注　文
客はメニューを取り上げる
客はメニューを見る
客は食物を決める
客はウエイトレスに合図する
ウエイトレスがテーブルに来る
客は食物を注文する
ウエイトレスはコックの所へ行く
ウエイトレスは食物の注文をコックに行う
コックは食物の準備をする

▶場面3　食事する
コックはウエイトレスに食物を差し出す
ウエイトレスは食物を客に運ぶ
客は食事する

▶場面4　店を出る
ウエイトレスは請求書を書く
ウエイトレスは客の所へ差し向く
ウエイトレスは客に請求書を差し出す
客はウエイトレスにチップを与える
客は現金係の所へ行く
客は現金係に金を出す
客はレストランを離れる

名　　前：レストラン
属　　性：テーブル
　　　　　メニュー
　　　　　食物
　　　　　金
　　　　　チップ
入力条件：客は空腹である
　　　　　客は金を持っている
役　　割：客
　　　　　ウエイトレス
　　　　　コック
　　　　　現金係
　　　　　所有者
結　　果：客はそれほど金を持っていない
　　　　　所有者はより金持ちである
　　　　　客は空腹ではない

8.4.1 物語文法

さまざまな文化において，物語は一定の構造を有している。それは，設定，性格，テーマまたは筋書，挿話，解決といったものである。ソーンダイク (1977) は「構造」という言葉を，物語の構文法を意味するものとし，1つの**物語文法**（story grammar）を発展させた。これにより，物語の高次の成分は，低次の簡単な成分に分割されるのである。具体的には，彼の物語文法は，**表8.10**に示すようなものである。ここで，規則1は，物語が，設定，テーマ，筋書，解決を含むものとして定義される。次に続く規則では，これらの要素はさらに分割され，あるものは繰り返される（表中，＊で示されてあるもの）。

ソーンダイクは，「サークル島」という1つの簡単な物語（**表8.11**）にこの文法を適用している。サークル島の物語は，**図8.12**に示されるような樹状図に表されている。この図において箱の番号は物語中の個々の命題を表している。したがって，1から10までは，設定に関する情報になっているし，命題13〜16は，テーマまたは目標であり，17〜27は諸々の行為の挿話となっている。31は結末の挫折を，32〜34は筋書の解決を与えている。13と14のように水平線で結ばれたものもあるが，これは単一の出来事が2つの命題で表現できることを表すものである。ソーンダイクは，4つの命題の水準を設定している。このことは，高い水準の命題は，低いそれよりも読者にとって大切であることを示している。

ソーンダイクは被験者にこの物語を読ませるか聞かせるかした後，それぞれの命題の重要度を決定させている。被験者は高い水準の命題を低い水準のそれより重要と評定していることがわかった。このことは，上述のソーンダイクの予言と一致するもので，物語の記憶構造の階層性を示すものといえよう。ソーンダイクはさらにすすんで，物語の短い要約を書かせてみた。ここでもまた，水準の高い命題であればあるほど，要約の中に現れやすかったのである。

ソーンダイクはまた，元であるサークル島の物語を，次のようなさまざまなものにつくり変えてみた。

(1) 「物語—後テーマ条件」……テーマが物語の一番最後にくる。

表8.10 物語の文法規則 (Thorndyke, 1977)

規則番号	規則	
1	物　語 →	設定＋テーマ＋筋書＋解決
2	設　定 →	性格＋場所＋時
3	テーマ →	(出来事)*＋目標
4	筋　書 →	挿話
5	挿　話 →	下位目標＋試み*＋結果
6	試　み →	出来事* / 挿話
7	結　果 →	出来事* / 状態
8	解　決 →	出来事 / 状態
9	下位目標 / 目標 →	望ましい状態
10	性格 / 場所 / 時間 →	状態

(注) *は繰り返されることを示し，( ) は任意であることを示す。

表8.11 サークル島の物語 (Thorndyke, 1977)

(1)サークル島のある所は，(2)大西洋の中程である。(3)この島の主要産業は農耕と牧畜である。(4)サークル島はよい土壌を有している。(5)しかし河はほんの少ししかなく，(6)したがって水は不足している。(7)島は民主的に運営されている。(8)すべての出来事は島の人たちの多数決で決定される。(9)政体は議会制であって，(10) その仕事は大多数の意志を遂行することである。(11) 最近，島のある科学者が〔(12) 塩水を新鮮な水に変える〕安い方法を発見した。(13) その結果，島の農民は，〔(14) 島の中に運河を作ることを〕欲した。(15) こうして運河の水を用い，(16) 島の中央部を耕そうとしたのである。(17) したがって農民たちは運河推進連盟を結成し，(18) 少数の議員を説得して(19) 加えた。(20) 運河推進連盟は建設の構想を投票に持ち込んだ。(21) すべての島民が投票した。(22) 大多数の人は建設に賛成の票を投じた。(23) しかし議会の決定は，(24) 農民の運営する運河は生態的に不健全というものであった。議員たちの同意は，(26) 小運河を建設することであった。(27) それは幅2フィート，深さ1フィートのものであった。(28) 小運河の建設が始まった後，(29) 島民にわかったことは，(30) 少しも水が流れ込んでいないことだった。(31) こうしてこの計画は放棄された。(32) 農民は怒った。(33) なぜなら運河の計画は失敗したからである。(34) 市民戦争は不可避のように思われた。

(2)「物語―無テーマ条件」……テーマは除去されている。
(3)「記述的条件」……場所的因果関係や時間関係のない物語の提示。

これらの改変された文章を提示したのち想起させたところ，もとの物語よりいずれも想起量は劣っていたが，その差は高い水準において著しかったのである（図8.13）。

こうした傾向は多かれ少なかれ，ほかの物語に関する研究からも得られていて，かなり一般性をもっているといえよう。つまり，人は物語をいかに符号化し，貯蔵・検索するかということのヒントを与えている。要約すれば，第1に，物語は，構造化された水準のある形態に記憶の中におさめられていること，第2に，物語のこうした構造の成素を分析し，上位・下位の部分に分けることが，方法論上可能であること，このことは，あたかも，現代文法が，文の構造を分析し，その成素に分けていく，構文分析（parser）の手法に似ているといえよう。こうした分析から，記述のためのルールが明らかになり，物語の処理においては，高い水準の要素は，低いそれよりも重要であることが明らかになる。第3に，物語のテーマを除去したり，構成を崩すと，理解と記憶が難しくなることである。

8.4.2 文章（テキスト）の処理理論の展開
——キンチュとヴァン・ダイクの理論

文章の処理に関する理論は，以上の物語文法に止まらない。すでに，1960年代から，いくつかの理論が提唱され，実験的に吟味されてきた。

それらのアプローチの特色は，私たちの行う文章の記憶・理解が選択的であること，つまりテキストの重要でない部分よりも中心的なテーマに関心が向けられることを主張するものである。

たとえば，ゴムリキー（1959；アイゼンク，2000による）は，早くから次のような実験を行っている。被験者の一群には，物語を見せてその要約を書かせる。第2群には，物語を読ませて，後で思い出させる。そして，第3群には，第1群の要約と第2群のプロトコルを読み比べさせたが，どれが要約か，プロトコルか区別がつかなかったのである。

この結果は，私たちが理解し記憶しているのは，文章の表層それ自体で

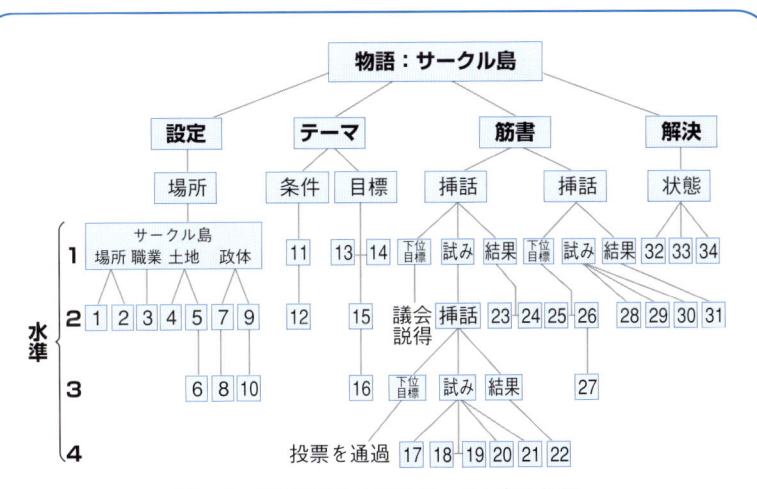

図8.12　階層構造としてのサークル島の物語

表8.10の物語の文法規則に沿って記述された物語の構造を図示したものである。物語は，設定，テーマ，筋書，解決から成立しているが，それらはさらに文章規則によって書きかえられて，最終記号別として実際の命題が，異なった水準として示されている。

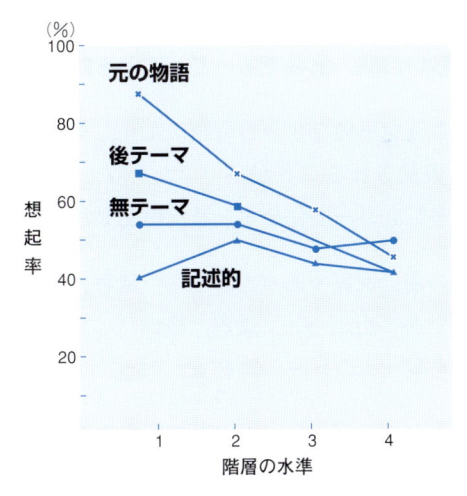

図8.13　サークル島の物語の階層水準別想起率

表8.11のサークル島の物語の構造を移動または一部を削除して（本文参照）提示し，あとで想起させてみた。一般に高い水準の命題がよく想起されていることがわかる。物語そのままは，そのことをとくによく示しているが，変更の仕方によって階層の効果は多かれ少なかれそこなわれている。

8　有意味材料の記憶と表象

はなく，その主要テーマであることを物語っている。

　1970年代から現在に至るまで，キンチュとヴァン・ダイクと彼らの同僚たちは，もっとも精緻な文章処理のモデルを提唱し，数々の実験を行い，その過程を分析してきた（たとえば，キンチュ，1978，1998；キンチュとヴァン・ダイク，1978；キンチュら，1990；ヴァン・ダイクとキンチュ，1983）。わが国の文章処理の研究家もそれに言及している（たとえば，光田，1989；谷口，1999；石田，1999；川﨑，2000など）。

　キンチュらの研究を十分に理解するには，確率論，線形数学の知識を必要とするが，ここでは，まずわかりやすい初期の研究（キンチュとヴァン・ダイク，1978）を中心に，その基礎的な考えをみていきたい。

　キンチュらは，有意味な材料は命題（proposition）という形で記憶庫の中に貯蔵されると考える。命題は，最小の知識の単位であり，その真偽が問われるものとされる。物語だけではなく，ほかの散文について，文章は諸々の命題に分析しうるものとされる。

　たとえば，次のような簡単な文を，命題に分析してみよう。

秀吉は，熾烈な戦いの間，武将であって，天下を統一した。

この文は，次のような単純な3つの命題になり，また，右のカッコ内のようにコード化し表記されることが多い（ただし，わかりやすさのため，以下の説明では必ずしもコード化せず，通常の文で示してある）。

(1)秀吉は，戦いの間，武将であった。──（武将，秀吉，戦い）
(2)戦いは，熾烈であった。──（熾烈，戦い）
(3)秀吉は，天下を統一した。──（統一，秀吉，天下）

　そして，テキストは，次の2つの水準を構成するように処理される。

ミクロ構造（micro-structure）：文の表層から引き抜かれた諸々の命題が，1つのまとまった形をなす水準。
マクロ構造（macro-structure）：ミクロ構造がさらに再編成された水準（文章の要旨のようなもの）で，要約や後の想起に現れる。

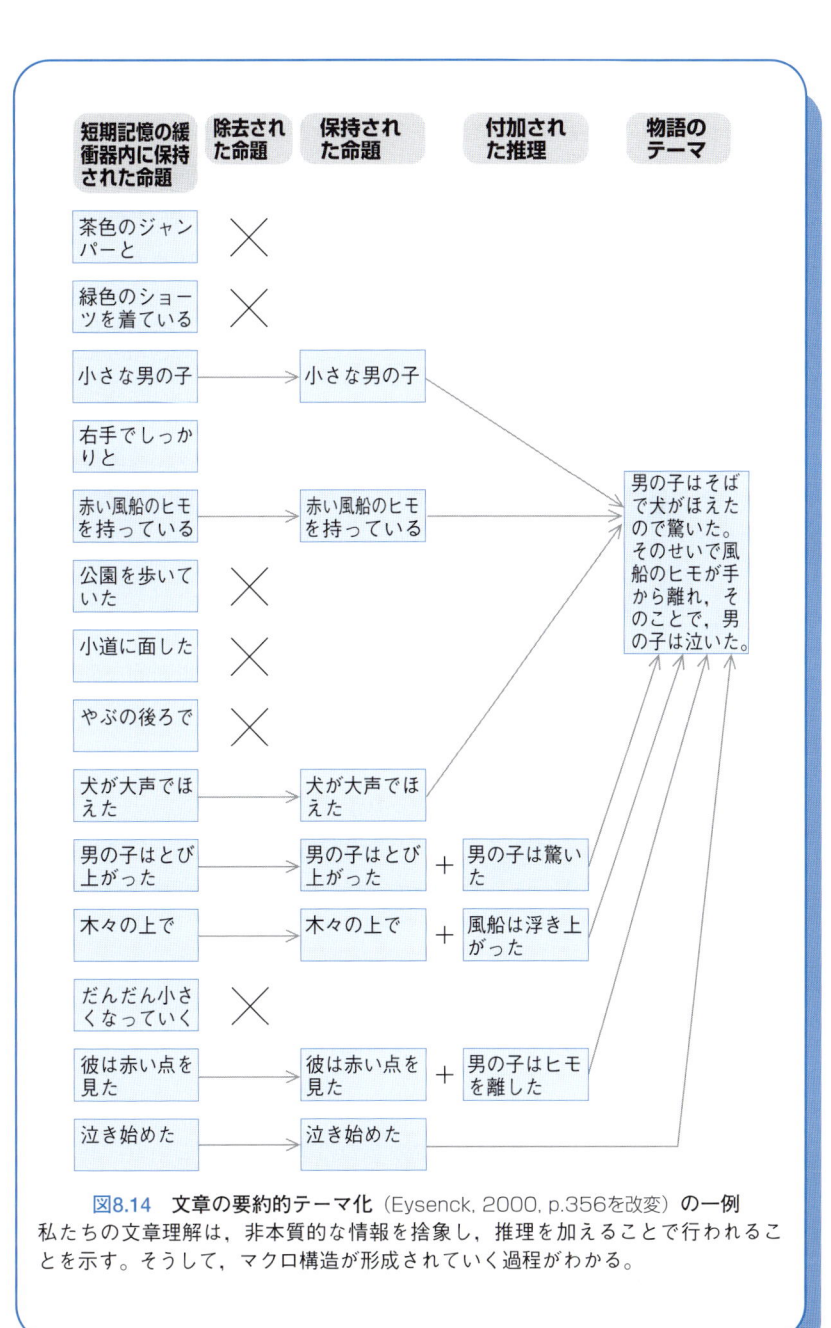

短期記憶の緩衝器内に保持された命題	除去された命題	保持された命題	付加された推理	物語のテーマ
茶色のジャンパーと	×			
緑色のショーツを着ている	×			
小さな男の子	→	小さな男の子		
右手でしっかりと				
赤い風船のヒモを持っている	→	赤い風船のヒモを持っている		男の子はそばで犬がほえたので驚いた。そのせいで風船のヒモが手から離れ、そのことで、男の子は泣いた。
公園を歩いていた	×			
小道に面した	×			
やぶの後ろで	×			
犬が大声でほえた	→	犬が大声でほえた		
男の子はとび上がった	→	男の子はとび上がった	＋ 男の子は驚いた	
木々の上で	→	木々の上で	＋ 風船は浮き上がった	
だんだん小さくなっていく	×			
彼は赤い点を見た	→	彼は赤い点を見た	＋ 男の子はヒモを離した	
泣き始めた	→	泣き始めた		

図8.14 文章の要約的テーマ化（Eysenck, 2000, p.356を改変）の一例
私たちの文章理解は，非本質的な情報を捨象し，推理を加えることで行われることを示す。そうして，マクロ構造が形成されていく過程がわかる。

[8] 有意味材料の記憶と表象

たとえば，次のような文章が与えられたとする（アイゼンク，2000）。

茶色のジャンパーと緑色のショーツを着た小さな男の子が，しっかりと右手に赤い風船のひもを持って公園を歩いていた。小道に面したやぶの後で，犬が大声でほえた。少年はとび上がった。そして，彼は赤い点が，木々の上でだんだん小さくなっていくのを見たとき，泣き始めた。

前頁の図8.14は，どのように各命題が処理されるかを，示す一例である。

キンチュとヴァン・ダイクによれば，文章から抽出された命題は，容量の限られた短期作動記憶（7.4.6の作動記憶に似ている）の「緩衝器」には入る。そうして，推理を働かせる形でテキスト以外の命題も付け加わる。また緩衝器に入っているいくつかの命題は，それらが似ていれば1つにまとまることもある。このような命題の連結は，緩衝器の中で行われ，短期記憶の容量によっても限定される。

彼らはまた，「処理サイクル」も仮定する。すなわち，規則的な間隔で数個の重要な鍵命題だけを残してすべてのものを空にしてしまう。もっと一般的な言い方をすれば，高水準の命題，文章の展開に重要な命題，近時に提示された命題は，緩衝器内に保持されやすい。

上に述べたマクロ構造は，スキーマとなる情報を再編したものといえよう。それが形成される際，ミクロ構造の命題に対し次のようなマクロ操作が適用されるとする。

省略：次の命題の理解に不必要な命題は，省略される。
一般化：一連の命題が，より一般的な命題に置き換えられる。
構成：複数の命題が，文の必然的帰結を示す単一の命題にまとめられる。

テキストの記憶は，ミクロ・マクロの2つの構造によっている。高次のあるいは中枢的な地位を占める命題は，下位のものよりよく覚えられる。前者は，作動記憶の緩衝器内に長く止まって，マクロ構造に含まれやすいからである。このような見解は，キンチュらの研究でほぼ確認されている（たとえば，キンチュら，1975；谷口，1998参照。また彼らのモデルのパ

【テキスト水準】
赤ん坊が中隔欠損症にかかったとき，血液は肺を通して十分に二酸化炭素を除去することができない。ゆえに，それは紫色を呈する。

【命題水準および状況水準】

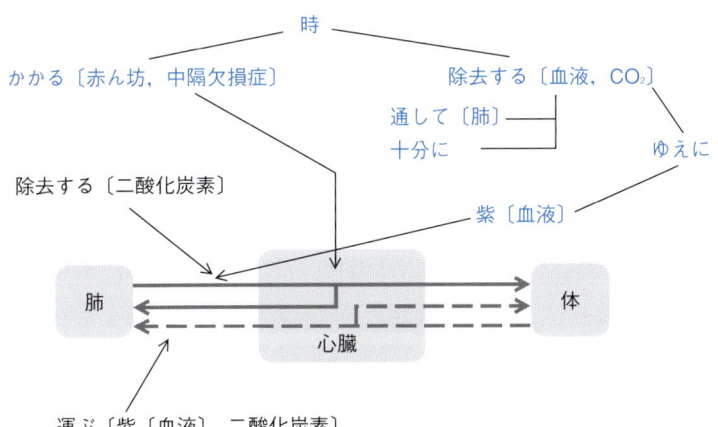

```
                            時
                ┌───────────┴───────────┐
      かかる〔赤ん坊, 中隔欠損症〕    除去する〔血液, CO₂〕
                                    通して〔肺〕
                                    十分に        ゆえに
    除去する〔二酸化炭素〕
                                 紫〔血液〕
              ┌──────┬─────────────────────┐
              │  肺  │ ───────────────→    │ 体 │
              │      │ ←───────────────    │    │
              └──────┴──────┬──────────────┘
                           心臓

        運ぶ〔紫〔血液〕, 二酸化炭素〕
```

図8.15 テキスト・命題・状況の表象水準のモデル(Kintsch, 1998を一部改変)
命題表象はブルーで示されている。命題は，既有の知識と結合して状況表象を形成する。

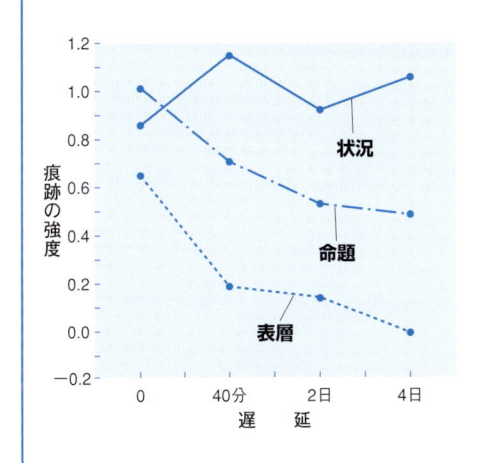

図8.16 情報の保持
(Kintsch *et al*., 1990)
一種の再認法によるものである。4日間にわたる各情報保持の様子に注目される。

ラメータの推定法については，キンチュとヴァン・ダイク，1978を参照されたい）。

キンチュらは，1990年ごろより，さらに精緻な**構成―統合**（construction-integration）モデルを提唱した。それによると，いわゆる「ボトム・アップ」式に命題はフィルターにかけるような統合過程を経て無関係な情報を濾過し，最終的な表象に到達するというものである。

このモデルによれば，3つの表象水準があると仮定する。図8.15にその簡単な概念例を示した。すなわち，「表層」（テキスト自体），「命題」*（テキスト自体から生成された命題），「状況」（テキストに関する状況を表す心的モデル）という3つの表象が，この順に生成されると仮定し，生成過程をシミュレーションし，さらに理解・記憶の実験を行って成功している（キンチュら，1990）。それによれば，たとえば，「事態」の情報がもっともよく保持され，次いで「命題」の情報が続き，「表層」的な情報のそれはきわめて低くなっている（図8.16）（ここでは，アイゼンクとキーン（1995）の用語にしたがった）。詳しい説明書としては，アイゼンクとキーン（1995），ドニエルとボーデ（1992）がある。また初期のモデルは大村（1985）が，1980～90年代のものは谷口（1999）がわかりやすく説明している。

なお文章は日常的なものであると同時に教育的にも重要な知的媒介物**であるから，内外において多くの研究がみられるが，それらすべてに言及することは，本書の紙幅の上では不可能である。くわしくはこれまでに記した文献にあたられたい。

また狭義のテキストの有効な読み方としては，右ボックスを参照していただきたい。

＊キンチュは，命題表象ではなく，「テキスト・ベース」という言葉を使用している。
＊＊たとえば，教授法的研究としては，光田（1989）の一連の仕事が注目される。

ボックス　テキストの有効な読解法

　さまざまな文章からなる広義のテキストには，短編小説や新聞記事のものがあり，また，教育やビジネスに必要な1冊の本をなしているものがある。前者のようなものの読解には，さほど苦労はいらないであろう。

　しかし後者のようなシステムになっているテキスト（この本のような教科書もまたそうである）の理解と記憶には，どのような方法が有効に読みを深めるであろうか。次のPQRST法は，教科書の読解にとりわけ有効とされてきた（トーマス・ロビンソン，1982；アトキンソンら，1996）。この言葉は，下見（Preview），質問（Question），閲読（Reading），（自己）復唱（Self-recitation，単に復唱といってもよい），そして，テスト（Test）の語の頭文字を採ったものである。

　実際には，次のように行う。

　下見　この第1段階では，章や節が何であるか，どういう構成になっているか，ざっと目を通す。要約がつけられていれば，それも見てみる。
　質問　上の下見にもとづいて，テキストを読む際，解答すべき質問をいくつか考えておく。
　閲読　テキストを一文一文読む。設定した質問への解答を行い，新たに見立った情報にも注意しておく。
　自己復唱　ここではテキストの各部分の重要なアイデアを思い出し，情報を復唱する（口にだして行っても，心の中で行ってもよい）。
　テスト　この最終的段階では，読んでわかったことを思い出し，自問自答しながらそれらを体制化し，情報を精緻なものにする。そのことが後に情報を検索するのに役立つであろう。

> 「読書百遍，意自ら通ず」という言葉があるが，このような工夫も必要ですね！

[8]　有意味材料の記憶と表象

参考文献

Denhière, G., & Baudet, S. 1992 *Lecture, compréhension de text et sciences cognitives*. Paris：Presses Universitaires de France.
Eysenck, M. W., & Keane, M. T. 2000 *Cognitive psychology : A student's Handbook* (4th ed.). Hove：Psychology Press.
Haberlandt, K. 1994 *Cognitive psychology : A contemporary approach*. Boston：Allyn & Bacon.
波多野誼余夫（編） 1996 認知心理学5 学習と発達 東京大学出版会
市川伸一・伊東裕司（編著） 1998 認知心理学を知る（3版） ブレーン出版
Kintsch, W. 1978 Comprehension and memory of text. In Estes, W. K. (Eds.), *Handbook of learning and cognitive processes*. Vol. 6. Linguistic functions in cognitive theory. Hillsdale, NJ：Erlbaum.
Kintsch, W. 1998 *Comprehension : A paradigm for cognition*. Cambridge：Cambridge University Press.
小谷津孝明（編） 1982 現代基礎心理学4 記憶 東京大学出版会
森 敏昭・井上 毅・松井孝雄 1995 グラフィック認知心理学 サイエンス社
大村彰道（編） 1985 学習 教育心理学講座2 朝倉書店
太田信夫・多鹿秀継 1991 認知心理学：理論とデータ 誠信書房
谷口 篤 1999 文章の理解と記憶を促進する具体的情報 風間書房

引用文献

[口絵]

IMAGES OF MIND by Michael I. Posner and Marcus E. Raichle © 1994 by Scientific American Library. Used with the permission of W. H. Freeman and Company.
養老孟司・加藤雅子・笠井清登（訳）　1997　脳を観る――認知神経科学が明かす心の謎　日経サイエンス社

Atkinson, R. L., Atkinson, R. C., Smith, E. E., Bem, D. J., & Nolen-Hoeksema, S.　1996　Hilgard's introduction to psychology. (12th ed.) Forth Worth : Harcourt Brace College Publishers.

[序章]

Anderson, J. R.　1995　*Learning and memory:An integrated approach.* New York : Wiley.
Benson, N. C., & Grove,S.　1998　*Psychology for beginners.* Cambridge: Icon Books.
Everitt, B. S.　1998　*The Cambridge dictionary of statistics.* Cambridge : Cambridge University Press.
Eysenck, M. W., & Keane, M. T.　1995　*Cognitive psychology: A student's handbook.* Hove : Psychology Press.
Gagné, R. M.　1974　*Essentials of learning for instruction.* Hilsdale, Ill : The Dryden Press.
Gallatly, A., & Zarate, O.　1998　*Mind & brain.* Cambridge : Icon Books.
Miller, G. A., Glanter, E., & Pribram, K. H.　1960　*Plans and the structure of behavior.* New York: Holt, Rinehart & Winston. 十島雍蔵・佐久間章・黒田輝彦・江頭幸晴（訳）　1980　プランと行動の構造　誠信書房
山内光哉（編著）1981　学習と教授の心理学（第2版）九州大学出版会
Pirroli, P. L., & Anderson, J. R.　1985　The role of practice in fact retrieval *Journal of Experimental Psychology : Learning, Memory and Cognition*, **11**, 136 - 156.
Raynal, F., & Rieunier,A.　1997　*Pédagogie: Dictionaire des concepts clés.* Paris: ESF.

[第1章]

Bass, M., & Hull, C. L.　1934　Consequence in avoidance learning.　*Psychological Science*, **4**, 123 - 124.
Garcia, J., & Koelling, R.A.　1966　Relation of cue to consequence in avoidance learning. *Psychonomic Science*, **4**, 123 - 124.
Hovland, C.I.　1937　The generalization of conditioned response: I. The sensory generalization of conditioned responses with varying frequencies of tone. *Jornal of General Psychology*, **17**, 125 - 148.
Holland, J.G., & Skinner, B.F.　1961　*The analysis of behavior.*　New York: McGraw - Hill.
Kimble, G.A.　1960　*Hilgard and Marquis' conditioning and learning.* (2nd Ed.)　New York : Appleton.
Mednic, S.A.　1964　*Learning.*　Englewood Cliffs, N.J.: Prentice - Hall.
Munn, N.L.　1956　*Psychology.* (4th Ed.) Boston, Mass.: Houghton Mifflin.

パブロフ（著）　川村　浩（訳）　1975　大脳半球の働きについて　上・下　岩波書店
Schneiderman, N., Fuentes, I., & Gormazano, I.　1962　Acquisition and extinction of the classically conditioned eyelid response in the albino rabbit.　*Science,* **136**, 650 - 652.
Wagner, A.R., Siegel, S. Thomas, E., & Ellison, G. D.　1964　Reinforcement history and the extinction of a conditioned salivary response.　*Journal of Comparative and Physiological Psychology,* **58**, 354 - 358.
Yerkes, R.M., & Morgulis, S.　1909　The method of Pavlov in animal Psychology.　*Psychological Bulletin,* **6**, 257 - 273.
ヴァツーロ（著）　住　宏平（訳）　1963　パブロフ学説入門　明治図書

[第2章]

Bachrach, A.J., Erwin, W.J., & Mohr, J.　1965　The control of eating behavior in an anorexic by operant conditioning techniques.　In　Ullman, L.P., & Krasner, L. (Eds.), *Case studies in behavior modification.*　New York: Holt, Rinehart & Winston.
Blodgett, H.C.　1929　The effect of the introduction of reward upon the maze performance of rats.　*University of California Publications in Psychology,* **4**, 113 - 134.
Blough, D. S.　1967　Stimulus generalization as signal detection in pigeons. *Science,* **158**.
Brown, P.L., & Jenkins, H.M.　1968　Auto-shaping of the pigeon's key-peck. *Journal of Experimental Analysis of Behavior,* **60**, 64 - 69.
Grant, D.A.　1964　Classical and operant conditioning. In Melton, A.W. (Ed.), *Categories of human learning*:　New York: Academic Press.
Guttman, N., & Kalish, H.I,　1956　Discriminability and stimulus generalization. *Journal of Experimental Psychology,* **51**, 79 - 88.
Harlow, H.F.　1949　The formation of learning sets. *Psychological Review,* **56**, 51 - 65.
Herrnstein, R. J.　1961　Relative and absolute strength of response as a function of frequency of reinforcement　*Journal of Experimental Analysis of Behavior,* **4**, 267 - 272.
Honzik, C. H.　1936　The sensory bias of maze learning in rats.　*Comparative Psychology Monographs,* **13**, No.64.
Hull, C. L.　1934　The rat's speed-of-locomotion gradient in the approach to food. *Journal of Comparative Psychology,* **17**, 393 - 422.
Hull, C. L.　1943　*Plinciples of behavior.*　Appleton.　能見義博・岡本栄一（訳）1960　行動の原理　誠信書房
Hull, C. L.　1947　Reactively heterogeneous compound trial-and-error learning with distributed trials and terminal reinforcement. *Journal of Experimental Psychology,* **37**, 118 - 135.
Hull, C. L.　1952　*A behavior system.*　Yale University.　能見義博・岡本栄一（訳）1971　行動の体系　誠信書房
Jenkins, H. M., & Harrison, R. H.　1960　Effect of discrimination training on auditory generalization.　*Journal of Experimental Psychology,* **59**, 246 - 253.
Kling, J. W., & Riggs, L. A.　1971　*Experimental Psychology.* (3rd Ed.)　New York: Holt, Rinehalt & Winston.
Köhler, W.　1917　*Intelligenzprüfungen an Menschenaffen.*　Springer.　宮　孝一（訳）1962　類人猿の知慧実験　岩波書店
Köhler, W.　1924　*Intelligenzprüfungen an Menschenaffen.* (2. Aufl.)　Berlin: Springer.　宮

孝一（訳）　1962　類人猿の知慧試験　岩波書店
Maier, N. R. F., Glaser, N.M., & Klee, J.B.　1940　Studies of abnormal behavior in the rat : III. The development of behavior fixations through frustration. *Journal of Experimental Psychology*, **26**, 521 - 546.
Miller, N. E.　1960　Learning resistance to pain and fear ; Effects of over learning, exposure, and rewarded exposure in context. *Journal of Experimental Psychology*, **60**, 137 - 145.
Miller, N.E., & Banuazizi, A.　1968　Instrumental learning by curarized rats of a specific visceral response, intestinal or cardiac. *Journal of Comparative and Physiological Psychology*, **65**, 1 - 7.
Nevin, J.A.　1973　Stimulus control. In Nevin, J.A. (Ed.), *The study of behavior*, Glenview, III.: Scott, Foresman.
Reynolds, G.S.　1961　Behavior contrast. *Journal of Experimental Analysis of Behavior*, **4**, 57 - 71.
Reynolds, G.S.　1975　*A primer of operant conditioning.*　Glenview, III : Scott, Foresman.
浅野俊夫（訳）　1978　オペラント心理学入門　サイエンス社
Seligman, M.E.P., & Maier, S.F.　1967　Failure to escape traumatic shock　*Journal of Experimental Psychology*, **74**, 1 - 9.
Sheffield, F.D., & Temmer, H.W.　1950　Relative resistance to extinction of escape training and avoidance training. *Journal of Experimental Psychology*, **40**, 287- 298.
Sidman, M.　1953　Two temporal parameters of the maintenance of avoidance behavior by the white rats. *Journal of Comparative and Physiological Psycholgy*, **46**, 253 - 261.
Skinner, B.F.　1932　On the rate of formation of a conditioned reflex. *Journal of General Psychology*, **7**, 274 - 286.
Skinner, B.F.　1938　*The behavior of organism.* New York: Appleton.
Skinner, B.F.　1948　"Superstition" in the pigeon.　*Journal of Experimental Psychology*, **38**, 168 - 172.
Skinner, B.F.　1950　Are theories of learning necessary?　*Psychological Review*, **57**, 193 - 216.
Skinner, B.F.　1961　Teaching machines. *Scientific American*, **205**, 90 - 102.
Small, W.S.　1901　Experimental study of the mental processes of the rat. II.　*American Journal of Psychology*, **12**, 206 - 239.
Terrace, H.S.　1964　Wavelength generalization after discrimination learning with and without errors.　*Science*, **144**, 78 - 80.
Terrace, H.S.　1966　Stimulus control. In Honing, W.K. (Ed.)　*Operant behavior : Areas of research and application.*　New York : Appleton.
Wolfe, J. B.　1936　Effectiveness of token-rewards for chimpanzees.　*Comparative Psychological Monographs*, **12**, No.60.

[第3章]
Adams, J. A.　1954　Psychomotor performance as a function of intertrial rest interval. *Journal of Experimental Psychology*, **48**, 131 - 133.
Adams, J. A., & Dijkstra, S.　1966　Short-term memory for motor responses. *Journal of Experimental Psychology*, **71**, 314 - 318.
Ammons, R. B., Farr, R. G., Block, E., Neumann, E., Day, M., Marion, R., & Ammons, C.H.　1958　Long-term retention of perceptual-motor skills. *Journal of*

Experimental Psychology, **55**, 318 - 328.
Baker, K. E., & Wylie, R.C. 1950 Transfer of verbal training to a motor task. *Journal of Experimental Psychology,* **40**, 632 - 638.
Bilodeau, E. A., Bilodeau, I.M., & Schumsky, D.A. 1959 Some effects of introducing and withdrawing knowledge of results early and late in practice. *Journal of Experimental Psychology,* **58**, 142 - 144.
Briggs, G. E., & Brogden, W.J. 1954 The effect of component practice on performance of a leverpositioning skill. *Journal of Experimental Psychology,* **48**, 375 - 380.
Chase, R. A. 1965 An information-flow model of the organization of motor activity : Transduction, transmission and central control of sensory information. *Journal of Nervous and Mental Disease,* **140**, 239 - 251. ［山内光哉（編著） 1981 学習と教授の心理学（第2版） 九州大学出版会より］
Crafts, L. W. 1935 Transfer as related to number to common elements. *Journal of General Psychology,* **13**, 147 - 158.
Fleishman, E.A., & Hempel, W.E. Jr. 1954 Changes in factor structure of a complex psychomotor test as a function of practice. *Psychometrika,* **19**, 239 - 252.
Gibson, J. J., & Gibson, E. J., 1955 Perceptual learning: Differenciation or enrichment? *Psychological Review,* **62**, 32 - 41.
Greenspoon, J., & Foreman, S. 1956 Effect of delay of knowledge of results on learning a motor task. *Journal of Experimental Psychology,* **51**, 226 - 228.
Kimble, G.A., & Shatel, R.B. 1952 The relationship between two kinds of inhibition and the amount of practice. *Journal of Experimental Psychology,* **44**, 355 - 359.
Leavitt, H.J., & Schlosberg, H. 1944 The retention of verbal and of motor skills. *Journal of Experimental Psychology,* **34**, 404 - 417.
Lewis, D., & Shephard, A.H. 1950 Devices for studying associative interference in psychomotor performance: IV. The turret pursuit apparatus. *Journal of Psychology,* **29**, 173 - 182.
Lordahl, D.S., & Archer, J. 1958 Transfer effects on a rotary pursuit task as a function of first-task difficulty. *Journal of Experimental Psychology,* **56**, 421 - 426.
松田岩男・近藤充夫 1969 運動学習に関する実験的研究（IV） 体育学研究, **13**, 84. ［山内光哉（編著） 1981 学習と教授の心理学（第2版） 九州大学出版会より］
Osgood, C.E. 1949 The similarity paradox in human learning: A resolution. *Psychological Review,* **56**, 132 - 143.
Peterson, J. 1917 Experiments in ball tossing: The significance of learning curves. *Journal of Experimental Psychology,* **2**, 178-224.
Reynolds, B., & Adams, J. A. 1953 Motor performance as a function of click reinforcement. *Journal of Experimental Psychology,* **45**, 315 - 320.
Schmidt, R. A. 1975 A schema theory of discrete motor skill learning. *Psychological Review,* **82**, 225 - 260.
Trowbridge, M.H., & Cason, H. 1932 An experimental study of Thorndike's theory of learning. *Journal of General Psychology,* **7**, 245 - 260.
Underwood, B.J. 1949 *Experimental psychology.* New York: Appleton. (苧阪良二（編） 1973 心理学研究法3 実験II 東京大学出版会より)

[第4章]
Baer, D.M., & Sherman, J.A. 1964 Reinforcement control of generalized imitation in

young children. *Journal of Experimental Child Psychology,* **1**, 37 - 49.

Bandura, A. 1965 Influence of models' reinforcement contingencies on the acquisition of imitative responses. *Journal of Personality and Social Psychology,* **1**, 589 - 595.

Bandura, A. 1971 Analysis of modeling processes. In Bandura, A. (Ed.), *Psychological modeling: Conflicting theories.* Chicago, Ill.: Aldine Atherton. 原野広太郎・福島脩美（訳）1975 モデリングの心理学 金子書房

Bandura, A. 1977 *Social learning theory.* Englewood Cliffs, NJ: Prentice - Hall.

Bandura, A. 1982 Self efficacy mechanism in human agency. *American Psychologist,* **37**, 122 - 147.

Bandura, A., & Menlove, F.L. 1968 Factors determining vicarious extinction of avoidance behavior through symbolic modeling. *Journal of Personality and Social Psychology,* **8**, 99 - 108.

Bandura, A., Ross, D., & Ross, S.A. 1963 Imitation of film-mediated aggressive models. *Journal of Abnormal and Social Psychology,* **66**, 3 - 11.

Berger, S.M. 1962 Conditioning through vicarious instigation. *Psychological Review,* **69**, 450 - 466.

Berger, S.M., Irwin, D.S., & Frommer, G.P. 1970 Electromyographic activity during observational learning. *American Journal of Psychology,* **83**, 86 - 94.

Church, R.M. 1957 Transmission of learned behavior between rats. *Journal of Abnormal and Social Psychology,* **54**, 163 - 165.

Gerst, M.S. 1971 Symbolic coding processes in observational learning *Journal of Presonality and Social Psychology,* **19**, 7 - 17.

春木 豊 1977 観察学習における正示範・誤示範，観察回数及び代理強化の効果 心理学研究，**48**, 271 - 280.

Lovaas, O.I., Berberich, J.P., Perloff, B.F., & Schaeffer, B. 1966 Acquisition of imitative speech by schizophrenic children. *Science,* **151**, 705 - 707.

Miller, N.E., & Dollard, J. 1941 *Social learning and imitation.* New Haven, Conn.: Yale University Press. 山内光哉・祐宗省三・細田和雅（訳）1956 社会的学習と模倣 理想社

Rosenbaum, M. E., & Arenson, S. J. 1968 Observational learning : Some theory, some variables, some findings. In Simmel, E. C., Hoppe, R. A., & Milton, G. A. (Eds.), *Social facilitation and imitative behavior.* Boston, Mass.: Allyn & Bacon.

Wilson, W. C. 1958 Imitation and the learning of incidental cues by preschool children. *Child Development,* **29**, 393 - 397.

[第5章]

Anderson, J. R. 1980 *Cognitive psychology and its implications.* San Francisco, Calif.: W.H. Freeman. 富田達彦他（訳）1982 認知心理学概論 誠信書房

Anderson, J.R. 1995 *Learning and memory : An integreted approach.* New York: Wiley.

Birch, H.G. 1945 The relation of previous experience to insightful problem solving. *Journal of Comparative Psychology,* **38**, 367 - 383.

Chambers, D., & Reisberg, D. 1985 Can mental images be ambiguous? *Journal of Experimental Psychology : Human Perception and Performance,* **11**, 317 - 328.

Chi, M.T.H., Feltovich, P.J., & Glaser, R. 1981 Categorization and representation of physics problems by expert and novices. *Cognitive Scinces,* **5**, 121 - 152.

Dodd, D.H., & White, R.M. 1980 *Cognition: Mental structures and processes.* Boston,

Mass.: Allyn and Bacon.
Feldman, R.S.　1996　*Understanding psychology.* (4th ed)　New York : McGraw - Hill.
Guilford, J.P.　1956　The structure of intellect.　*Psychological Bulletin,* **53**, 267 - 293.
Guilford, J.P.　1967　*The nature of human intelligence.*　New York : McGraw - Hill.
Guilford, J.P., & Hoepfner, R.　1971　*The analysis of intelligence.*　New York: McGraw - Hill.
Hayes, J.R.　1978　*Cognitive psychology: Thinking and creating.*　Homewood, III.: The Dorsey Press.
Hull, C.L.　1930　Knowledge and purpose as habit mechanisms. *Physchological Review,* **37**, 511 - 525.
Hull, C.L.　1931　Goal attraction and directing ideas conceived as habit phenomena. *Psychological Review,* **38**, 487 - 506.
Johnson-Laird, P.C., Legrenzi, P.N., & Sonio-Legrenzi, M.　1972　Reasoning and a sense of reality.　*British Journal of Psychology,* **63**, 395 - 400.
Kellog, R.T.　1995　*Cognitive psychology.*　London: Sage.
Köhler, W.　1924　*Intelligenzprüfungen an Menschenaffen.*(2. Aull.)　Berlin: Springer. 宮孝一（訳）1962　類人猿の知慧試験　岩波書店
Luchins, A.S.　1942　Mechanization in problem solving : The effect of Einstellung. *Psychological Monographs,* **54**, 6 (Whole No.248).
Maltzman, I.　1955　Thinking : From a behavioristic point of view.　*Psychological Review,* **66**, 367 - 386.
Neimark, E. D., & Chapman, R. H.　1975　Development of the comprehension of logical quantifiers.　In　Falmage, R. J. (Ed.)　*Reasoning: Representation and process in children and adults.*　Hillsdale, N.J.: Erlbaum.
Newell, A., Shaw, J.C., & Simon, H.　1958　Elements of a theory of human problem solving.　*Psychological Review,* **65**, 151 - 166.
岡野恒也　1978　チンパンジーの知能　ブレーン出版
Piaget, J.　1946　*La formation du symbole chez l'enfant*　Neuchâtel: Delachaux & Niestlé. 大伴　茂（訳）1967 - 1969　幼児心理学　I, II, III　同文書院
Piaget, J., & Inhelder, B.　1948　*Le représentation de l'espace chez l'enfant.*　Paris: Presses Universitaires de France.
Reed, S.K.　1993　Imagery and discovery.　In　Roskos-Ewoldson, B., Intons-Peterson, M.J., & Anderson, R.E. (Eds.),　*Imagery, creativity and discovery.*　Pp.287 - 312. Amsterdam: Elsevier Science Publishers.
Rumelhart, D.E.　1977　*Introduction to human information processing.*　New York: Wiley. 御領　謙（訳）1979　人間の情報処理　サイエンス社
Shepard, R.N., & Cooper, L.A.　1982　*Mental images and their transformations.* Massachusetts : MIT Press.
Simon, H.A., & Kotovsky, K.　1963　Human acquisition of concepts for sequential patterns.　*Psychological Review,* **70**, 534 - 546.
Thorndike, E.L.　1898　Animal intelligence: An experimental study of the associative process in animals.　*Psychological Monographs,* **2**, No.8.
Thorndike, E.L.　1911　*Animal intelligence.*　New York : Macmillan.
Torrance, E.P.　1979　*The search for satori and creativity.*　Great Neck, N.Y. : Creative Education Foundation.　佐藤三郎・中島　保（訳）1981　創造性修業学――ゆさぶり起こせねむっている創造性　東京心理

Wallace, G. 1926 *The art of thought.* New York: Harcourt Brace.
Weisberg, R. W. 1980 *Memory, thought, and behavior.* New York: Oxford University Press.
Wertheimer, M. 1945 *Productive thinking.* New York: Harper. 矢田部達郎（訳）1952 生産的思考 岩波書店

[第6章]

Atkinson, R.L., Atkinson, R.C., Smith, E.E., Bem, E.D., & Nolen-Hoeksema, S. 1996 *Hilgard's introduction to psychology.* (12th ed.) Fort Worth: Harcourt Brace College Publishers.

Bruner, J. S., Goodnow, J., & Austin, G. A. 1956 *A study of thinking.* New York: Wiley.

Bruner, J. S., Olver, R. R., & Greenfield, P. M. 1966 *Studies in cognitive growth.* New York: Wiley. 岡本夏木・奥野茂夫・村川紀子・清水美智子（訳）1971 認識能力の成長 上・下 明治図書

Chomsky, N. 1959 A review of B.F. Skinner's "Verbal Behavior". *Language,* **35**, 26-58.

Gallatly, A., & Zarte, O. 1998 *Mind & Brain.* Cambridge: Icon Books.

Gardner, R. A., & Gardner, B. T. 1969 Teaching sign language to a chimpanzee. *Science,* **165**, 664-672.

Gholson, B., Levine, M., & Phillips, S. 1972 Hypotheses, strategies, and stereotypes in discrimination learning. *Journal of Experimental Child Psychology,* **13**, 423-446.

Glucksberg, S., & Danks, J. H. 1967 Functional fixedness: Stimulus equivalence mediated by semantic-acoustic similarity. *Journal of Experimental Psychology,* **74**, 400-405.

Greenfield, P.A., & Savage-Rumbaugh, E.S. 1993 Comparing communicative competence in child and chimp: The pragmatics of repetition. *Journal of Child Language,* **20**, 1-26.

Hoffman, C., Lau, I., & Johnson, D.R. 1986 The linguistic relativity of person cognition: An English-Chinese comparison. *Journal of Personality and Social Psychology,* **51**, 1097-1105.

Kendler, H. H., & Kendler, T. S. 1962 Vertical and horizontal processes in problem solving. *Psychological Review,* **69**, 1-16.

Levine, M. 1966 Hypothesis behavior by humans during discrimination learning. *Journal of Experimental Psychology,* **71**, 331-338.

Merkman, R., Tversky, B., & Baratz, D. 1981 Developmental trends in the use of perceptual and conceptual attribute in grouping, clustering, and retrieval. *Journal of Experimental Child Psychology,* **31**, 470-486.

Oksaar, E. 1977 Spracherwerb im Vorschulalter: *Einführung in die Pädolinguistik.* Stuttgart: W. Kohlhammer. 在間 進（訳）1980 言語の習得 大修館書店

Olver, R. R., & Hornsby, J. R. 1966 On equivalence. In Bruner, J. S., Olver, R. R., & Greenfield, P. M. *Studies in cognitive growth.* New York: Wiley. 岡本夏木・奥野茂夫・村川紀子・清水美智子（訳）1971 認識能力の成長 上・下 明治図書

Posner, M.L. & Raichle, M.E. 1994 *Images of mind.* New York: Scientific American Library. 養老孟司・加藤雅子・笠井清登（訳）1997 脳を観る 日経サイエンス社

Premack, A. J., & Premack, D. 1972 Teaching language to an ape. *Scientific*

American, **227**, 92 - 99.

Rosch, E. 1973 Natural categories. *Cognitive Psychology*, **4**, 328-350.

Rosch, E., Mervis, C. B., Gray, W. D., Johnson, D. M., & Boyes-Braem, P. 1976 Basic objects in natural categories. *Cognitive Psychology*, **8**, 382-439.

Rosner, S. R., & Hayes, D. S. 1977 A developmental study of category item production. *Child Development*, **48**, 1062-1065.

Sinclair, H. 1967 *Acquisition du langage et développment de la pansée*. Paris：Dunod. 山内光哉（訳） 1978 ことばの獲得と思考の発達 誠信書房

Skinner, B.F. 1957 *Verbal behavior.* New York：Appleton-Century-Crofts.

Slobin, D.I. 1971 *Psycholinguistics.* Glenview III：Scott, Foresman. 宮原英種・中溝幸夫・宮原和子（訳） 1975 心理言語学入門（初版訳） 新曜社

Slobin, D.I. 1979 *Psycholinguistics* (2nd ed.). Glenview III：Scott, Foresman.

Smith, E. M., Brown, H. O., Toman, J. E. P., & Goodman, L. S. 1947 The lack of cerebral effects of d-tubocurarine. *Anesthesiology*, **8**, 1-14.

Snow, C.E. 1993 Bilingualism and second language acquisition. In J.B. Gleason & N.B. Ratner(eds.), *Psycholinguistics.* Fort Worth：Harcourt Brace Jovanovich.

Terrace, H. S., Pettito, L. A., Saunders, R. J., & Bever, T. G. 1979 Can an ape create a sentence? *Science*, **206**, 891-902.

Von Frisch, K. 1974 Decoding the language of the bee. *Science*, **185**, 663 - 668.

Vygotsky, L. S. 1934 （1956全集版） *Myshlenie i Rech.* Moscow：Stozekgig. 柴田義松（訳） 1962 思考と言語 上・下 明治図書

Watson, J. B. 1913 Psychology as the behaviorist views it. *Psychological Review*, **20**, 158 - 177.

Whorf, B.L. 1956 Science and linguistics. In J. B. Carroll(ed.), *Language, Thought, and Reality : Selected Writings of Benjamin Lee Whorf.* Cambridge, MA：MIT Press.

山内光哉 1983 ジュネーヴ学派の言語観──ことばと思考の関係を中心として サイコロジー, **34**, 24 - 29.

[第7章]

Anderson, J.R., & Bower, G.H. 1972 Configural properties in sentence memory. *Journal of Verbal Learning and Verbal Behavior*, **11**, 595 - 605.

荒木紀幸 1982 学習と記憶 安藤延男（編著） 教育心理学入門 第3章 福村出版

Atkinson, R.C., & Shiffrin, R.M. 1968 Human memory: A Proposed system and its control processes. In Spence, K.W., & Spence, J.T.(Eds.), *The psychology of learning and motivation: Advances in research and theory. Vol.2.* New York：Academic Press.

Atkinson, R.C., & Shiffrin, R.M. 1971 The control of short-term memory. *Scientific American*, **225**, 82-90.

Atkinson, R.L., Smith, E.E., Bem, D.L., & Nolen-Hoeksema, S. 1996 *Hilgard's Introduction to Psychology.* Harcourt Brace College Publishers.

Baddeley, A.D. 1986 *Working memory.* Oxford University Press.

Bahrick, H. P., Bahrick, P. O., & Wittlinger, R. P. 1975 Fifty years of memory for names and faces: A cross-sectional approach. *Journal of Experimental Psychology : General*, **104**, 45 - 75.

Bower, G.H., & Clark, M. C. 1969 Narrative stories as mediators for serial learning. *Psychonomic Science*, **14**, 181 - 182.

Bower, G.H., Lesgold, A.M., & Winzenz, D.　1969　Hierarchical retrieval schemes in recall of categorized word lists.　*Journal of Verbal Learning and Verbal Behavior*, **8**, 323-343.

Brown, R., & Kulik, J.　1977　Flashbulb memories.　*Cognition,* **5**, 73-99.

Conway, M.A., & Rubin, D.C.　1993　The structure of autobiographical memory.　In Collins, A.F., Gathercole, S.E., Conway, M.A., & Morris, P.E.（Eds.）, *Theories of Memory.* Hove, UK: Lawrence Erlbaum Associates　Ltd.

Craik, F.I.M.　1986　A functional account of age differences in memory.　In　Klix, F., & Hagendort, H.（Eds.）, *Human memory and cognitive capabilities : Mechanisms and performances.*　Amsterdam: Elsevier. Pp.409-422.

Craik, F.I.M., & Lockhart, R.S.　1972　Levels of processing: A framework for memory research.　*Journal of Verbal Learning and Verbal Behavior,* **11**, 671-684.

Craik, F.I.M., & Tulving, E.　1975　Depth of processing and the retention of words in episodic memory.　*Journal of Experimental Psychology : General,* **104**, 268-294.

Craik, F.I.M., & Watkins, M.J.　1973　The role of rehearsal in short-term memory.　*Journal of Verbal Learning and Verbal Behavior,* **12**, 599-607.

Ebbinghaus, H.von　1885　*Über das Gedächtnis.* Leipzig: Duncker und Humboldt.　宇津木　保（訳）1978　記憶について　誠信書房

Eysenck, M.W., & Keane, M.T.　1995　*Cognitive Psychology: A student's Handbook*（3rd ed）Hove, UK: Lawrence Erlbaum.

Freud, S.　1901　Zur Psychopathologie des Allatagslebens.　*Monatsschrift fur Psychiatrie und Neurologie,* Bd. X, Heft 1 u.2.　井村恒郎・小此木啓吾・懸田克躬・高橋義孝・土居健郎（訳編）1970　日常生活の精神病理学　フロイト著作集4　人文書院

Gates, A. I.　1917　Recitation as a factor in memorizing.　*Archives of Psychology.* NO.40.

Graf, P., Squire, L.R., & Mandler, G.　1984　The information that amnesic patients do not forget.　*Journal of Experimental Psychology: Learning, Memory, and Cognition,* **10**, 164-178.

Hunter,I.M.L.　1964　*Memory.*　Middlesex: Penguin Books.

岩田　誠（監修）1998　図解雑学　脳のしくみ　ナツメ社

Jenkins, J., & Dallenbach, K.M.　1924　Oblivescence during sleep and waking.　*American Journal of Psychology,* **35**, 603-612.

Kapur, S., Craik, F.I.M., Tulving, E., Wilson, A.A., Houle, S., & Brown, G.M.　1994　Neuroanatomical correlates of encoding in episodic memory: Levels of processing effect.　*Proceedings of the National Academy of Science of USA,* **91**, 2008-2011.

加藤正明（編）1975　精神医学事典　弘文堂

加藤正明（編）1993　新版 精神医学事典　弘文堂

Kintsch, W.　1970　Models of free recall and recognition.　In Norman, D.A.(Ed.), *Models of human memory.*　New York: Academic Press.

小松伸一・太田信夫　1999　展望 記憶研究の現状と今後　教育心理学年報, 第38集, 1998年度, 155-168.

川口　潤　1999　記憶と意識をめぐる問題――外的記憶と想起のポップアウト　梅本堯夫（監修）・川口　潤（編）現代の認知研究――21世紀に向けて　培風館 Pp.1-16.

Luria, A.P.　1968　*Malenkaya knizhka o balshoi pamyati (Um mnemonista).*　Mosckow: Mockovckago Yniversita.　天野　清（訳）1983　偉大な記憶力の物語――ある記憶術者の精神生活　文一総合出版

Mayer, E.A. 1990 Age and prospective memory. *Quarterly Journal of Experimental Psychology*, **42A**, 479 - 493.

Miller, G.A. 1956 The magical number seven, plus or minus two: Some Limits on our capacity for processing information. *Psychological Review*, **63**, 81 - 97. 高田洋一郎（訳） 1972 不思議な数"7"，プラス・マイナス2――人間の情報処理のある種の限界 心理学への情報科学的アプローチ 培風館

Milner, B., Corkin, S., & Tueber, H.L. 1968 Further analysis of hippocampal amnesic syndrome: 14 - year follow - up study of H.M. *Neuropsychologia*, **6**, 215 - 234.

三村 將 1998 顕在記憶と潜在記憶――さまざまな記憶のかたち 1998年7月号 神経心理学入門 こころの科学80 日本評論社 43 - 49.

Morgan, C.T., King, R., & Robinson, N.M. 1979 *Introduction to psychology.* (6th Ed.) New York: McGraw - Hill.

並木 博 1999 加齢にともなう知能の変化 東 洋（編） エイジングの心理学 早稲田大学出版部

Neisser, U. 1982 Snapshots or benchmarks? In Neisser, U. (Ed.), *Memory observed: Remembering in natural contexts.* San Fransisco : Freeman.

Nyberg, L., Cabeza, R., & Tulving, E. 1996 PET studies of encoding and retrieval: The HERA model. *Psychonomic Bulletin and Review*, **3**, 135 - 148.

太田信夫（編） 1999 特集：潜在記憶 心理学評論，Vol.42, No.2, 105 - 259.

苧阪直行 1998 心と脳の科学 岩波ジュニア新書 岩波書店

Pavio, A. 1971 *Imagery and verbal processes.* New York: Holt, Rinehart & Winston.

Raugh, M. R., & Atkinson, R.C. 1975 A mnemonic method for learning a second- language vocabulary. *Journal of Educational Psychology*, **67**, 1 - 16.

Robinson, E. S. 1927 The similarity factor in retroaction. *American Journal of Psychology*, **39**, 297 - 312.

Rogers, T. B., Kuiper, N.A., & Kirker, W.S. 1977 Self-reference and the encoding of personal information. *Journal of Personality and Social Psychology*, **35**, 677 - 688.

Rubin, D. C., Wetzler, S.E., & Nebes, R. D. 1986 Autobiographical memory across the lifespan. In Rubin, D.C. (ed.), *Autobiographical memory.* New York: Cambridge University Press. Pp.202 - 221.

Rudus, D. 1971 Analysis of rehearsal processes in free recall. *Journal of Experimental Psychology*, **89**, 63 - 77.

相良守次 1950 記憶とは何か 岩波書店

Schacter, D.L., & Tulving, E. 1994 What are the memory systems of 1994? In Schacter, D.L., & Tulving, E.(Eds.), *Memory Systems 1994.* Cambridge, The MIT Press. Pp.1 - 38.

篠原彰一 1998 学習心理学への招待 サイエンス社

Squire, L.R. 1987 *Memory and Brain.* Oxford University Press, Inc. 河内十郎（訳） 1989 記憶と脳――心理学と神経科学の統合 医学書院

Tulving, E. 1983 *Elements of episodic memory.* Oxford, Oxford University Press.

Tulving, E. 1998 Brain/mind correlates of human memory. In Sabourin, M., Craik, F.I.M., & Robert, M.(Eds.), *Advances in psychological science.* Vol. 2 : Biological and cognitive aspects. Psychology Press. Taylor & Francis Group, Publishers, Pp.441 - 460.

Tulving, E., Kapur, S., Craik, F.I.M., Moscovitch, M., & Houle, S. 1994 Hemispheric encoding/retrieval asymmetry in episodic memory: Positron emission tomography

findings. *Proceedings of the national Academy of Sciences USA,* **91**, 2016 - 2020.
Tulving, E.,& Pearlstone, Z. 1966 Availability versus accessibility of information in memory for words. *Journal of Verbal Learning and Verbal Behavior,* **5**, 381 - 391.
梅田 聡・小谷津孝明 1998 展望的記憶研究の理論的考察 心理学研究, **69** , No.4, 317 - 333.
Waugh, N.C., & Norman, D.A. 1965 Primary memory. *Psychological Review,* **72**, 89 - 104.
Woodward, A.E., Bjork, R.A., & Jongeward, R.H.Jr. 1973 Recall and recognition as a function of primary rehearsal. *Journal of Verbal Learning and Verbal Behavior,* **12**, 608 - 617.
山口快生 1997 記憶のリハーサル機構 九州大学出版会
山口快生 1999 フラッシュバルブメモリ 未発表
山内光哉（編） 1998 発達心理学 （上） 周産・新生児・乳児・幼児・児童期［第2版］ ナカニシヤ出版
Yaroush, R., Sullivan, M.J., & Ekstrand, B.R. 1971 Effects of sleep on memory: II. Differential effect of the first and second half of the night. *Journal of Experimental Psychology,* **88**, 361 - 366.
Yeates, F.A. 1966 *The art of memory.* Chicago, Ill.: University of Chicago Press. 玉泉八洲男（監訳） 1993 記憶術 水声社

［第8章］

Anderson, J. R. 1976 *Language, memory, and thought.* Hillsdale, N. J.: Erbaum.
Atkinson, R. L., Atkinson, R.C., Smith, E. E., Bem, D. J., & Nolen- Hoeksema, S. 1996 *Hilagard's introduction to psychology.* (12the ed.) Fort Worth: Harcourt Brace. College Publishers.
Baggett, P. 1975 Memory for explicit and implicit information in picture stories. *Journal of Verbal Learning and Verbal Behavior,* **14**, 538 - 548.
Bartlett. F. C. 1932 *Remembering.* Cambridge: Cambridge University Press.
Bower, G. H., Black, J. B., & Turner, T.J. 1969 Scripts in memory for text. *Cognitive Psychology,* **11**, 177 - 220.
Bransford, J.D., & Berclay, J.R., & Franks. J.J. 1972 Sentence memory: A constructive versus interpretive approach. *Cognitive Psychology,* **3**, 193 - 209.
Carmichael, L., Hogan, H. P., & Walter, A. A. 1932 An experimental study of the effects of language on the reproduction of visually perceived form. *Journal of Experimental Psychology,* **15**, 73 - 86.
Collins, A. M., & Loftus, E. F. 1977 A spreading activation theory of semantic processing. *Psychological Review,* **82**, 407 - 428.
Collins, A.M., & Quillian, M.R. 1972 How to make a language user. In Tulving, E., & Donaldson, W. (Eds.), *Organization and memory.* New York: Academic Press.
Denhière, G., & Baudet, S. 1992 *Lecture, compréhension de text et sciences cognitives.* Paris: Presses Universitaires de France.
Ebbinghaus, H. 1885 *Über das Gedächtnis.* Leipzig: Duncker und Humboldt. 宇津木保（訳） 1978 記憶について 誠信書房
Eysenck, M.W. 2000 *Psychology: A student's handbook.* Hove, UK: Psychology Press.
Eysenck, M.W., & Keane, M.T. 1995 *Cognitive psychology: A stiudent's Handbook.* (3rd ed.) Hove: Psychology Press.

Gomulicki, B. R. 1959 Recall as an abstract process. *Acta Psychologia,* **12**, 77-94.
Houston, J. P. 1981 *Fundamentals of learning and memory.* (2nd Ed.) New York: Academic Press.
Hulse, S.H., Egeth, H., & Deese, J. 1980 *The psychology of learning.* (4th Ed.) New York: McGraw-Hill.
石田　潤　1999　文の読みやすさと文章表現との関係——語順，統語構造，および代用形使用に関する検討　神戸商科大学経済研究所
川﨑惠理子　2000　知識の構造と文章理解　風間書房
Keenan, J.M., & Kintsch, W. 1974 The identification of explicitly and implicitly presented information. In Kintsch, W. (Ed.), *The representation of meaning in memory.* Hillsdale, N.J.: Erlbaum.
Kintsch, W. 1974 *The representation of meaning in memory.* Hillside, N.J.: Erlbaum.
Kintsch, W. 1978 Comprehension and memory of text. In Estes., W. K. (Eds.), *Handbook of learning and cognitive processes.* Vol.6. Linguistic functions in cognitive theory. Hillsdale, NJ: Erlbaum.
Kintsch, W. 1998 *Comprehension: A paradigm for cognition.* Cambridge: Cambridge University Press.
Kintsch, W., Koinsky, E., Streby, W.J., Keenan, J.M. 1975 Comprehension and recall of text as a function of content variables. *Journal of Verbal Learning and Verbal Behavior,* **14**, 196-214.
Kintsch, W., & van Dijk, T.A. 1978 Toward a model of text comprehension. *Psychological Review,* **85**, 133-159.
Kintsch, W., Welsch, D., Schmalhofer, F., & Zimmy, S. 1990 Sentence memory: A theoretical analysis. *Journal of Memory and Langage,* **29**, 133-159.
Loftus, E.F., & Palmer, J.C. 1974 Reconstruction of automobile destruction: An example of the interaction between language and memory. *Journal of Verbal Learning and Verbal Behavior,* **13**, 585-589.
光田基郎　1989　散文理解における知識利用の発達とその教授活動に関する実験的研究　風間書房
Nelson, K., & Brown, A.L. 1978 The semantic-episodic distinction in memory development. In Ornstein, P.A. (Ed.), *Memory development in children.* Hills-dale, N.J.: Erlbaum.
大村彰道（編）　1985　学習　教育心理学講座2　朝倉書店
Sachs, J.S. 1967 Recognition memory for syntactic and semantic aspects of connected discource. *Perception and Psychopysics,* **2**, 437-442.
Schank, R., & Abelson, R. 1976 *Scripts, plans, goals, and understanding.* Hillsdale, N. J.: Erlbaum.
Smith, E.E. 1978 Theories of semantic memory. In Spence, W.K. (Ed.), *Handbook of learning and cognitive processes, Vol.8. Linguistic functions in cognitive theory.* Hillsdale, N.J.: Erlbaum.
谷口　篤　1999　文章の理解と記憶を促進する具体的情報　風間書房
Thomas, E.L., & Robinson, H.A. 1982 *Improving reading in every class.* Boston: Allyn & Bacon.
Thorndyke, P.W. 1977 Cognitive structures in comprehension and memory of narrative discource. *Cognitive Psychology,* **9**, 77-110.
Tulving, E. 1962 Episodic and semantic memory. In Tulving, E., & Donaldson, W.

(Eds.), *Organization and memory.* New York: Academic Press.

梅本堯夫・土居道学・小林　進　1981　地理的歴史的知識における比較判断　京都大学教育学部紀要, **27**, 14 - 34.

弓野憲一　1977　自由放出法による長期記憶検索過程の分析　心理学研究, **48**, 7 - 13.

van Dijk, T.A., & Kintsch, W.　1983　*Strategies of discourse comprehension.*　New York: Academic Press.

人名索引

A
Abelson, R. 263
Adams, J. A. 98, 102, 112
天野 清 239
Amons, R. B. 108, 110
Anderson, J. R. 5, 11, 154, 156, 167, 172, 218, 248, 250
荒木紀幸 208, 209
Archer, J. 114
Arenson, S. J. 142
Atkinson, R. C. 208, 211, 212, 238
Atkinson, R. L. 177, 178, 273

B
Baddeley, A. D. 220
Baggett, P. 260, 261
Bahrick, H. P. 204~207
Baker, K. E. 118
Bandura, A. 127, 128, 138, 140, 144
Bartlett, F. C. 241, 252, 254~257, 263
Baudet, S. 272
Bear, D. M. 134
Benson, N. C. 13
Berger, S. M. 136, 141
Bilodeau, E. A. 96
Birch, H. G. 154, 158
Bower, G. H. 218, 234, 235, 263
Bransford, J. D. 258
Briggs, G. E. 106
Brogden, W. J. 106
Brown, A. L. 243
Brown, R. 220
Bruner, J. S. 182, 192

C
Carmichael, L. 256, 257
Cason, H. 100

Chambers, D. 160
Chapman, R. H. 164, 165
Chase, R. A. 120
Chi, M. T. H. 173
Chomsky, N. A. 6, 188, 262
Church, R. M. 130
Clark, M. C. 234, 235
Collins, A. M. 246~249
Conway, M. A. 226
Cooper, L. A. 159
Crafts, L. W. 116
Craik, F. I. M. 212, 214~216, 224~226

D
Dallenbach, K. M. 228~230
Danks, J. H. 196, 197
Denhiére, G. 272
Dijkstra, S. 112
Dodd, D. H. 154
Dollard, J. 128

E
Ebbinghaus, H. 203~205, 252
Everitt, B. S. 9
Eysenck, M. W. 12, 225, 243, 266, 269, 270, 272

F
Feldman, R. S. 163, 164
Foreman, S. 100
Freud, S. 232, 233

G
Gallatly, A. 199
Gardner, B. T. 184
Gardner, R. A. 184

Gerst, M. S.　140
Gholson, B.　182
Gibson, E. J.　122
Gibson, J. J.　122
Glucksberg, S.　196, 197
Gomulicki, B. R.　266
Graf, P.　225
Greenfield, P. A.　184, 185
Greenspoon, J.　100
Grove, S.　13
Guilford, J. P.　170, 171

H

春木　豊　138
Hayes, D. S.　180, 181
Hayes, J. R.　154, 156, 158
菱谷晋介　155
Hoepfner, R.　171
Hoffman, C.　196, 197
Hornsby, J. R.　178, 179
Houston, J. P.　253, 256
Hull, C. L.　7, 152
Hulse, S. H.　251
Hunter, I. M. L.　233

I

今塩屋隼男　13
Inhelder, B.　161
石田　潤　268
岩田　誠　211

J

Jenkins, J.　228〜230
Johnson-Laird, P. C.　167

K

Kapur, S.　224
川﨑惠理子　268
Keane, M. T.　12, 225, 272
Keenan, J. M.　260, 261
Kellog, R. T.　172
Kendler, H. H.　194, 195
Kendler, T. S.　194, 195

Kimble, G. A.　102
Kintsch, W.　215, 218, 260〜262, 266, 268, 270〜272
Köhler, W.　152, 153
小松伸一　218, 224, 228
近藤充夫　106
Kotovsky, K.　164, 167
小谷津孝明　224, 226
Kulik, J.　220

L

Leavitt, H. J.　110
Levine, M.　182, 183
Lewis, D.　114
Lockhart, R. S.　212
Loftus, E. F.　246, 249, 259
Lordahl, D. S.　114
Lovaas, O. I.　127
Luchins, A. S.　156〜158
Luria, A. P.　236, 239

M

Maltzman, I.　152
松田岩男　106
Mayer, E. A.　226
Menlove, F. L.　140
Merkman, R.　178, 181
Miller, G. A.　7, 210
Miller, N. E.　128
Milner, B.　223
三村　將　202, 210
光田基郎　268, 272
Morgan, C. T.　213
Mowrer, O. H.　7

N

中島　保　171
並木　博　220
Neimark, E. D.　164, 165
Neisser, U.　222
Nelson, K.　243
Newell, A.　156
Norman, D. A.　208

Nyberg, L.　223, 224

O

大村彰道　272
太田信夫　202, 218, 224, 228
Oksaar, E.　192, 193
Olver, R. R.　178, 179
苧阪直行　219, 220
Osgood, C. E.　120

P

Palmer, J. C.　259
Pavio, A.　236, 237
Pavlov, I. P.　15, 18, 24, 28, 30, 36, 40
Pearlstone, Z.　231, 232
Piaget, J.　160〜162, 175, 192〜194
Pirolli, P. L.　5
Posner, I. M.　口絵1
Premack, A. J.　184, 185
Premack, D.　184, 185

Q

Quillian, M. R.　246〜248

R

Raichle, M. E.　口絵1
Raugh, M. R.　238
Raynal, F.　9
Reed, S. K.　158
Reisberg, D.　160
Reynolds, B.　98
Rieunier, A.　9
Robinson, H. A.　273
Rogers, T. B.　214
Rosch, E.　176, 178, 180
Rosenbaum, M. E.　142
Rosner, S. R.　180, 181, 190, 191
Rubin, D. C.　226, 227
Rumelhart, D. E.　156
Rundus, D.　216, 217

S

Sachs, J. S.　258, 259, 261

相良守次　238
Sapir, E.　193
佐藤三郎　171
Savage-Rumbaugh, E. S.　184, 185
Schacter, D. L.　211, 213
Schank, R.　263
Schlosberg, H.　110
Schmidt, R. A.　120
Shatel, R. B.　102
Shepard, R. N.　159
Shephard, A. H.　114
Sherman, J. A.　134
Shiffrin, R. M.　208
篠原彰一　222
Simon, H. A.　164, 167
Sinclair, H.　193, 194
Skinner, B. F.　186, 188
Slobin, D. I.　187〜190
Smith, E. E.　248, 249
Smith, E. M.　192
Snow, C. E.　190
Spence, K. W.　7
Squire, L. R.　211, 212
薄田　司　238

T

谷口　篤　268, 270, 272
Terrace, H. S.　186
Thomas, E. L.　273
Thorndike, E. L.　150〜152
Thorndyke, P. W.　262, 264
Torrance, E. P.　171
Trowbridge, M. H.　100
Tulving, E.　203, 211〜215, 223, 224, 226, 231, 232, 241〜244, 250

U

梅田　聡　224, 226
梅本堯夫　244, 247
Underwood, B. J.　116

V

van Dijk, T. A.　266, 268, 270, 272

von Frisch, K.　184
Vygotsky, L. S.　175, 192, 193

W

Wallace, G.　168
Wason, P. C.　167
Watkins, M. J.　216
Watson, J. B.　4, 26, 192, 193
Waugh, N. C.　208
Weisberg, R. W.　157, 158
Wertheimer, M.　168, 169
White, R. M.　154
Whorf, B. L.　190, 193
Wilson, W. C.　132
Woodward, A. E.　216
Wylie, R. C.　118

Y

山口快生　217, 218, 221, 222
山内光哉　194
Yaroushu, R.　230
Yeates, F. A.　237
弓野憲一　244, 245

Z

Zarte, O.　199

事項索引

ア行

アダプテイション　50, 72
「アルバート坊や」　26

移行学習　194, 195
維持機能　216
維持的リハーサル　216
1次条件づけ　28
1次的刺激汎化　38
1次的リハーサル　216
一致依存的模倣学習　126
意味　260
意味記憶　212, 242, 243
意味記憶からの検索　244
意味記憶にまつわる論争　243
意味記憶のモデル　246
意味素性モデル　248
意味的関係　188
意味の表層と深層　256
イメージ　158, 160
隠蔽効果　34

ウェイソンの問題　167
ウェルニッケ領野　11, 198
ウォーフの仮説　190

エピソード記憶　212, 242, 243
演繹的推理　162
遠隔記憶　210

オペラント　43
オペラント行動　44
オペラント条件づけ　43, 46, 186
オペラント水準　46
オペレータ　154
「おや何だ」反射　18

カ行

下位概念　178
階層構造　267
回想的記憶　224
階層モデル　246
ガイダンス　106
回転盤追跡装置　98
概念過程　175
概念駆動型処理（トップ―ダウン）　203
概念形成　176
概念達成　176
概念的選択　180
概念的表象モデル　248
概念同定　183
概念の階層　177
概念の階層性　178
概念の獲得　178
概念の構造　176
海馬　10
回避　60, 62
回避訓練　60, 62
過規則化　188
可逆的操作　162
拡散的思考　170
学習　1～4
学習曲線　5, 94, 151
学習材料　208
学習性無力　64, 66
学習の構え　60
学習の原理　186
学習の心理学　1
学習の定義　2
学習のベキ法則　5
確率的推理　162
過去経験　156
仮説検証　182

292

仮説照合　182
仮説的推理　162
カテゴリー　176
カテゴリー化　176
構え　158
感覚貯蔵庫　210
環境支援　224
観察学習　126
観察による消去　140
干渉説　230
感性的予備条件づけ　30

記憶　196, 201〜240
記憶概念の変遷　202
記憶系における情報処理モデル　209
記憶研究の材料と方法　204
記憶における構成　252
記憶の二過程説　208
記憶の符号化・検索の半球非対称性モデル　224
記憶の分類　208, 211
記憶の理論　208
規則　188
基礎水準の概念　178, 180
技能学習の理論　120
機能の固着　196, 197
機能的磁気共鳴映像法（fMRI）　222
帰納的推理　164
機能的属性　178, 179
基本スケジュール　76
記銘　202
逆転移行　194, 195
逆向干渉（抑制）　230
逆行条件づけ　22
鏡映像描写器　116
強化　44, 186
強化勾配（強化の遅延）　56
強化子　44, 68
強化刺激　44
強化スケジュール　74, 76
強化説　142
強化の遅延（強化勾配）　56
強化理論　54, 142

恐怖　26
近時記憶　210
キンチュとヴァン・ダイクの理論　266

具体的操作期　160
形式的操作期　162
継時弁別　88
系列位置効果　56
ゲシュタルト心理学からのアプローチ　152
結果の知識　96
結果の知識の遅延　100
嫌悪刺激　44
言語　184, 190
言語学習　186
言語獲得　175, 188, 189
言語獲得の相互作用理論　190
言語獲得の理論　186
言語相対性仮説　190
言語地理学　166
言語的　236
言語的命名　196
言語と思考　192
言語の獲得　184
言語の重要性　192
顕在記憶　208, 212
顕在記憶のテスト　206
顕在文　260, 261
検索　202
嫌子　44

効果の法則　54, 150
高原現象　94
好子　44
高次条件づけ　28
構成的・精緻的リハーサル　216
構成一統合　272
行動形成（シェイピング）　70
行動主義（理論）　4, 208
行動主義心理学からのアプローチ　150
行動的アプローチ　4

事項索引　293

行動の学習　2
後頭葉　10, 11
行動療法　4
行動理論　1, 7
心の復権　8
心のモデル　8
固執　58
古典的条件づけ　15, 16
言葉と脳　198
コミュニケーション　190
コラム　13
痕跡条件づけ　22
コンピュータ　8

サ行

再生（想起）法　206
再体制化　152
細胞体　12
作業記憶　218
作動記憶　218
3次条件づけ　28
三段論法　164
三段論法的推理　162, 163
シェイピング（行動形成）　70, 74, 186
時間条件づけ　24
時間スケジュール　76
軸索　12
刺激統制　84
刺激汎化　36
刺激―反応理論　1
次元照合　184
思考　190
試行錯誤　150
試行錯誤学習　52, 54
自己効力（感）　146
自己始動型　224
自己受容刺激　56
自然概念　190
自然回復　34, 82
実験神経症　40
失語症　198, 199

自伝的記憶　226
シナプス　12
自発　43, 44
示範（モデリング）　126
シミュレーション　1
社会的学習　126
社会的学習理論　144
自由再生法　206
集中　102
集中的思考　170
習得的行動　2
熟達者　172, 173
樹状突起　12
手段―目的分析　156
順向干渉（抑制）　230
順序再生法　206
上位概念　178
消去　30
証言　259
条件刺激　18
条件性強化子　56, 66
条件的推理　162
焦点方略　184
小脳　口絵1, 10
情報処理　6, 8
情報処理のモデル　9
情報処理論的なアプローチ　154
情報の処理水準説　212
初心者　172, 173
神経心理学的分類（記憶）　210
人工知能　9, 10
新行動主義　7
心像的　236
心的回転実験　159

推理　149
推理過程　160
推理による記憶の再構成　258
スキーマ　256, 263
スキーマ理論　120
スキナー箱　48
スクリプト　263

制御過程　210
生得的言語獲得装置（LAD）　188, 189
正の強化　46
正の強化子　44
正の転移　114
正の罰　46
節約法　204, 205
セルフ・エフィカシー　144
前言語的思考　192
宣言的記憶　212
潜在学習　54
潜在記憶　202〜204, 208, 212
潜在記憶のテスト　206
潜在文　260, 261
潜時　24
全習　104
前知的発話　192
前頭葉　口絵1, 10, 11

創造性　166, 169, 170
創造性と知能　170
創造性の構造と測定　168
創造性の定義　166
創造の過程　168
ソーンダイクの問題箱　151
側頭葉　口絵1, 10, 11

タ行

体重統制　70
帯状回前部　口絵1
対人印象　197
大脳皮質　10
タイプⅠのリハーサル　216
タイプⅡのリハーサル　216
代理強化　138
代理経験　126
代理賞　138
代理的古典条件づけ　136
代理罰　138
タクト　186
脱中心化　160
短期記憶　210
単語語幹完成課題　208

単語断片完成課題　206
遅延条件づけ　22
知覚学習　122
知覚的属性　178, 179
知覚的同定課題　208
中性刺激（CS）　16, 46
長期記憶　210
頂点移動　86
丁度可知差異　38
貯蔵　202

対提示　24

データ駆動型処理（ボトム―アップ）　203
手がかり再生法　206
テキスト　262
テキストの解読法　273
テキストの処理　262〜273
転移　112
転移逆向曲面　120
典型　178
典型性　177
典型的事例　180
転送する機能　216
伝達能力　184
転導推理　160
展望的記憶　224

道具的条件づけ　52
統語　186, 188
洞察（見通し）　58, 152
洞察学習　58
同時条件づけ　20
同時弁別　88
同時弁別訓練　58
頭頂葉　10, 11
逃避　60, 62
逃避訓練　60, 62
動物の言語　184
トップ―ダウン（概念駆動型処理）　203

ナ行

内言　192
内潜過程　140

2次条件づけ　28
2次的汎化　38
2次的リハーサル　216
二重符号化仮説　236
ニューロン　12, 13
人間の言語獲得　186
認知神経科学的方法　203
認知心理学　6
認知的アプローチ　4
認知の学習　4
認知発達　190
認知発達と推理　160
認知理論　1
認知論　208
認知論的方法　203

ネットワーク型のモデル　10
ネットワーク・モデル　9

脳　10, 11
脳神経科学　10, 12
脳の構造　11

ハ行

パーソナリティの印象　196
媒介理論　142
罰　46
罰訓練　66
発見的探索　154
場の再体制化　58
汎化　36, 82
汎化模倣　132, 134
反射　2
ハンドリング　72
反応間隔　48
反応数　48

ピアジェの認知発達時期　161
非逆転移行　194, 195

非宣言的記憶　212
皮膚電気反射（GSR）　38
表象　241, 248
比率スケジュール　76
フィードバック　96
フィードフォワード　9
複合スケジュール　76
符号化　202
負の強化　46
負の強化子　44
負の転移　114
負の罰　46
部分強化効果　82
プライミング　206
フラストレーション　58
フラッシュバルブ記憶　220
ブローカ領野　11, 198
ブロッキング効果　34
分化　38
分散　102
分習　104
文章の意味変容　252
文章（テキスト）の処理理論　266
文の意味記憶　259
文法的共通性　188

HERAモデル　224
弁別　36, 38, 82
弁別閾　38
弁別刺激　46

忘却　202
忘却曲線　205
報酬訓練　52
保持　202
保持の測定法　206
保存　162, 163, 193, 194
ボトム―アップ（データ駆動型処理）
　　203
本能説　142

マ行

マガジン・トレーニング　50, 72

マクロ構造　268, 270
マクロ操作　270
マンド　186

ミクロ構造　268, 270
水がめ問題　156, 157
3つの山の実験　161
見通し（洞察）　152

無意味綴り　204
無誤弁別学習　88
無作為探索　154
無条件刺激（US）　16
無条件反応（UR）　16

迷信行動　46
命題　248, 250, 260, 268
命題による記憶表層の構造モデル　248
迷路学習　54
メンタル・リハーサル　118

目標勾配　56
モデリング（示範）　126
モデル　272
物語　267
物語の文法規則　265
物語文法　264
模倣　186
模倣学習　126
模倣による学習　130
模倣の学習　128, 130
問題解決　149, 150, 156
問題解決とイメージ　158
問題解決の理論　150
問題空間　154, 155

ヤ行

有意味材料の記憶　241

有意味材料の記憶研究　252
誘発　16, 18
誘発刺激　16

陽電子放射撮影法（PET）　222
読みの範囲記憶テスト　220

ラ行

両側性転移　116

類推　166

レスポンデント　16
レミニッセンス　108
連合学習　182
連合理論　252

英字

conc　78
CR（条件反応）　18
CS（中性刺激）　18
FI　76
fMRI（機能的磁気共鳴映像法）　222
FR　76
FT　76
GPS　156
GSR（皮膚電気反射）　38
HAM　248〜253
LAD（生得的言語獲得装置）　188, 189
mult　78
PET（陽電子放射投影法）　12, 222
PQRST　273
S-R（刺激―反応）心理学　6
TOTE　7
UR（無条件反応）　16
US（無条件刺激）　16
VI　76
VR　76

執筆者紹介

山内 光哉（やまうち・みつや）（編者） 　　　　　　　　［序章・第8章］

春木　　豊（はるき・ゆたか）（編者） 　　　　　　　　［序章・第3章・第4章］

木村　　裕（きむら・ひろし） 　　　　　　　　　　　　［第1章・第2章］
　1970年　早稲田大学大学院文学研究科博士課程修了
　現　在　早稲田大学名誉教授
　主要著書　『はじめてまなぶ心理学』（編著）
　　　　　　『現代心理学入門』（分担執筆）

弓野 憲一（ゆみの・けんいち） 　　　　　　　　　　　［第5章 5.2, 5.3］
　1977年　九州大学大学院教育学研究科教育心理学専攻博士課程修了
　現　在　静岡大学名誉教授　教育学博士
　主要著書　『記憶の構造と検索過程』
　　　　　　『世界の創造性教育』（編著）

菱谷 晋介（ひしたに・しんすけ） 　　　　　　　　　　［第5章 5.1］
　1979年　九州大学大学院教育学研究科教育心理学専攻博士課程修了
　現　在　北海道大学名誉教授　教育学博士
　主要著書　『イメージの世界』（編著）
　　　　　　『イメージング』（分担執筆）

田中 孝志（たなか・たかし） 　　　　　　　　　　　　［第6章］
　1980年　九州大学大学院教育学研究科教育心理学専攻博士課程単位取得修了
　　　　　元西南学院大学教授
　主要著書　『セルフ・エスティームの心理学』（分担執筆）
　　　　　　『発達心理学（上）第2版』（分担執筆）

山口 快生（やまぐち・はれお） 　　　　　　　　　　　［第7章］
　1974年　九州大学大学院教育学研究科教育心理学専攻博士課程修了
　現　在　元福岡女子大学教授　教育学博士
　主要著書　『現代基礎心理学4　記憶』（共著）
　　　　　　『記憶のリハーサル機構』

編著者略歴

山内 光哉
やま うち みつ や

1958年　広島大学大学院教育学研究科
　　　　教育心理学専攻博士課程修了
　　　　九州大学教授を経て
　　　　九州大学名誉教授
　　　　文学博士
2015年　逝去

主要編著書・訳書
『学習と教授の心理学［第2版］』(編著)
『記憶と思考の発達心理学』(編著)
『ことばの獲得と思考の発達』(訳)
『発達心理学〈第2版〉』上下（編）
『心理・教育のための分散分析と多重比較』
『心理・教育のための統計法〈第3版〉』
『アイゼンク教授の心理学ハンドブック』
(監修)

春木 豊
はる き ゆたか

1961年　早稲田大学大学院文学研究科
　　　　博士課程修了
　　　　早稲田大学教授を経て
　　　　早稲田大学名誉教授
　　　　文学博士
2019年　逝去

主要編著書
『観察学習の心理学』
『人間の行動変容』(編著)
『共感の心理学』(共編著)
『新版 行動療法入門』(共編著)
『身体心理学』(編著)
『健康の心理学』(共著)

グラフィック 学習心理学
——行動と認知——

2001年 3月10日　　Ⓒ　　　　初版発行
2022年11月25日　　　　　　　初版第29刷発行

編著者　山内光哉　　発行者　森平敏孝
　　　　春木　豊　　印刷者　山岡影光
　　　　　　　　　　製本者　小西惠介

発行所　株式会社　サイエンス社
〒151-0051　東京都渋谷区千駄ヶ谷1丁目3番25号
営業　☎ (03) 5474-8500(代)　振替　00170-7-2387
編集　☎ (03) 5474-8700(代)
FAX　☎ (03) 5474-8900

印刷　三美印刷　　　製本　ブックアート
《検印省略》

本書の内容を無断で複写複製することは，著作者および出版者の権利を侵害することがありますので，その場合にはあらかじめ小社あて許諾をお求め下さい。

ISBN4-7819-0977-9

PRINTED IN JAPAN

サイエンス社のホームページのご案内
http://www.saiensu.co.jp
ご意見・ご要望は
jinbun@saiensu.co.jp　まで。

心理・教育のための
統計法〈第3版〉

山内光哉 著

A5判・288ページ・本体2,550円（税抜き）

本書は，初学者に分かりやすいと定評のベストセラーテキストの第3版です．これまでやや詳しすぎた箇所を思い切って割愛し，中・後章部分に筆を加えました．とくに分散分析の部分は一層分かりやすいよう稿を改め，「2要因被験者内分散分析」を新たに加えました．また，多重比較もより分かりやすくし，他書ではあまりふれられていない「ノンパラメトリック法」も追加しました．各章末の練習問題も，これまで解答が省略されていたものについて解を与えました．同著者による『心理・教育のための分散分析と多重比較』と併せて学習することにより，統計法の初歩から実践までを習得できるよう工夫されています．

【主要目次】

- 1章 序論――統計法と測定値の取り扱い
- 2章 度数分布と統計図表
- 3章 中心傾向の測度
- 4章 得点の散布度
- 5章 正規分布と相対的位置の測度
- 6章 直線相関と直線回帰
- 7章 母集団と標本
- 8章 統計的仮説の検定と区間推定
    ――理論と基本的な考え方
- 9章 2つの平均値の差の検定
- 10章 分散分析入門
    ――1要因被験者間分散分析と多重比較
- 11章 もっとすすんだ分散分析
    ――要因計画と被験者内分散分析
- 12章 カイ2乗検定
- 13章 順位による検定法
- 14章 ピアスンのrの検定と種々な相関係数

サイエンス社